보틀마니아

Bottlemania by Elizabeth Royte
Copyright ⓒ 2008 Elizabeth Royte
All rights reserved.

Korean translation copyright ⓒ 2009 by SAMUNNANGEOK
Korean translation rights arranged with Bloomsbury Pulbishing Plc., through EYA(Eric Yang Agency).

보틀마니아

초판 1쇄 인쇄 2009년 3월 10일
초판 1쇄 발행 2009년 3월 16일

지은이   엘리자베스 로이트
옮긴이   이가람
펴낸이   김진수
펴낸곳   사문난적

편집   하지순
기획위원 함성호 강정 곽재은 김창조 민병직 엄광현 이수철 이은정

출판등록 2008년 2월 29일 제313-2008-00041호
주소   서울시 마포구 합정동 362-3번지
전화   02-324-5342, 02-324-5358
팩스   02-324-5388

ISBN   978-89-961311-5-1 03300

보틀마니아

Bottlemania

20세기 최대의 마케팅 성공작,
생수에 관한 불편한 진실

엘리자베스 로이트 지음
이가람 옮김

사문난적

차례

숲 속에 울리는 경보

숲 속에 울리는 경보

    어느 따스한 가을날 오후, 마치 불이라도 붙은 듯이 한창 붉은색을 자랑하고 있는 단풍나무와 노란 그늘을 드리운 흰 물푸레나무 사이로 북미 네슬레 생수회사Nestlé Waters North America의 천연자원 담당 과장인 톰 브레넌Tom Brennan은 메인 주 서부의 자갈길을 따라 차를 몰았다. 그는 경사진 녹색 지붕이 얹힌 작은 돌 오두막 앞에 차를 세웠다. 그 집은 애디론댁Adirondack 산맥에 있는 다른 건물들과 별반 다를 것이 없어 보였다. 그러나 나무로 된 녹색 문을 열자 낡은 양탄자와 모닥불 대신 또 다른 문이 나타났다. 열쇠, 암호, 보안 카드까지 모두 맞아야 열리게 되어 있는 두꺼운 강철로 된 육중하게 생긴 문이었다. 문 뒤에는 카메라와 동작 탐지기가 있었다. 금괴나 무기고라도 지키고 있는 것일까? 아니었다. 그것들은 스테인리스 파이프와 계량기, 지렛대, 그리고 '피그pig'라고 부르는, 선박에 쓰는 완충장치와 비슷하게 생긴 기구가 조립되어 있는 쪽을 감시하고 있었다. 피그는 수압에 의해 간헐적으로 파이프 속을 밀고 다니며 그 안쪽을 청소하고 소독했다. 리놀륨이 깔린 마룻바닥에는 티끌 한 점 없었다.

"이 펌프 시설은 조금의 이물질이라도 들어가면 자동으로 물 공급이 멈추게 되어 있지요."

브레넌 씨가 말했다. 펌프 시설은 그리 멀지 않은 곳에 있는 계곡 밑바닥에 뚫어놓은 시추공 다섯 개에서 끌어올린 물을 한 곳에 모아, 지하 송수관을 통해 북쪽으로 1마일(1마일은 약 1,609킬로미터) 정도 떨어진 곳에 있는 미국에서 가장 큰 생수 공장으로 보낸다. 그 물은 '폴란드 스프링Poland Spring'이라는 라벨이 붙은 플라스틱 병에 담겨 다시 세상에 나오게 된다.

그런 설비에 적용된 공학의 진가는 잘 모르겠지만, 주변을 찬찬히 둘러보고 나서 우리는 곧장 바깥으로 향했다. 나는 땅에서 물이 솟아나는 곳과 그 물을 빨리 보고 싶었다. 브레넌 과장이 주섬주섬 보안 카드와 열쇠를 챙긴 뒤, 우리는 계속해서 울창한 숲 사이의 언덕길을 내려갔다. 굽이진 길을 돌았을 때, 편한 옷차림에 절연테이프를 들고 빠르게 걷고 있는 한 남자와 마주쳤다. 그의 검은 래브라도 견*은 나무 사이로 뛰어다니느라 눈앞에서 보였다 안 보였다 했다. 트럭 소리가 들리자 길을 걷던 남자는 슬쩍 어깨 너머를 돌아보고는 길가 고사리 숲으로 미끄러지듯 사라졌다. 브레넌 과장이 무덤덤하게 말했다.

"그 사람, 정말 빨리 사라져버렸네요."

1천5백 에이커(1에이커는 4,046.8제곱미터)나 되는 이 땅이 사유지이긴 하지만, 스위스의 종합 기업이자 세계 최대의 식품 제조회사인 네슬레 사에서는 단순 통행을 엄격하게 규제하지는 않았다. 도로에 관문이 설치되어 있기는 하지만 사유지를 표시하는 구획선 같은 것은 없었다. 미리 전화로 예약만 하면 사냥도 가능하다고 한다. 그러나 지금은 사냥철이 아니었다.

우리는 언덕 위에 있는 석조 건물보다 크기만 작을 뿐 모양은 비슷하게 생긴, 계곡 아래쪽에 있는 다섯 채의 우물 시설 근처에 차를 세웠다. 그러고는 숲으로 들어가 하얀 소나무와 낙엽송에 둘러싸인 계단을 내려갔다. 경사가 끝나는 부근에는 모래 바닥 위로 자라난 잡초가 좁은 길을 이루고 서 있었다. 판자를 대놓은 좁은 물길도 보였다.

"이 물길은 송어 부화장으로 물을 공급하고 있지요."

브레넌 과장이 멀리 있는 오두막 한 채를 가리키며 설명했다. 나는 샘이 어디쯤 있나 두리번거리면서 물길을 따라 걸었다. 땅은 부드러웠고, 낙엽과 물냉이 사이로 여기저기 물거품이 일고 있었다. 마침내 내가 찾던 것이 보였다. 나는 야생딸기가 자란 늪지에 쪼그리고 앉아 조그맣게 솟아오르는 물을 가만히 바라보았다.

"마셔도 되겠지요?"

내 물음에 브레넌 과장은 잠시 주춤하며 망설이더니 "원하신다면"이라고 대답했다. 좀 더 적극적인 대답을 기대했더라도 그 이상의 대답을 들을 수는 없었을 것이다.

이 순간을 만끽하며 나는 몸을 구부려 검은색으로 보이는 물에 손을 담갔다. 손바닥 안에서 뭔가 헤엄치고 있지는 않은지 확인한 후, 눈을 감고 물을 한 모금 마셨다. '이거구나' 하는 생각이 들었다. '상수원에서 바로 마시는 물이야!'

물맛이 좋았다. 차갑고—브레넌 과장의 말로는 섭씨 7도 정도란다—

신선했다. 아무 향도 나지 않았다. 무엇보다도 땅에서 막 솟아오른 물을 바로 마실 수 있는 특권을 누린다는 느낌이었다. 온갖 동물들이 퍼뜨린 질병과 오염이 어디에나 산재해 있는 이 시대에는 정말 흔치 않은 일 아니던가? 대형 마트의 선반에서 거의 1천 종 가까이 되는 생수 가운데 하나를 고를 수는 있어도, 극소수의 예외적인 경우를 제외하고는 자연에서 곧바로 생성된 물을 떠 마시기란 여간 어려운 일이 아닌 것이다. 땅속에서 마술같이 솟아오르는 샘물은 언제나 강렬한 신비감을 지니고 있다. 문명은 물이라는 이 자원을 두고 오랜 시간 전투를 벌여왔다.

하지만 나는 그 어떤 신비감도 느끼지 못했다. 물 한 모금을 더 마시면서 머릿속에 주로 드는 생각이란, '샤이 비버Shy Beaver'라는 이름의 송어 부화장에서 5백 피트(1피트는 30.48센티미터)도 채 떨어지지 않은 상류에 있는 개울에서 솟아오른 이 물이 뉴잉글랜드 지역과 뉴욕주, 그리고 멀리는 서부까지 1년에 3천만 갤런(1갤런은 3.785리터)의 물을 대며 수백만 달러를 벌어들이는 공장의 원동력이구나 하는 것이었다. 이 순간과 이 물이 지니고 있는(최소한 샤이 비버를 지날 때까지는) 자연 그대로의 순수함에만 집중하려고 애를 써보았지만, 이 물에 훨씬 더 많은 의미가 담겨 있다는 생각을 떨칠 수가 없었다. 이 물은 세계 최대 규모를 자랑하는 식품회사의 대표 상품이자 각종 환경운동과 종교운동 및 법제화운동의 발화점이 되었고, 또 마케팅 역사상 가장 큰 사기 사건 내지는 앞으로 벌어질 더 나쁜 일들에 대한 조짐이 될지도 모를 일이었다.

브레넌 과장은 나를 재촉하지 않았다. 내가 이 물에 대해 어떻게 생각하는지 묻지도 않았다. 그는 이 땅의 지형학에 대해 1만 3천 년 전

빙하가 메인 주의 이 지역에서 후퇴한 과정과 그 과정에서 물을 최적으로 여과해주는 두꺼운 모래 자갈층이 형성되었다는 사실을 설명해주었다. 그는 가는 동안 나에게 시험용 우물들을 보여주면서, 그 작은 돌 오두막 안에 있는 시추공을 통해 끌어올려진 물이 천연샘물과 화학적 구성이 비슷해야 하고 또 같은 지층에서 끌어올려진 물이면서 두 종류의 물 사이에 수질학적 연관성이 검증되어야만 '천연수spring'라는 라벨을 붙일 수 있다고 설명하고는 이렇게 덧붙였다.

"저희 물은 검증을 받았습니다."

한 우물 시설의 내부를 둘러보고 나서—감시 카메라도 더 많았고, 리놀륨 바닥은 더욱 깨끗했고, 반짝이는 파이프도 더 많았다—브레넌 과장이 시설 문을 잠근 뒤 우리는 다시 생수 공장으로 향했다. 숲을 거의 빠져나올 때쯤 갑자기 고요한 숲 속에 전자 경보음이 날카롭게 울렸다. 계곡 바닥에서부터 울리는 그 소리에 나무 위에 있던 까마귀들이 후드득 날아갔고 나는 손으로 귀를 막았다. '앵— 앵— 앵—' 신경을 거스르는 굉음이 열 번이나 연달아 울리다가는 잠시 멈추는가 싶더니 다시 열 번이 더 울렸다. 브레넌 과장은 급히 차를 세우고 다소 당황한 표정으로 공장에 전화를 걸었다. 본부의 지시를 기다리는 동안 그는 나를 돌아보면서 말했다.

"아까 병뚜껑들이 나사식으로 돌려져서 닫히는 것 보셨죠?"

휘어질 듯 빠르게 공장을 돌아다니면서 하루에 5백만 병도 넘게 생산된다는 그 0.5리터짜리 병들을 말하는 것일까? 나는 잘 생각이 나지 않았지만 고개를 끄덕였다.

"그쪽 라인이 지금 멈췄답니다."

나는 혹시 그 경보음이 아까 절연테이프를 들고 래브라도 견을 데리고 가던 남자와 상관이 있는 거냐고 물었다. 아니면 그저 보안 담당이 시스템을 점검하는 중이었을까? 그것은 브레넌 과장이 대답할 수 있는 문제가 아니었다.

"왜 어떤 사람들은 펌프장을 망가뜨리려 하지요?"

브레넌 과장이 다시 차를 출발하고 나서 내가 물었다.

"들으면 놀라실 겁니다."

그가 무뚝뚝하게 대답했다. 2003년 지구해방전선ELF: Earth Liberation Front 의 활동 요원들이 네슬레의 생수 공장에 물을 공급하는 미시간 주의 펌프장 내부에 방화용 도구 네 개를 설치한 적이 있었다. 불을 내는 데는 실패했지만, ELF는 성명서를 통해 펌프장이 "물을 훔치고 있다" 며 자신들의 주장을 밝혔다. 또한 그들은 깨끗한 물은 "가장 기본적인 필수재로, 누구도 그것을 사유화하고 상품화해서 다시 우리에게 팔게 둘 수 없다"고 주장했다.

여기서도 그런 일이 일어나고 있는 것일까? 나는 메인 주의 유명한 숲에서 나온 물이 어떻게 녹색 라벨이 붙은 날씬한 병에 담기게 되는지를 보기 위해 이곳 홀리스Hollis에 왔다. 내가 사는 곳에서는 어디에서나 그 녹색 라벨의 생수병을 볼 수 있다. 뉴욕 시에서는 한 블록도 지나기 전에 그 병이 누군가의 손에 들려 있거나, 유모차나 자전거 바구니에 실려 있거나, 혹은 길가의 휴지통에서 물을 쏟아내고 있거나, 그것도 아니면 인도 옆 배수구에 쥐색으로 납작하게 구겨져 있는 것을 보게 된다. 전국적으로 연간 이 브랜드의 생수병만 3~4백억 병이 버려진다. 나는 이 생수병과 이 병을 운반하는 트럭들에 늘 둘러싸여 있다. 폴란드 스프링은 미국에서 가장 잘 팔리는 생수이며, 그러한 사정은 전 세계에서 가장 질 좋은 수돗물이 나온다는 도시에서도 마찬가지이다. 누구나 그 물을 마시고, 비슷한 종류의 다른 생수를 마신다. 서부에는 '애로헤드Arrowhead'와 '칼리스토가Calistoga'가 있다. 중남부 지역에는 '오자카Ozarka'가 있고, 중서부에서는 '아이스 마운틴Ice Mountain'을 마신다. 중부 대서양 연안에서는 '딥 파크Deep Park'를 마시고, 동남부에는 '제피릴스Zephyrhills'가 있다. 이것들은 모두 2006년 한 해에만 약 74억 6천만 달러의 이익을 낸 네슬레 소유의 브랜드들이다. 펩시콜라와 코카콜라에서도 생수를 판매하여 매년 수십억 달러의 이익을 내고 있다.

왜 사람들은 수돗물에 등을 돌리게 되었을까? 어쩌다가 시민운동가들이 펌프장에 폭탄을 설치하는 지경에 이르렀을까. 그것도 석유를 캐기 위한 것이 아니라 물을 끌어올리는 기반 시설에? 이것은 비단 미시간 주에서만 일어난 일이 아니다. 위스콘신, 펜실베이니아, 캘리포니아, 뉴햄프셔, 텍사스, 플로리다, 그리고 심지어 메인 주의 주민들도 생수를 만들기 위한 지하수 채수에 반대하여 무장을 하고 나섰다. 법학자들은 물을 이용할 권리에 대해 목소리를 높이고 있고, 캐나다 연합교회The United Church of Canada는 북미권 성도들에게 생수 불매를 요청하기도 했으며, '식품 및 물 감시단Food and Water Watch'이라는 이름의 단체도 생수 불매운동을 벌였다. 프란치스코 교단연합The Franciscan Federation은 미국 환경보호국EPA: Environmental Protection Agency에 안전하고 깨끗한 물을 마시는 것은 '신이 대가없이 주신 선물'이라고 천명했고, 미국 수녀연합National Coalition of American Nuns은 2006년 가을 회원들에게 정말 절대적으로 필요한 경우가 아니면 생수를 마시지 말 것을 촉구하는 결의문을 채택하기도 했다. 무엇이 문제였느냐고? 바로 우리 삶에 그토록 중요한 것을 사유화하는 것은 비도덕적이라는 것이었다. 세계화에 반대하는 한 단체는 미국 전역을 돌면서 생수와 수돗물 맛을 비교하는 블라인드 테스트를 하기도 했다. 수돗물을 먹어도 괜찮다는 그들의 주장은 언제나 뉴스거리가 되었다.

그렇지만 아직도 매주 새로운 종류의─더 깨끗하다는, 또는 '몸에 좋은' 성분(비타민, 약초, 완하제, 니코틴, 카페인, 산소, 식욕 억제제, 아스피린, 피부 강화 성분, 혹은 치료효과가 있는 무언가)을 첨가했다는─생수가 출시된다. 1997년 대비 2006년의 미국 생수 판매고는 40억 달러에서 108억 달러로 170퍼센트 성장했다. 전 세계적으로 생수는 연간 6백억 달러 규모의 사업이다. 1987년 미국의 국민 1인당 생수 소비량은 5.7갤런이었다. 1997년에는 12.1갤런이었고, 베버리지 마케팅 코퍼레이션Beverage Marketing Corporation에서 내놓은 자료에 따르면 2006년 에는 27.6갤런을 소비했다. 미국의 생수 판매량은 이미 맥주와 우유를 능가했고, 일부 분석에 따르면 2011년까지는 생수 소비가 현재 1인당 연간 소비량이 50갤런이 넘는 탄산음료도 능가할 것으로 예측하고 있다.

내가 메인 주에 온 것은 이곳이 유독 전쟁터 같았기 때문이다. 연 강수량이 약 1천1백 밀리미터 정도인(이는 근처 다른 주와 거의 비슷한 강수량이다) 이 주의 인구는 1백만 명이 조금 넘는다. 폴란드 스프링 사는 이곳 사람들에게 친숙하고, 한때는 주민들의 사랑을 받기도 했다. 이 회사는 1845년부터 폴란드 시의 물을 병에 담아 팔아왔다. 법적인 문제와 관련된 역사를 살펴보면, 히람 리커Hiram Ricker라는 사람이 자기 가족 소유의 농장에서 나오는 물을 팔기 시작한 것에 대한 반대는 없었다. 다만 수녀들과 캐나다인들이 포틀랜드 신문에 "하나님이 모든 사람에게 공짜로 주신 것을 판다"는 조소의 글을 실은 적은 있다. 1980년 페리에Perrier 사를 거쳐 1992년 네슬레에 매각된 폴란드 스프링 사는 최근 몇 년 사이 메인 주의 다른 대수층(상당량의 물을 함유하고 방출할 수 있는 암석층)까지 급수원을 확장하면서 반대를 피할 수 없게 되었다.

메인 주에서 벌어지고 있는 물 전쟁의 핵심지는 북쪽으로 한 시간 정도 거리에 있는 프라이버그Fryeburg이다.

"그곳에서 무슨 일이 일어났던 겁니까?"

나는 세 번째로 브레넌 과장에게 질문을 던졌다. 우리는 이제 예전에는 감자 농장이었던 자리에 세워진 홀리스 생수 공장의 회의실 탁자에 앉아 있었다. 다행히도 숲 속에서 울렸던 경보음은 기계의 작은 결함 때문이었다고 한다. 계속 자신이 하는 말에 집중하면서 즐거워보이려고 애쓰고 있는데도, 나를 바라보는 브레넌 과장의 표정에서는 피곤이 느껴졌다. 그는 아래쪽을 내려다보며 말했다.

"네, 그 악명 높은 프라이버그 사건……. 상황이 꽤 복잡해졌습니다."

그가 한숨을 내쉬었다.

프라이버그는 뉴햄프셔 주와 맞닿아 있는 메인 주의 서쪽 경계에 자리하고 있으며, 포틀랜드 북서쪽으로 52마일밖에 떨어져 있지 않다. 두 주 사이 경계 도로에는 보잘것없는 작은 상점들과 관광객을 위한 모텔, 그리고 분주해 보이는 해안 산책로와 '메인 스트리트Main Street'라는 색 바랜 간판이 내걸린 작은 동네들이 있다. 인구 3천의 프라이버그는 여름 동안 사코 강Saco River을 따라 카누를 타려는 사람과 야영객들이 10만 명은 몰리고, 10월에 벌어지는 8일간의 프라이버그 축제를 보기 위해서도 그 두 배의 사람들이 찾는 곳이기는 하지만, 비수기에 당일치기 여행을 하는 나 같은 사람들을 끌어들일 만한 것은 별로 없었다. 근처의 이웃 도시들과는 달리 프라이버그에는 서점이나 티셔츠 가게, 무스(moose, 말코손바닥사슴) 관련 용품점이나 허름한 커피 전문점 같은 것도 없었다. 대신 지긋한 노신사들이 딱딱한 의자에 앉아 신문을 보면서 하루 종일 이런 저런 소문들을 이야기하는 '자키 캡 Jockey Cap' 이라는 주유소 겸 식당이 있을 뿐이다. 시내 가까이에는 작은 슈퍼마켓이 하나 있는데, 음식 맛은 형편없었다. 근처 사람에게 그 슈퍼마켓의 음식 코너에서 계란 샌드위치를 샀다고 말하자 그는 정말로 몸을 움찔했다. 중심가에는 은행과 생필품을 파는 가게 몇 곳과 개인 사무실 몇 군데, 그리고 2층짜리 목조 건물의 1층에 자리 잡은 프라이버그 수도회사 Frayeburg Water Company가 있다. 인상이 별로 좋지 않은 이 회사가 바로 프라이버그가 직면한 수백만 달러짜리 물 재앙의 최정점에 자리한 곳이다.

1762년에 건설된 프라이버그는 오래되기도 했고, 원래부터 그 자리에 있었던 느낌이 들었다. 건물, 공원, 묘지, 언덕, 시 의원이나 공무원 명부에서 같은 이름이 열두 개는 보인다. 나는 매사추세츠 주지사에게 무상으로 토지를 넘겨받은 이래 대대로 물려 내려왔다는 산의 주인과 호수 앞의 땅 주인, 그리고 몇 구획이나 되는 숲의 주인들을 만났다. 땅과 그 아래로 흐르는 물을 사러 이 도시에 나타났던 외지인들에 대한 이야기도 들었다. 얼마 지나지 않아 프라이버그는 나에게 영화 〈차이나타운Chinatown〉 같은 느낌을 주었다. 가는 곳마다 음모가 있고, 잭 니컬슨이 연기했던 제이크 기티스의 대사처럼 '머릿속이 물로 가득 차' 격앙되어 이야기하는 사람들도 있었다. 나는 비밀리에 시추공을 뚫었다는 수리지질학자들에 대한 이야기와 멍청한 회사들, 도시계획위원회의 비밀회의, 공청회에서 중요한 순간마다 멈춰버린 테이프 레코더 이야기와 회의록이 사라졌다는 이야기, 그리고 공무원들이 외부 회사의 이익을 챙기는 데 한통속이 되었을 거라는 혐의를 받고 있다는 이야기를 들었다. 나는 네슬레의 물탱크 트럭을 채워주는 상수원으로 가는 길을 내준 사람도 만났다.

하워드 디어본Howard Dearborn 씨는 그것이 큰 실수였다고 인정했다.

내가 처음 디어본 씨를 만났을 때 그는 88세였다. 그는 눈이 내린 것 같은 백발에 타원형의 철제 안경을 쓰고, 빨간색 격자무늬의 셔츠 끝을 면바지 속으로 넣어 입은 전형적인 빈(L. L .Bean, 유명 아웃도어 브랜드) 스타일을 하고 있었다. 은퇴한 기술자인 디어본 씨는 프라이버그 중심에서 그리 멀리 떨어지지 않은 곳에 있는 러브웰 연못Lovewell Pond 가장자리의 백송과 너도밤나무 숲 사이로 제멋대로 뻗은 것처럼 생긴 집에서 혼자 살았다. 그곳에서 50년이 넘게 살았지만 지역 주민들은 여전히 그를 외지인으로 생각했다. 그는 여전히 '멀리서 온 사람'이었던 것이다. 그는 이곳에서 설립한 디어본 정밀배관공사를 15년 전에 팔고 나서 그때부터 기술적 도구를 발명하는 사설 재단을 운영해왔고, 보다 최근에는 폴란드 스프링 사를 상대로 이곳의 물을 퍼내 다른 곳으로 운송하면서 이 주의 물을 없앨 권리가 있느냐고 반론을 제기하는 데 시간을 쏟고 있다.

수자원 보호를 위해 활동하는 사람들 가운데 일부는 시골 소도시에 트럭이 지나다니는 것에 대해 걱정하고, 어떤 사람들은 물을 팔아큰 이익을 남기는 것의 도덕성 여부에 초점을 맞추고 있지만, 디어본 씨가 말하는 '큰일 낼 놈'은 네슬레가 호수에 물을 공급하는 상수원의 물을 퍼내면서 '호수를 망가뜨리고 있다'는 점이다.

디어본 씨는 명백하다는 뜻을 담은 어조로 나에게 말했다.

"호수는 이제 죽었습니다! 워즈 브룩Wards Brook에서 물이 흘러나오질 않아서 호수 물이 너무 오래 한 자리에 고여 있어요. 수온도 올라갔고 바닥에서 자라는 수초도 늘어나는 통에 재산 가치도 떨어졌습니다."

디어본 씨는 근처 집들이 팔리지 않아서 이제는 시장에 나오지도 않는다고 말했다. 그는 이 호수가 곧 러브웰 남쪽 끝에 있는 저지대인 브라운필드 습지Brownfield Bog처럼 될까 봐 걱정했다.

2천 에이커나 되는 워즈 브룩 유역의 중심에는 1백 피트나 되는 투과성 모래자갈 층으로 이루어진 워즈 브룩 대수층이 있다. 시 남쪽에서 나오는 이 물은 북쪽으로 흘러 러브웰 호수가 있는 동쪽으로 흘러간다. 투자자 소유의 프라이버그 수도회사는 1955년부터 이 대수층에서 물을 끌어올려 지역 내 고객 8백여 명과 뉴햄프셔 주 이스트 콘웨이East Conway에 있는 거래처 약 70여 곳에 판매해왔다. 그 후 1997년 이 회사의 휴 헤이스팅스Hugh Hastings 사장이 하워드 디어본 씨를 방문했다.

"그 사람은 우리 집 테라스에 서서 이 도시가 점차 번화해져서 물이 더 필요하다고 말했었소."

디어본 씨는 한 줄로 늘어서서 결국 다람쥐만 살찌우게 될 새 모이를 주고 있는 사람들 쪽을 가리키면서 말했다. 헤이스팅스 사장은 디어본 씨에게 자기 가문 소유의 숲을 가리켰다고 한다. 호수를 기준으로 북동쪽 건너편에 있는 마운트 톰Mount Tom 지역은 헤이스팅스 사장이 최근에 자연관리위원회Nature Conservancy에 판 곳이다. 플레전트 산

Pleasant Mountain 남쪽 땅의 절반도 주 의회 의원인 친척을 비롯한 헤이스팅스 가문 소유였다(이 지역의 한 자연보호사업 관계자는 나에게 '헤이스팅스가는 소설 《위대한 앰버슨가The Magnificent Ambersons》의 주인공 같은 가문'이라고 귀띔해주었다).

마침내 헤이스팅스 사장은 자신이 방문한 목적을 밝혔다. 그는 디어본 씨에게 자신이 가지고 있는 첫 번째 시추공 근처에 워즈 브룩 대수층까지 닿는 두 번째 시추공을 뚫을 수 있도록 길을 내어달라고 부탁했다.

"나는 멍청이처럼 그가 내 땅에 길을 내도록 해주고, 심지어 길을 내는 데 내 불도저로 도와주기까지 했다오."

디어본 씨는 고개를 저으며 말했다.

그 후 몇 해가 지났고, 2004년에 디어본 씨는 지역 신문에서 폴란드 스프링 사가 프라이버그에 생수 공장을 설립하려 한다는 기사를 읽었다. 사람들은 서로 '여기 그만한 물이 있나?' 하고 의아해 했다. 물탱크 트럭이 덜컹거리며 이 지역을 지나다녀도 신경 쓰는 사람은 거의 없었다. 히람 씨를 비롯한 사람들이 세어본 결과로는 24시간 동안 92대의 트럭이 홀리스의 생수 공장으로 향했다고 한다. 행렬은 매일 지속되었다. 2005년 이 회사는 프라이버그에서 1억 6천8백만 갤런 이상의 물을 퍼갔다.

그 물이 어디서 났을까? 그것은 디어본 씨의 땅 근처에 있는 우물에서 나온 것으로 밝혀졌다.

"나는 휴가 프라이버그 시를 위해 그 물을 쓰려는 건 줄 알았지. 폴란드 스프링이 아니라 말이오."

디어본 씨는 아직도 그 기억이 생생한 듯 펄펄 뛰며 말했다. 흥미로운 것은 프라이버그 수도회사가 그 물을 폴란드 스프링 사에 팔지 않았다는 사실이다. 물을 팔더라도 법적으로 문제는 없었지만 이윤이 안 남기 때문이다. 메인 주의 공공시설위원회public utility commission는 민영 수도회사에서 자신들이 매기는 가격보다 비싼 값에 물을 파는 것을 금지하고 있었다. 그래서 이 회사는 끌어올린 물을 신생 업체인 퓨어 마운틴 생수회사Pure Mountain Springs에 갤런당 1센트도 안 되는 가격에 팔았다. 공공시설위원회의 가격 제한에서 자유로워진 퓨어 마운틴 생수회사는 이 물을 갤런당 4센트 이상의 가격을 받고 폴란드 스프링 사에 판매한다. 그렇다면 퓨어 마운틴 생수회사라는 이 교묘한 중간 판매책은 누구인가? 그들은 주 아래쪽에 사는 에릭 칼슨Eric Carlson이라는 수리지질학자와 프라이버그 수도회사의 관리자이자 휴의 아들인 존 헤이스팅스John Hastings이다.

미국 전역에서 바다, 연못, 강 등 지표수는 보편적으로 공공의 소유로 관리된다. 그러나 지하수는 주에 따라 다른 원칙을 따른다. 메인 주의 경우에는 '절대 소유'의 원칙이라고 부르는 원칙을 따르고 있다. 이 원칙은 1800년대 후반 수동 펌프를 쓰고 지하수와 지표수의 연관 관계에 대해서 잘 모르던 시절에 만들어졌다. 이 법은 지주들에게 원하는 만큼의 지하수를 얼마든지 퍼낼 수 있는 완벽한 자율성을 보장하고 있다. 절대 소유의 원칙을 고수하고 있는 다른 유일한 주인 텍사스에서는 이 법을 '최대 펌프'의 원칙이라고 부른다. 다른 주에서는 '우선 사용권의 법칙'(먼저 발견한 사람에게 사용권이 있다)이나 다른 사용처나 공공의 필요를 고려해야 한다는 '합리적 사용'의 원칙, 혹은 대수층 위의 땅을 가진 모든 지주들이 물을 나누어 갖도록 하는 '상호 권리'의 원칙을 따르고 있다. 절대 소유의 원칙은 네 가지

지하수 보호 원칙 중 가장 취약한 것으로, 이 원칙 덕분에 휴 헤이스 팅스는 원하는 대로 물을 길어 올릴 수 있었던 것이다.

워즈 브룩 대수층에 빨대를 꽂고 있는 것은 프라이버그 수도회사 와 퓨어 마운틴 생수회사만이 아니다. 프라이버그 수도회사의 시추공 이 있는 곳의 건너편 상류에서는 릭 이스트먼Rick Eastman이 넓은 부지에 묘목장을 운영하고 있었다. 2004년 그와 이웃에 있는 가구제작자 제 프 워커Jeff Walker는 이 땅에 우물을 파고 WE 주식회사를 설립하여 이름 을 밝히지 않은 생수회사에 물을 팔기 시작했다(폴란드 스프링 사는 아니라고 한다). 2006년까지 매일 약 80만 갤런의 물이 워즈 브룩 대 수층에서 나와 물탱크나 파이프로 흘러들어갔다. 반면 하워드 디어본 씨의 집 뒤 숲 속에 있는 우물에는 간간이 공기만 올라올 뿐이다. 디 어본 씨는 이것이 상업적 채수가 과열된 탓이라고 본다. 점점 더 많은 프라이버그 주민들이 장래에 자신들이 마실 식수의 양과 질에 관한 문제뿐 아니라 펌프 사용이 환경에 미칠 영향에 대해 걱정하고 있었 다. 이곳에서 나오는 물에 의지해 살아가는 수생 유기체나 식물 및 다 른 생물들은 어떻게 되는 것인가? 또 어떤 사람들은 다국적 기업의 욕심이 지역 사회에서 원하는 바에 우선해야 하는 것인지 묻는다.

좌절한 주민들은 자신들의 물이 더 이상 희생되는 것을 막기 위해 생각해낼 수 있는 모든 방법을 취하고 있었다. 몇몇 사람들은 무리를 지어 네슬레의 심복이 되었다는 혐의로 도시계획위원회를 고소했다. 그들은 위원회를 해체하려고도 했으나 실패했다. 어느 전직 주 의회 의 원은 메인 주에서의 대규모 상업적 지하수 채수에 대해 세금을 부과하 기 위한 로비활동을 벌이고 있다. 폴란드 스프링 사는 워즈 브룩 대수층 주변에 충분한 땅을 확보하는 데 실패한 뒤 인근 덴마크Denmark의 땅을 샀다. 회사 측에서는 이곳에서 1년에 1억 5백만 갤런의 물을 끌어올려 프라이버그 동쪽의 파이프를 통해 홀리스 공장으로 가는 물탱크 트럭을 채울 수 있을 것으로 내다봤다. 그러나 이 다단계 계획은 이 도시의 지역구획이사회에서 물탱크 적재소에 대한 승인을 철회하면서 장애에 부딪혔다. 지금까지 지역 학교와 복지 분야에 기부를 하는 등 프라이버그에 호혜를 베풀어왔던 네슬레는 입장을 바꾸어 시를 고소했다. 이제 이웃들은 서로 말을 하지 않고, 어떤 주민들은 네슬레에 강력하게 반대하는 사람이 관장으로 앉아 있다는 이유로 도서관에 가지 않는다. 소송이 계속되고, 수질 보고서를 만드는 데 10만 달러가 넘는 돈이 쓰였다.

내가 한 시 공무원에게 보고서를 하나 얻을 수 있는지 묻자 그는 이렇게 말했다.

"이 동네 수리지질학자들을 건드리면 얼마든지 얻을 수 있을 겁니다."

프라이버그는 결박당한 셈이다. 좋은 물이 많은 환경은 그 사실을 별로 의식도 하지 못하고 살아왔던 사람들을 사회, 경제, 환경 드라마의 한 가운데로 내몰았다. 내가 만난 사람들은 점차 셰익스피어 연극의 주인공 같은 모습을 띠어갔다. 방관자, 어릿광대, 아는 것이 많은 상담가, 정직하지 못한 지도자, 과학자, 희생자도 있고, 돈을 위해 일하는 사람들도 있다. 무대는 으리으리하다. 구불구불한 강과 깊이를 알 수 없는 지하수 웅덩이와 연결된 이끼가 긴 샘에 둘러싸인 광활하고 비옥한 농토이니 말이다. 확실히 알려진 것이 없기 때문에 이 도시에서 물에 대한 이야기는 더욱 무성해진다. 프라이버그 지하에 얼마나 많은 물이 있는지, 얼마나 많은 물이 빠져나가는지 아무도 확실히 알지 못한다. 누구도 마을에 있는 우물물 중 어느 것이 언제 폴란드 스프링 사에 공급되는지, 어느 것이 시에 공급되는지 단언하지 못한다. 시정 정보를 담당하는 사람들과 네슬레 생수회사 사이에 무슨 관계가 있는지 아무도 확실히 알지 못한다. 그만큼 불쾌함만 독처럼 퍼져간다.

이렇게 많은 곳에서 왜 물이 화근이 되는 것일까? 메마른 서부 지역에서는 오랫동안 물을 둘러싼 전쟁이 끊이지 않았다. 커다란 댐에 갇힌 물 가운데 가장 많은 몫은 농사에 쓰이고, 다른 용도로 물을 사용하려는 사람들은 남은 물을 가지고 싸워야 했기 때문이다. 50여 년도 더 오래전부터 예측가들은 서부의 강과 대수층이 마를 것이고, 서부 지역 주민들은 멀리 떨어진 지역에서 물을 수입하게 될 것이라는 예상을 내놓았다. 하지만 이와 대조적으로, 메인 주에서는 개울의 흐름과 연어의 이동을 되살리기 위해 댐을 무너뜨리고 있다. 목재 회사와 지주들, 최근에는 환경보호단체까지 합세하여 상류 부근에 있는 수백만 에이커의 숲을 보호해왔다. 최근 이 지역은 1년 내내 가뭄에 시달렸지만 물이 부족한 곳은 없었다. 메인 주에는 비가 많이 오지 않지만 곳곳에 맑은 물을 생산해낼 수 있는 지형과 숲으로 둘러싸인 수역이 있다.

이러한 수리지질학적 조건과 취약한 지하수 관련법이 어우러지면서 프라이버그는 물이 공공재에서 경제적 원동력으로 변모한 완벽한 사례가 되었다. 또한 이렇게 되면서 '물을 거래하는 것, 원래 있던 곳에서 물을 퍼내 다른 주 혹은 다른 나라로 가져가는 것이 옳은 일인가? 물을 퍼 올려 팔아서 얻는 이익이 그 땅과 물을 보호하는 납세자들에게 돌아가야 하는 것은 아닌가? 물은 석유나 나무 혹은 바닷가재 같은 다른 자원들과 어떻게 다른가?' 하는 문제와 같은, 대답하기 쉽지 않은 질문들을 낳게 되었다. 세계 인구는 빠르게 증가하고 있고, 대부분 지하 대수층에 저장되어 있는 신선하고 마실 만한 물은 점점 줄어들고 있다. 매사추세츠나 플로리다 등 다른 주의 강물도 이미 지하수 채수로 인해 말라버렸다.《채수採水의 어리석음: 지하수 채수와 미국 내 신선한 물의 운명Water Follies: Groundwater Pumping and the Fate of America's Fresh Waters》의 저자인 로버트 글레넌Robert Glennon의 말에 따르면, "미국은 물 부족 위기를 향해 가고 있다. 현재 사용되는 물의 양은 더 이상 지속할 수 없을 정도이고, 환경적 요인들은 안 그래도 수요 증가로 엄청난 압박을 받고 있는 물 공급을 위협하고 있다."

이런 식으로 가다가는 세계가 끝나고 만다. 우리가 살고 있는 '푸른 지구'가 물로 된 행성일지는 몰라도 그 대부분은 짠 바닷물이다. 지구의 물 가운데 3퍼센트만이 신선하고, 그중에서도 인간이 쓸 수 있는 물은 3분의 1에 불과하다. 나머지는 만년설이나 빙원氷原 상태로 묶여 있다. 오늘날 10억이 넘는 사람들이 깨끗한 물을 충분히 얻지 못하고 있다. UN은 가뭄이 늘고 지하수 보유량은 감소하고 있는 데다 인구 전반과 오염이 증가하고 있어서, 2025년이 되면 세계 인구 세 명 가운데 두 명은 깨끗한 물을 얻지 못하는 무시무시한 곤경에 처하게 될 것이라고 예측하고 있다. 이 '세 명 가운데 두 명'은 그저 목이 마른 정도가 아닐 것이다. 이미 매년 약 510만 명이 수인성 질병으로 죽고 있다. 이 가운데 많은 질병이 하수도 시설 부족으로 인한 수질 오염 때문에 발생한다. 이 숫자는 급격히 늘어날 것이다.

이미 호주와 중동에는 물이 부족한 지역이 나타나고 있고, 멕시코시티에서는 과잉 채수로 인해 대수층의 물이 고갈되어 도시가 내려앉는 중이며, 중국 본토 지표수의 80퍼센트, 인도 지표수의 75퍼센트는 사용할 수 없을 정도로 오염되어 있다. 미국 환경보호국은 2013년이 되면 미국에서도 36개 주가 물 부족을 겪게 될 것으로 예측하고 있다. 동남부와 서남부 지역은 이미 심각한 가뭄을 겪고 있다. 뉴멕시코 주의 경우에는 10년 정도 쓸 물밖에 남아 있지 않고, 애리조나 주는 이미 식수 전량을 수입하고 있다. 이런 상황에서 메인 주같이 수자원이 풍부한 주의 물이 더욱 귀해지는 것은 당연하다. 이러한 전망은 원시 대수층 위에 있는 땅을 가진 사람들에게는 흥분되는 일이겠지만, 그렇지 않은 많은 사람들에게는 두려운 일이다.

물은 삶에서―그리고 경제 면에서도―너무나 중요하기 때문에 선사시대부터 갈등의 원인이자 권력의 원천이 되어왔다(라이벌rival이라는 말은 '다른 사람과 같은 개울물을 쓰는 자'라는 뜻의 라틴어 리발리스rivalis에서 나왔다). 고대 그리스인과 로마인과 아시리아인들은 우물에 독을 풀거나 관개용 운하를 파괴하는 등 물을 군사적 도구나 공격의 표적으로 삼았다. 1870년대 미국 동남부의 사막 지대에서는 목장주와 농부, 마을 주민들이 물을 사용할 권리를 놓고 엄청나게 싸웠다. 최근 고대의 지하 호수가 발견되면서 비극이 조금은 완화될 것으로 보이긴 하지만, 다르푸르Darfur에서 일어난 분쟁의 이면에도 물 부족이 크게 작용했다. 물을 둘러싼 갈등에 대해 31페이지에 달하는 연대표를 만들고 있는 정치 중립적 싱크탱크인 태평양연구소Pacific Institute에서는, 물에 대한 수요를 만족시키는 일이 '정치에서 절대 자유로울 수 없을 것'이라고 말한다.

물론 관개용 운하 접근권을 둘러싸고 벌어진 아시리아의 전쟁이나 군사적 목적으로 티그리스 강을 막았던 것에 비하면 프라이버그에서의 소란은 훨씬 덜 중요해 보일 수 있다. 하지만 그렇지가 않다. 오늘날의 싸움에 (아직까지) 창이나 총은 없지만, 50년 후에는 메인 주의 지하수 이용을 조절하자는 이 캠페인을 역사적으로 재조명하게 될 것이다. 오늘날 물을 둘러싼 갈등의 양상은 이런 식이다. 물 때문에 이웃 간에 얼굴을 붉히고, 작은 도시들이 대기업을 저지하기 위해 애쓴다. 생명 보호는 변호사의 손에 달려 있고, 지루하리만큼 공청회가 열리고, 부동산 가격은 나락으로 떨어지고, 우물은 말라버리거나 오염되고, 연못에는 식물이 너무 많이 자란다. 나는 뉴욕의 길에서 폴란드 스프링 생수병을 볼 때마다—'에비앙Evian'이나 '피지Fiji' '보스Voss' 병을 볼 때도 마찬가지다—그 수원지 근처에 실제 살고 있을 사람들과 물탱크 적재소, 생수 공장, 이 물이 나에게까지 오도록 운반하는 고속도로에 연결된 길이 생각난다. 꽤 많은 사람들은 자신들의 삶에서 너무나 필수적인 자원에 대한 발언권을 외부 기업에 빼앗긴 상황을 마음에 들어 하지 않는다.

생수는 어떻게 처음 인기를 얻게 되었을까? 생수가 인기를 얻은 것은 그럴 만한 이유가 있어서였을까? 우리가 지역에서 공급하는 물을 외면한다는 것은 무슨 의미인가?

20년 전만 해도 생수는 틈새시장이었고, 미국에는 지금 같은 대규모 생수 산업이 존재하지 않았다. 물론 요즘은 생수병이 미식가들을 위한 가게(생수는 미국의 유기농 식품 전문 매장인 홀 푸드Whole Foods에서 가장 많이 판매되는 제품이다)뿐만 아니라 A&P 같은 일반 슈퍼마켓의 선반도 채우고 있다. 자판기나 신문 가판대, 주유소 어디에나 생수가 있다. 자동차나 운동기구, 영화관 의자도 생수병을 놓을 수 있도록 디자인되어 있다. 미국에서는 모두 합쳐 7천 개 이상의 국내 브랜드와 75개의 수입 브랜드 생수가 판매되고 있다. 이 물들은 지하수, 샘물, 해양 심층수, 빙하, 빙산, 혹은 빗물로 만들어진 것이다. 이런 물이 수돗물보다 나은 대안이라고 할 수 있는가? 생수는 지속가능성이 있는 것인가? 생수를 마시는 것이 세상에 도움이 될까 아니면 해가 될까?

물에 대한 조사를 막 시작한 시점부터 나는 앞으로 두 가지 부류의 질문을 다루게 될 것임을 알고 있었다. 한 부류의 질문은 답이 확실하다. 수돗물과 생수는 물리적으로 어떻게 다르며, 생수 산업은 환경과 지역 사회에 어떤 역할을 하는가? 다른 질문은 보다 추상적이다. 건강상의 이유나 혹은 그 밖의 어떤 이유에서 생수를 마시는 것이 정당하고 또 해가 되지 않는다 하더라도, 물을 팔아서 이윤을 얻는 것이 윤리적인 일인가? 학대받지 않을 자유와 법 앞에서의 평등과 마찬가지로 물이 기본적인 인권이라면, 왜 사람들은 누군가 그 물에 바코드를 붙이도록 내버려두고 있을까?

마실 수 있는 모든 것

마실 수 있는 모든 것

나는 냉정한 목소리로 마이클 마스카Michael Mascha 씨에게 전화를 걸어 뉴욕 시내에서 점심 식사를 하자고 초대했다. 마스카 씨는 생수 전문가, 아니 사실 전문가라고 자부하는 사람이다. 약 10년쯤 전에 의사의 강권으로 술을 끊은 그는 새로운 방면을 집요하게 파고들었고, 놀라운 물의 세계에 빠져들어 '생수 감정가'를 위한 웹사이트를 열었다. 그는 최근 《좋은 물: 세계 최고의 생수에 관한 한 감정가의 안내서Fine Waters: A Connoisseur's Guide to the World's Most Distinctive Bottled Waters》라는 책을 냈다. 나는 그를 대접할 물을 고르는 동안 그 책을 들고 다녔다.

구름 한 점 없이 따뜻한 날이었기 때문에, 나는 맨해튼 42번가에 있는 브라이언트 공원Bryant Park에 나가서 식사를 해야겠다고 생각했다. 마스카 씨는 모르겠지만(그는 호주 사람으로 지금은 텍사스에 살고 있다) 이 공원은 뉴욕 시의 물 역사에서 중요한 위치를 차지하는 곳이다.

160년도 더 된 일이지만, 뉴욕 시에서는 웨스트체스터 카운티Westchester County에 있는 크로톤 강Croton River을 막아 그 담수를 수로와 파이프를 통해 지금 센트럴 파크 자리에 있는 집수지集水池까지 41마일을 흘려보냈다. 크로톤 강의 물은 그곳에서부터 이곳 42번가에 있는 막대한 규모의 배수지까지 흘러왔다. 당시 이곳은 강가 근처의 시골 마을이었다. 이집트 풍으로 장식된 저수지는 50피트 높이에 25피트 두께로 4에이커의 면적을 차지하고 있었다. 저수지 서쪽에는 공동묘지 자리를 공원으로 바꾼 레저브와 스퀘어Reservoir Square가 있었다. 1884년 이 땅은 당시 사망한 시인이자 작가였던 윌리엄 브라이언트William Cullen Bryant를 기리는 의미로 브라이언트 공원이라는 이름을 얻게 되었다.

지금 보이는 저 엄청난 뉴욕 공공도서관으로 가는 길을 내기 위해 1890년대에 저수지를 없애지 않았더라면, 지금 앉아 있는 브라이언트 공원 남쪽 가장자리에서 그 저수지의 경관을 즐길 수도 있었을 것이다. 오랫동안 방치되어 있다가 다시 개장한 브라이언트 공원은 이제 햇살 좋은 오후에 맨해튼 한가운데에서 점심을 먹기에 가장 좋은 곳이자 가장 붐비는 곳 중 하나이다.

나는 마스카 씨와의 만남을 준비하느라 놀랄 만큼 많은 시간을 썼다. 우선 샘플로 쓸 생수 브랜드들을 고르느라 그의 책을 열심히 읽었다. 그리고 나서 그 생수들을 모두 파는 곳이 있는지 찾기 위해 여섯 개의 가게에 전화를 걸었다. 그런 곳을 찾기란 불가능한 일이었다. 마침내 약속한 날이 되어 나는 신나게 돌아다니면서 세 개의 식료품점에 들러 일곱 종류의 생수를 샀다. 생수병은 무거웠고, 그런 유별난 행동을 하고 있는 나 자신이 바보같이 느껴지기도 했다—내가 생수를 산 이유는 나중에 말하기로 하겠다. 하지만 나는 그러면서도 들떠 있었다. 딘 앤 델루카Dean & DeLuca, 홀 푸드 같은 고급스러운 가게에 갔기 때문일 수도 있고, 이국적인 지역에서 왔다는 너무나 멋있는 색깔과 모양의 생수병 때문인지도 모르겠다. 어디선가 내가 산 생수 브랜드의 담당자가 자기 팔을 꼬집어보고 있을지도 모를 일이다.

하지만 과연 어떤 음식이 이 물들과 어울릴까? 무언가 먹을 생각을 하는 것만으로도 약간 구역질이 나려고 했다. 물을 마시는 경험의 순수함을 더럽히지 않을 만한 음식이 과연 있기나 할까? 이 병 안에 들어 있는 것에 비하면 어떤 음식도 천하고 야만적인 것처럼 느껴졌다. 마스카 씨와 잠깐 통화를 하고 나서야 두려움이 가라앉았다. 그는 무엇을 먹든지 상관없다고 했다.

"중요한 건 음식과 물을 함께 즐긴다는 겁니다. 이건 경험이지 성스러운 의식이 아니니까요."

원래 물이란 훨씬 단순했다. 물은 사람과 동식물의 삶에 필수적이고, 세상에서 가장 단순한 마실 거리였다. 약 15만 년 전 현재의 인류가 나타나면서부터 물은 기본적인 마실 거리가 되어왔다. 우리는 태어나기도 전부터 물을 흡수하고, 죽는 자리에서도 물을 찾는다. 사람은 먹을 것 없이는 몇 주를 살 수 있어도 물 없이는 일주일도 채 살지 못한다. 건조한 환경에서는 더욱 그렇다.

인류 역사가 시작되고부터 깨끗한 물을 충분히 얻을 수 있는 곳을 찾는 것은 정착의 필수조건이었다. 좋은 물이 없으면 종족이 퍼져나갈 수 없었고, 새로운 수원지를 찾는 과정이 문명의 지도를 만들어갔다. 물로 인한 전염병은 한 공동체 전체를 몰살시킬 수도 있었기 때문에, 사람들은 신선한 물이 나오는 샘을 보호하고 맹렬히 지켰다. 한마디로 말하자면, 물은 진화의 원동력으로 작용했던 것이다.

대도시에서는 언제나 물이 더 있어야 했다. 물이 없으면 도시가 성장할 수 없었으며, 사람들은 항상 물을 얻을 방법을 찾았다. 미국 대법원의 제재를 받기는 했지만, 캘리포니아 주에서는 콜로라도 강에 손을 댔다. 보스턴은 코네티컷 강의 물을 가져왔고, 뉴욕 시는 뉴욕 주 북쪽 강뿐 아니라 뉴저지, 펜실베이니아, 델라웨어에서까지 물을 끌어왔다.

물을 찾고 나면 도시는 오염과 경쟁자들로부터 그 물을 보호해야 했다. 앞으로 사용할 물을 저장해야 했고, 물이 계속 흐르도록 유지해야 했다. 이집트와 페르시아, 중국 사람들은 기원전 2500년경에 벌써 깊은 우물을 파는 법을 발견했고, 기원전 2350년경에 아메리카 대륙 남서쪽에 있는 메사 베르데Mesa Verde 지역과 시리아에서는 이미 정교한 물 저장 시설을 갖추었다. 고대 이집트인들은 기원전 3000년경부터 수로를 사용하여 경작지와 마을에 식수와 빨래, 불 조절에 필요한 물을 대었다.

로마인들은 기원전 9세기가 되어서야 그 유명한 수로를 건설하기 시작했다. 일단 시작하고 나자 그것은 대성공이었다. 그들은 5백 년이 넘는 기간 동안 로마 위아래로 거의 260마일을 가로지르는 11개의 수로 시설을 지어 매일 2천5백만 갤런의 물을 운반했다. 각 수로의 끝에는 화려하고 정교한 분수가 있었다. 서민들은 이 공공 수원지에서 물을 얻고, 부유층은 돈을 들여 자신의 집에 파이프를 연결했다. 공공재를 사유화하는 이런 방식은 오늘날 점차 보편화되고 있다.

와인 평론가 로버트 파커Robert Parker가 《와인 애드버킷Wine Advocate》이라는 책을 낼 줄 이미 수백 년 전에 예상했던지, 로마인들은 물에 등급을 매겼다. 아쿠아 마르시아Aqua Marcia에서 나는 샘물이 최상급이고, 로마 북쪽의 호수에서 나는 진흙이 섞인 물이 최하위였다. 네로 황제는 최상급의 물도 성에 차지 않아서 물을 끓인 후 유리잔에 담아 눈 속에 식혀서 자신에게 내오도록 했다고 한다. 오늘날까지도 로마의 여러 공공 수도에서는 고대부터 물이 흘러나오던 수원지들에서 공급되는 수돗물을 마실 수 있다. 하지만 로마는 세계에서 생수 소비가 가장 많은 곳 중 하나이다(국가 단위로 보면 이탈리아는 아랍에미리트 다음으로 1인당 생수 소비가 많다).

고대인들은 어떻게 물을 운반했을까? 아마 그들은 물병 없이 집을 나서는 일이 거의 없는 오늘날의 우리처럼 물을 가지고 다니면서 마셔야 한다는 데 집착하지는 않았을 것이다. 일을 하거나 공부를 하러, 혹은 놀러 우리처럼 멀리 다니지도 않았을 것이다. 도기는 기원전 6천 년경에 발명되었지만, 사람들은 그보다 훨씬 오래전부터 깊게 파인 바구니나 속이 빈 나무, 조롱박, 큰 조개껍질, 풀을 엮어서 만든 병이나 돌 같은 데 물을 저장할 수 있었다. 바이킹 족은 물에 떠다니는 나무를 고래수염으로 튼튼하게 묶어서 만든 양동이에 물을 담았다. 다른 문화권에서는 동물 가죽이나 위, 방광으로 만든 주머니에 물을 넣었다. 나는 전에 한번 같이 사냥을 갔던 사람이 방금 잡은 코요테의 방광을 조심스럽게 떼어내는 것을 본 적이 있다. 방광은 오줌으로 가득 차 있었는데, 그는 그 오줌을 덫을 놓는 데 쓸 참이었다. 그는 자신이 총을 장전할 동안 나에게 소프트볼만 한 크기의 코요테 방광을 들고 있어 달라고 부탁했다. 나는 그 윗부분을 쥔 채로 다리에서 멀찍이 떼어 들고 있었다. 몇 분이 채 지나지 않아 희끄무레한 얇은 조직은 유타 주의 건조한 바람에 딱딱하게 말랐고, 나는 그 안의 액체를 쏟지 않고도 움푹한 땅에 가만히 방광을 내려놓을 수 있었다.

　도시가 성장할수록 더 많은 물을 더 빨리 얻는 것이 중요해진다. 기술자들은 물레방아와 증기 기관을 이용해 지표수와 지하수를 끌어 모았다. '구세계Old World'로 불렸던 유럽의 방식은 미국에서도 적용되었다. 식민지 시대였던 1652년 보스턴에 최초로 상수도 시설이 세워졌다. 이 시설은 중력을 이용하여 근처의 샘과 우물에서 물을 끌어와 12제곱피트의 저수지를 채우는 형태였다. 미국 최초의 펌프식 상수도는 1755년 펜실베이니아 주의 베들레헴Bethlehem에 지어졌다. 제라드 쾨펠Gerard Koeppel이 쓴 《고담 시를 위한 물Water for Gotham》에 따르면, 이 독창적인 시설은 "흐르는 물을 이용해 돌아가는 하사식下射式 나무 물레방아와 쇠로 된 크랭크 축, 물을 원동력으로 하는 세 대의 펌프로 되어 있었다. 이 시설은 납과 나무로 된 파이프를 통해 320피트 떨어진 곳에 있는 90피트 높이의 저수탑에서부터 물을 끌어올린 뒤, 중력을 이용하여 그 물을 네 개의 물탱크에 배분했다." 뉴욕 시는 이보다 한참 뒤처졌다. 네덜란드 인들이 맨해튼에 정착하고 나서 질병과 걷잡을 수 없는 화재, 잘못된 정치 등으로 고생했던 2백여 년의 시간이 걸리고 나서야 이 도시에서는 근교의 믿을 만하고 깨끗한 상수원을 자랑할 수 있게 되었다.

　'신세계New World' 미국의 도시들이 공공 상수도 시설을 짓는 동안 구세계, 즉 유럽의 부유층은 사설 수도를 사용했다. 예로부터 염분이나 유황 성분 혹은 칼슘이나 마그네슘 등이 녹아 있는 광천수는 치료 효과가 있다고 여겨져왔다. 18세기 후반 유럽에서는 왕족이나 귀족의 승인하에 광천수가 나오는 샘이나 연못이 담석에서부터 변비에 이르기까지 각종 건강 문제에 시달리는 사람들이 찾아와 '광천수를 마시는' 신종 관광지로 변모했다. 광천수를 마시는 곳은 '우물'로 불렸고, 목욕을 하는 경우에는 '탕'이라는 이름이 붙었다. 물을 마실 수도 있고 목욕도 하는 곳은 '스파spa'라고 불렀다. 이 단어는 14세기부터 광천수로 온천욕을 해온 벨기에의 한 지역 이름에서 나온 말이다. 얼마 지나지 않아 현지에서 광천수를 마시기만 하던 사람들이 도자기나 유리병에 담긴 물을 사 가지고 갈 수도 있게 되었다(유리병은 오래전부터 있었다. 시리아인들은 기원전 100년경에 유리병을 발명했다).

19세기 중반 철도가 발달하면서 중산층 사람들은 기차를 타고 스파에 다녔고, 대량으로 생산된 물병에 기계로 물을 채울 수 있을 만큼 기술도 발달했다. 에비앙, 산 펠레그리노San Pellegrino, 비텔Vittel, 푀스라우어Vöslauer, 보르섹Borsec과 스파Spa는 브랜드명이 되었다. 최소한 구세계에서는 병에 담긴 물이 완전히 상업화된 것이다.

이런 흐름은 곧 규제를 받았다. 이제는 더 이상 물을 단순히 병에 담아 라벨을 붙여 파는 일이 불가능해졌다. 수원지 소유자는 물의 광물 성분이 2년 이상 안정적으로 나타나고 있다는 것을 증명해야 했다. 1855년 비텔이 첫 테이프를 끊었고, 1863년 나폴레옹 3세는 프랑스 베르게즈Vergèze 지역에서 나는 한 탄산수를 광천수로 인정했다. 이 지역은 기원전 218년경 카르타고의 유명한 장군이었던 한니발이 로마로 진격하기 전에 군대(그리고 말과 코끼리 부대)를 이끌고 쉬었던 곳이라고 한다. 어쩌면 그저 전설일지도 모르지만 말이다. 오늘날 '페리에'로 알려진 이 물은 미국 내 생수 시장의 성공에 중추적인 역할을 한 브랜드이다.

내가 초대한 생수 전문가는 정확히 1시에 브라이언트 공원에 나타났다. 나는 샌드위치 두 개와 예쁘게 생긴 쿠키가 든 상자를 들고 잘 깎아놓은 잔디 근처의 한 테이블에서 그를 기다리고 있었다. 나는 그와 악수를 한 뒤 조심스럽게 가져온 것들을 늘어놓았다. 노르웨이산 보스, 크로아티아산 야나Jana, 독일산 게롤슈타이너Gerolsteiner, 뉴펀들랜드의 해안에서 왔다는 아이스버그Iceberg, 웨일스산 티 난트Ty Nant, 이탈리아산 산파우스티노Sanfaustino, 아칸소 주에서 만든 마운틴 밸리 스프링Mountain Valley Spring, 그리고 미리 백지로 이름을 가려둔 물 한 병이 나왔다. 냅킨과 와인 잔, 그리고 여덟 병의 생수가 좀 튀나 하는 생각이 들었다. 우리 주변의 사람들은 거의 대부분 근처 공원 매점에서 파는 폴란드 스프링이나 피지 병 가운데 하나를 들고 있었다(수백 명 중에 개인 물병을 들고 다니는 사람은 한 명도 보이지 않았고, 재활용 분리 수거통도 볼 수 없었다). 나는 마스카 씨에게 이렇게 병을 늘어놓는 것이 부끄러운지 물었다. 그는 어깨를 으쓱해 보였다.

"저는 이런 데 익숙합니다."

시음은 10종에서 15종을 두고 하는 것이 보통이라고 한다.

"광물 성분이 적은 중성의 물에서 시작해 미네랄 함유가 많은 물로 옮겨갑니다."

마스카 씨는 앞으로 두 시간 동안 광물함유량과 pH(수소이온농도) 지수, TDS(총용존고형물) 지수며 거품의 크기 등에 관해 이런 식의 이야기를 늘어놓을 터였다. 그는 맨 처음 고른 녹색 병에 든 물을 따르면서 말했다.

"산파우스티노는 광물함유량이 중간 정도 되고, 작고 미세한 거품이 이는 천연탄산수입니다. 천연탄산수는 흔하지 않죠."

나는 한 모금을 마셨다.

"물에서 약간의 질감이 느껴지죠?"

"그렇군요."

나는 거품을 느끼며 대답했다. 마스카 씨의 글에는 균등한 간격으로 거품이 이는 탄산수에 대해 쓴 부분이 있었다. 나는 참지 못하고 물어보았다.

"거품 사이의 간격을 어떻게 측정하나요? 누가 실제로 그걸 재는 건가요?"

물 전문가는 애처로운 눈으로 내 말을 끊었다.

"그게…… 과학적이지는 않습니다."

그는 곧 화제를 돌렸다.

"이 물은 칼슘이 많습니다. 경수硬水죠. 건강에 좋습니다."

"그렇군요."

이 병에 붙은 세 개의 라벨에는 칼슘이 최소 10배 이상 함유되어 있다고 쓰여 있다. 딱히 왜라고는 말을 못 하겠지만 산파우스티노의 맛은 마음에 들었다. 보통 마시는 수돗물보다 풍미가 더한 것은 분명한데, 마스카 씨는 내가 그 맛에 대해 주관적인 묘사를 하게끔 도와주려고 하지 않았다. 그는 사실 위주로 말하기를 좋아했다. 그는 자신의 책에서조차 입 안에 있는 물의 맛을 표현하기 위해 와인 감별에 쓰는 공허한 표현들을 쓰는 것은 어떻게든 피하는 사람이었다.

대신 그는 물의 모양―병의 라벨과 모양―과 물의 역사와 어떤 포부를 가지고 물이 만들어졌는가에 관한 설명 등의 '이야기'로 감상을 표현했다. 즉, 그 물이 땅에서 나와 바로 병에 담긴 천연제품인가 아니면 아쿠아피나Aquafina나 다사니Dasani처럼 모종의 처리 과정을 거친 상품인가 하는 식이다. 그는 처리 과정을 거친 물은 고급 생수에 대한 재앙이라고 여긴다.

"미국 사람 대부분은 그것들이 수돗물이라는 사실을 모르거나 알아도 신경 쓰지 않습니다. 여기서는 음식의 과학적인 성분 분석만 중요하게 여기죠. 미국인들은 기술적인 부분에 정신이 팔려 있습니다. 유럽에서는 음식에 가치를 둡니다. 좋은 병에 담긴 좋은 브랜드의 최고급 물은 이런 사고방식과 잘 맞아떨어지죠."

마스카 씨는 미국의 생수회사들이 이미지 쇄신을 해야 한다고 몇 년 동안 주장해왔지만 별다른 영향력을 끼치지는 못했다.

"화가 날 정도입니다. 저는 사람들에게 '디자이너를 사서 브랜드를 개발하라'고 말하고 있습니다."

그는 폴란드 스프링의 얇은 플라스틱 병을 그다지 좋아하지 않았다. 병이 싸 보이기 때문에 네슬레가, 그의 표현대로라면 '생수 축에 끼긴 했지만 좋은 물은 아닌' 아쿠아피나나 다사니 같은 정수된 물과 경쟁하고 있는 거라고 생각하기 때문이다.

나는 이 이야기가 말이 안 된다고 생각한다. 폴란드 스프링은 유럽 브랜드들만큼이나 독특한 이야깃거리가 많은 물이다. 옛날 옛적 메인의 한 농부가 1840년대 초반 폴란드라는 작은 마을에 있는 자기 가족 소유의 샘물을 마시고 담석이 나왔다는 이야기 같은 것 말이다. 얼마 지나지 않아 도자기 병에 담긴 그 물은 포장마차에 실려 보스턴이며 서부로 팔려 나갔다. 샘 근처의 언덕 위에는 근사한 여관이 들어섰고 증기욕과 물을 이용한 다른 치료를 받기 위해 잘나가는 관광객들이 몰렸다.

한동안은 모든 것이 다 잘 되었다. 하지만 유행은 바뀌었고, 염소 사용의 확대로 도시의 상수도 체계가 개선되면서 '병에 담긴 물'은 한물간 것이 되었다. 폴란드 스프링 근처에 있던 여관에는 불이 났고, 다 죽어가던 회사는 1992년 네슬레에 매각되었다. 그로부터 몇 년 안에, 이제는 플라스틱 병에 담겨 나오는 이 천연수는 메인 주의 숲에서 멀리 떨어진 슈퍼마켓까지 파고들었다(그동안 여관도 재건축되어 아서 프로머Arthur Frommer의 말마따나 '미국에서 가장 싼 여행지'가 되었다). 마스카 씨는 폴란드 스프링의 물맛은 좋아하지만 그 플라스틱 병이나 시추공을 파서 끌어올린 물에 '천연수'라는 라벨을 붙이게 해달라고 네슬레가 미국 식품의약국FDA에 끈질기게 로비를 벌이는 것에 대해서는 별 관심이 없었다. 그것이 정직하지 않으며, 실제로 샘에서 끌어올리는 물의 가치를 떨어뜨리는 일이라고 생각하는 정도였다.

FDA에 따르면 천연수는 지하수가 자연적으로 지표면 위로 솟아오르는 곳에서 나는 물이어야 한다. 다만 한 관계자는 몇 가지 조건만 충족시키면 진짜 샘 대신 시추공에서 끌어올린 물도 괜찮다고 말한다. 그러기 위해서는 업체 측에서 시추공에서 나오는 물이 천연수와 수질학적으로 같은 성분의 지하수임을 증명해야 하고, 시추공에서 나온 물이 계속 흐르는 샘에서 나는 천연수와 같은 물리적 속성을 가지고 있어야 한다. 시추공을 파는 데 반대하는 사람들은 이런 구분이 너무 모호한 데다 시추공에서는 강력한 펌프를 통해 너무 넓은 영역에서 물을 끌어올리기 때문에 충분히 정화되지 않은 물과 오염물질을 함께 퍼 올리게 된다고 본다.

그런가 하면 폴란드 스프링의 반대편에 서 있는 사람들은 이 회사의 일부 시추공에서 나오는 물이 샘물 자체와 아무런 수질학적 연관성이 없다고 주장한다(플로리다에 있는 네슬레의 시추공 한 개는 실제 샘에서 5천 피트나 떨어져 있다. 톰 브레넌 과장은 그 지역의 독특한 지질 때문에 어쩔 수 없었다고 말한다). 폴란드 스프링 사에서는 시추공을 통해 물을 퍼 올리는 방식은 물이 지표면에 노출되지 않기 때문에 더 위생적이라고 주장한다.

2003년 소규모 생수업체들은 함께 법적 대응을 하기로 결의하고 네슬레 사를 상대로 시추공을 막든지 아니면 현재 수원지가 명기되어 있지 않은 폴란드 스프링의 라벨을 바꾸어야 한다는 내용의 집단 소송을 제기했다. 2004년 네슬레에서는 생수 소비자를 대상으로 하는 할인 및 무상 제공과 각종 사회 공헌 활동에 1천1백만 달러 가까운 돈을 쓰기로 하면서 이 사태를 진정시켰다. 이 소송은 단지 일부 원고 측 변호사들로 하여금 라벨을 가지고 왈가왈부하지 못하도록 했을 뿐 네슬레의 생수가 천연수인가 아닌가 하는 논쟁을 잠재운 것은 아니었다. 자신의 명의로 된 천연수를 팔아야 하는 다른 원고들은 비슷한 법정 소송으로 계속 압력을 가하고 있다. 소규모 생수업체들을 대변하고 있는 전국 천연생수업연합회National Spring Water Association 회장 빌 밀러Bill Miller 씨는 FDA에서 '샘에서 나오는 물이 샘물이고 우물에서 나오는 물은 우물물이다' 라는 원칙만 단순화시키면 이 모든 법적 논쟁을 피할 수 있다고 말한다.

폴란드 스프링을 둘러싼 이야기에는 흥미로운 부분이 또 있다. 미국 시장에 생수 판매를 시작하고 매년 1백억 달러 이상의 판매고를 올리는 길을 다진 것은 바로 페리에―기업의 서열관계를 어떻게 보는가에 따라 폴란드 스프링의 새어머니 내지는 사촌쯤 되는 회사―였다.

한니발과 그의 코끼리 부대가 쉬었다는 샘이 기억나시는지? 광천수를 이용한 치료를 전문으로 하던 프랑스의 내과 의사 루이유진 페리에Louis-Eugène Perrier는 1898년 한 지역 유지에게서 이 샘을 샀다. 페리에는 자신의 의료 활동은 내팽개친 채, 금속성 뚜껑으로 밀봉해도 병 내부의 거품이 발생시키는 압력을 견뎌낼 수 있을 만한 유리병을 개발하는 데 전력을 쏟았다. 페리에가 경제적 후원자를 찾고 있을 동안 님스Nimes 근처에서는 세인트 존 함스워스St. John Harmsworth라는 영국 부자 한 사람이 차 사고를 당해 병원에 입원하게 되었다. 그곳에서 베르게즈의 탄산수 맛을 본 함스워스는 퇴원 후 페리에를 찾아왔고, 페리에는 그에게 샘을 구경시켜주었다. 거북스러울 정도로 미화되어 있는 이 회사의 연보에 따르면 함스워스는 "그 즉시 홀딱 반했다." 페리에는 함스워스에게 이 땅을 임대했다가 결국 팔았고, 함스워스는 이 땅에 자신의 새로운 친구 페리에의 이름을 붙였다.

함스워스는 물건을 팔아본 경험이 전혀 없었지만 사업 가능성은 기가 막히게 알아볼 수 있는 사람이었다. 그는 온천이 점차 유행에서 뒤처진다는 것을 알고 있었지만, 당시 영국인들이 인공 탄산수에 빠져 있다는 것도 알고 있었다. 그는 자동차 사고 이후 팔의 근력을 강화하기 위해 사용하던 인도식 운동용 곤봉같이 생긴 녹색 병을 고안해냈다. 이 모양은 탄산음료계에서의 코카콜라 병만큼이나 생수병으로서는 독특한 것이었다. 그는 '광천수로 만든 샴페인' 이라는 슬로건을 만들고, 프랑스 시장은 잠시 제쳐두고 그 작은 병들을 인도에 있는 영국군에 보냈다. 이 제품에 대한 영국군의 호응이 좋아서 페리에는 다른 영국 식민지에도 계속해서 진출하기 시작했고, 나중에는 버킹엄궁에까지 진출했다. 1908년 무렵 페리에는 연간 5백만 병이 팔렸다.

1933년 함스워스가 죽을 당시 연간 판매량 1천9백만 병에 달하던 이 회사는 영국의 주주들에게 넘어갔다. 전쟁이 끝난 후 그들은 페리에를 파리 출신의 중개인 귀스타브 르뱅Gustave Levin에게 팔았다. 생산

공장을 현대화한 르뱅은 1970년대 후반, 자신과 같은 도시 전문가 집단에 초점을 맞춘 6천만 달러 상당의 마케팅 기획안을 들고 대서양을 건넜다. 그의 목표는 투자은행의 은행가들로 전후 미국에서 태어나 도시 근교에 거주하는 부유한 젊은 엘리트층인 여피족들이었다. 그는 제품을 건강과 연관시키기 위해 뉴욕 마라톤을 후원했다(이 전통은 계속 살아남아 오늘날에는 폴란드 스프링 사에서 이 경주를 후원한다). 유명한 영화감독이자 배우였던 오선 웰스Orson Welles가 텔레비전 광고에서 "여기 샘이 있고 그 이름은 페리에다"라고 만족스럽게 말하면서 판매고는 오르고 또 올라 1978년 2천만 병에서 이듬해에는 6천만 병으로 늘었다.

나는 이날 페리에를 가져가지는 않았다. 조금 평범할 것 같기도 했고 마스카 씨가 페리에를 별로 좋아하지 않는다는 느낌을 받았기 때문이다. 그의 책에는 페리에가 '아주 많은 양의 질산염'을 함유하고 있다고 씌어 있고(질산염은 비료와 동물의 사체, 썩은 식물, 정화조, 하수처리 시설 등에서 발생한다), 이 물에 대해서는 오염원으로부터 어느 정도 떨어져 있는가를 나타내는 '순결도' 항목에 별 다섯 개 중 세 개밖에 주지 않았다. 마스카 씨가 얇은 플라스틱 병에 대해 어떤 생각을 가지고 있는지 알기 때문에 나는 폴란드 스프링도 가져오지 않았다. 하지만 미국산 물도 있어야 된다는 생각에 아칸소 주의 핫스프링스 국립공원Hot Springs National Park 근처에서 나오는 마운틴 밸리 스프링을 가져온 것이다. 그는 마운틴 밸리에 대해서는 온화한 입장인 것 같았다. 그는 이 물의 녹색 유리병과 깊은 역사성, 광물 함도와 별 다섯 개짜리 순결도를 좋아했다.

19세기 유럽에서 건너온 사람들에 의해 온천욕 열풍이 불기 전에도 북미인들은 광천수나 치료 효과가 있는 온천 등에 대해 어느 정도 알고 있었다. 14세기 당시의 기록에는 뉴욕 주 북부에 살던 이로쿼이Iroquois 족이 새러토가Saratoga 지방의 온천욕을 무척 즐겼다고 나와 있고, 스페인 탐험가 에르난도 데 소토Hernando de Soto는 1541년 전쟁 중이던 툴라Tula 인디언들이 오늘날 '마운틴 밸리'라는 상표를 달고 팔리는 물을 마시기 위해 전쟁을 멈추었다고 기록하고 있다. 캘리포니아 주 솔라노 카운티Solano County에서 톨레나스Tolenas 인디언들이 마시던 광천수는 나중에 정력에 좋은 물로 판매되었다. 19세기 중반의 한 팸플릿에는 이런 문구가 쓰여 있다.

"정력을 잃어 고민하고 있는 남성들에게 이 음료수는 절대적 희망입니다."

이 물은 말라리아와 숙취에도 효험이 있었다고 한다. 나파 밸리Napa Valley 북부의 와포Wappo 인디언들이 찾던 간헐천은 오늘날 네슬레 소유의 칼리스토가 광천수 회사Calistoga Mineral Water Company로 발전하였다.

식민지 시대 이후, 남북 전쟁이 끝나고 개발자들이 계급의식을 부추기며 유럽 스타일의 휴양지와 온천을 지으면서 치료 효과가 있는 물의 인기는 그 정점에 다다랐다. 자신들의 물이 '신장병, 부스럼, 습진, 피부병, 소화불량, 단순 신경 쇠약, 만성 피로, 코감기, 기관지염, 변비, 악성 종양, 치질, 암으로 인한 질환들'을 치료했다고 주장하는 생수회사도 있었으니 놀랄 일도 아니었다. 당시 메인 주의 폴란드 스프링은 소화불량과 간 질환에 치료효과가 있다고 알려졌는데, 최근의 네슬레 문건들은 '물을 많이 마시는 것'만으로도 몸에 쌓인 독소와 불순물들이 빠져나가고 일과 중의 피로가 풀리고, 피부에 영양이 공급되고 변비가 완화된다고 말하고 있다. 이 말에 반론을 제기하는 것—혹은 증명하는 것—은 어렵다.

19세기, 심지어 20세기까지도 미국에는 지역 단위의 생수회사들이 수백 개는 있었다. 그러나 생수업자들은 대부분 집과 사무실에 물을 배달하는 데 주력하면서 정수기에 물을 공급했다. 업계에서 '포장 식수'로 알려져 있던 일회용 생수는 사람들에게 알려지지 못했다. 이 모든 것을 바꾼 것이 페리에였다.

이 프랑스 회사는 1988년 한 해 동안 3억 병의 매출을 기록하고 수입 생수 시장의 80퍼센트를 점하더니 1989년까지 미국에서 1억 1천만 달러의 수입을 올렸다. 거품을 가지고 재미있게 노는 명랑한 분위기의 페리에 TV 광고는 어디서든 볼 수 있었다. 이 광고는 미국 소비자들로 하여금 호사스러움이 먼 것만은 아니라는 생각을 하게 했다. 이 시기의 페리에는 세계에서 가장 잘 알려진 광천수였다.

그 후 재앙이 닥쳐왔다. 1990년 노스캐롤라이나에서 무작위로 페리에 병을 골라 검사를 한 결과 벤젠이 검출된 것이다(잘 알려진 발암물질인 벤젠은 자연이나 산업에서 발생한다. 벤젠을 과다 섭취하게 되면 복통이나 불면증, 경련을 일으키고, 심하면 사망할 수 있다. 소량의 벤젠이 건강에 미치는 영향에 대해서는 알려진 바가 없다. 미국 환경보호국에서는 식수에 대해 벤젠을 5ppb까지 허용하고 있는데, 페리에의 경우 11~18ppb가 검출되었다). 회사에서는 전 세계적인 리콜을 하겠다고 공지했고, 예상대로 판매는 폭락했다. 그러나 누군가의 위기는 다른 누군가에게는 기회가 되는 법이다. 생수 산업의 거대한 조직은 계속 움직이고 있었고, 네슬레는 타격을 입은(그 덕에 가격이 떨어진) 페리에를 매입했다. 페리에를 제외한 다른 종류의 생수들은 작은 구멍으로 탄산수가 뿜어져 나가듯 폭발적으로 팔려나갔다.

중요한 것은 생수를 마시는 사람 가운데 어느 누구도 목이 마르거나 수도꼭지에서 나오는 물을 믿을 수 없어서, 혹은 다른 음료수에 들어 있을 칼로리가 걱정이 돼서 생수를 마시는 것이 아니었다는 사실이다. 그건 나중의 일이다. 현대 소비자들이 처음 페리에나 에비앙, 비텔을 마시기 시작한 것은 그것들이 품고 있는 기의記意 때문이었다. 이 상황에서 물은 사회적 자원—단순한 물리적 자원이 아닌—이었다. 수입 생수를 주문하는 것은 계급적인 행위였고 만찬장의 분위기를 돋워주었다. 미국에 일단 그런 인식이 퍼지기 시작하자 이 현상은 걷잡을 수 없게 되었다.

사람들 사이에 비만에 대한 경각심이 퍼지고, 생수가 건강에 도움이 된다는 인식을 주는 데 초점을 맞춘 수백만 달러짜리 광고 캠페인과 폴리에틸렌수지PET의 발명이라는 사소해 보이는 기술 발전에 힘입어 1990년에서 1997년까지 미국의 생수 매출은 1억 1천5백만 달러에서 40억 달러까지 치솟았다. PET는 기존 폴리염화비닐PVC 병에 비해싸고, 가볍고, 튼튼하고, 색이 밝고 투명했다. 또 내구성도 있고, 이론적으로는 재활용이 가능했다. 북미 네슬레 생수회사의 킴 제프리Kim Jeffery 사장은 1989년에 기존 병 무게의 절반밖에 안 나가는 PET 병이등장한 것은 "업계에 혁명을 가져 왔다"고 말한다. 사람들은 처음으로 탄산음료에 대한 대안을 갖게 된 것이다. 마돈나가 자신의 집에서 에비앙을 마시고(그녀는 에비앙에 섹시함을 덧입히기도 했다. 영화〈진실 혹은 대담Truth or Dare〉에서 그녀는 애무하듯 에비앙 병을 핥는다), 사진작가들이 생수병을 들고 있는 모델들의 사진을 찍기 시작한 뒤로—이 모델들은 깨끗한 피부를 유지하고 식욕을 조절하는 비결이 물이라고 말했다—1리터짜리 에비앙 병은 완연한 패션 액세서리가 되었다.

이런 현상은 이후에도 10년 동안 지속되었다. 생수를 마시는 것은 요가를 하거나 유기농 음식을 먹는 것과 마찬가지로 보다 나은 삶을 위해 거쳐야 할 정거장 같은 것이었다. 광고에서는 생수가 수돗물보다 맛도 좋고 건강에도 좋다는 인식을 심기 위해 각종 문구(순수한, 천연의)와 이미지(폭포, 산)들을 내세웠다. 일부 브랜드는 여기서 멈추지 않았다. 2006년 피지 워터의 광고에는 "라벨에 '피지'라고 쓰여 있는 것은 클리블랜드의 물을 쓰지 않았기 때문입니다"라는 문구가 등장했다. 이를 불쾌하게 여긴 클리블랜드 공무원들이 이 수입 생수를 검사한 결과 리터당 6.3마이크로그램의 비소가 검출되었다. 시에서 공급하는 수돗물에서는 비소가 검출되지 않았다(EPA의 비소 최대허용치는 리터당 10마이크로그램이다). 증류수(물을 끓인 후 그 수증기를 응축시켜 만든 물)를 판매하는 글라소Glacéau 사의 마케팅 담당 수석 부회장 로한 오자Rohan Oza는 한 경영서에서 미국인들은 "신체적으로, 정신적으로, 감성적으로 자신의 기분을 나아지게 할 상품을 찾는다"고 말한 바 있다.

나는 그 글을 읽고 웃을 수밖에 없었다. 글라소는 내 기분을 오히려 망치기 때문이다. 나는 그 회사의 제품을 사지도 마시지도 않는다. 그 회사의 광고는 "당신이 마시는 물은 누구의 승인을 받았습니까?"라고 묻는다. 이 광고 카피는 수돗물은 "대자연에 의해 거부당했다"고 주장한다. 샘물은 "배변 훈련을 받는 동물을 위해" 자연의 승인을 받은 물이다(이 문구 옆에는 배변중인 물고기를 연상시키는 기호가 있다). 정수된 물은 FDA의 승인을 받았지만, "미국 연방수사국FBI이 조사 중"이란다(옆에는 연기를 뿜고 있는 공장 기호가 있다). 나는 FBI에서 생수의 질을 조사할 리가 없다고 확신하기 때문에 이 회사에 좀 더 자세한 내용을 문의하는 내용의 이메일을 보냈다.

그러자 고객 서비스 부서 대표라면서 마이크Mike라는 이름으로 답장이 왔다.

말씀하신 광고에 대해서는 금시초문입니다. 어쨌거나 저희 광고는 편하게 보시라는 뜻에서 만든 겁니다. 저희의 목표는 유쾌하고, 살짝 불손한 듯하더라도 재미있게 제품을 알리는 것입니다. 다른 질문이나 저희가 더 도와드릴 일이 있으시면 언제든 연락 주십시오. 다시 한 번 감사드리며, 잊지 마시고 항상 더 좋은 물을 드시기 바랍니다!

마이크는 물을 많이 마시라는 말은 깜빡한 모양이었다. 최근 생수 회사들은 저마다 우리에게 매일 8온스짜리로 여덟 잔의 물을 마시라고 광고하고 있다. 이 광고들은 성인의 몸은 50~65퍼센트가 물로 이루어져 있으며(아기들은 수분이 더 많아서 75퍼센트나 된다), 수분이 부족하면 발작, 뇌 손상을 거쳐 죽음에까지 이르게 된다는 사실을 일깨워준다. 꽤 심각하게 들린다. 그렇지만 그게 사실일까?

이제는 누구나 받아들이는 금언이 되었지만, '하루에 물 여덟 잔'이라는 이 격언은 한 번도 과학적으로 검증된 적이 없다. 사실상 지금은 은퇴한 다트모스 의과대학Dartmouth Medical School의 신장 전문가 하인즈 발틴Heinz Valtin 씨는 이것이 터무니없는 주장이라고까지 말한다. 발틴 씨는 오랫동안 이 원칙을 뒷받침할 만한 확실한 근거를 찾아보았지만 찾은 것이라고는 미국 국립연구위원회National Research Council 산하 식품영양이사회Food and Nutrition Board에서 성인의 경우 '음식 1칼로리당 물 약 1밀리리터'를 마실 것을 권고한 바 있다는 사실뿐이었다. 이 말은 하루에 약 2~2.5쿼트의 물을 마셔야 한다는 말로 볼 수 있다(이 양은 64~80온스에 해당한다). 이 보고서는 그 다음 문장에서 "이중 대부분은 음식을 통해 섭취하게 된다"고 밝히고 있지만, 발틴 씨는 그 정도까지 알고 있는 사람은 거의 없을 것이라고 본다. 이 생리학자는 더 깊이 파 들어가서 건강한 사람들을 대상으로 한 연구들을 분석한 결과 대부분의 사람들이 그만큼의 물을 마시지 않는다는 사실을 발견해 냈다. 그는 많은 과학 서적이 인체가 수분 균형을 매우 잘 맞추고 있다는 것을 보여주고 있다고 말한다.

"인체는 물을 저장할 수 없습니다. 필요 이상의 물을 마시면 소변을 통해 배출하죠."

발틴 씨는 이제 결과도 나오지 않는 것을 밝히려고 노력하는 데 지쳤다고 했다.

"지금으로서는 모두가 8온스 컵 여덟 잔만큼의 물을 마셔야 한다는 주장에 대한 증거를 대는 일을 아무 뚜렷한 과학적 근거도 대지 않으면서 물을 많이 마셔야 한다고만 주장하는 그 사람들 몫으로 남겨 둬야겠습니다."

의사들은 음식(조리된 국수나 쌀 무게의 대부분은 수분이다)뿐 아니라 카페인을 함유한 음료, 또는 적당량의 맥주를 통해서도 수분을 섭취할 수 있다고 주장한다. 존스홉킨스 의과대학Johns hopkins School of Medicine에서 의학 및 생화학을 가르치고 있는 시므온 마골리스Simeon Margolis 박사는 목이 마를 때 뭐든 마시면 된다고 말한다(베일러 의과대학Baylor Medical College의 청소년 및 스포츠의학 임상 영양학자인 로버타 앤딩Roberta Anding 씨는 여기에 '노인이 아니라면' 이라는 조건을 붙인다. "갈증은 가장 적응력이 떨어지는 방어기제 중 하나입니다. 나이가 들수록 점차 그 신뢰성이 떨어지게 되죠. 그리고 운동선수들은 물론 하루에 8온스짜리 컵 여덟 잔보다 훨씬 많은 양의 물을 마셔야 합니다.").

그렇지만 물을 너무 많이 마시는 것이 위험할 수도 있다. 2007년 1월 캘리포니아의 새크라멘토 카운티Sacramento County에서는 어느 라디오 프로그램에서 상품으로 내건 '닌텐도 위Nintendo Wii' 라는 게임기를 받기 위해 한 여성이 쉬는 시간도 없이 크리스털 가이저Crystal Geyser 생수를 2갤런 가까이 마신 적이 있다. 이 여성은 닌텐도는 타지 못한 채 두통만 안고 방송국을 빠져나갔고, 그날 오후 자신의 집에서 숨졌다. 저나트륨혈증hyponatremia이라고도 하고 물 중독water intoxication으로 더 널리 알려진 이 증세는 혈중 미네랄과 나트륨 농도를 급격히 떨어뜨린다. 그렇게 되면 뇌가 붓거나 발작, 혼수상태가 오거나 죽음에까지 이를 수 있다. 2005년에도 한 대학생이 환각제를 복용한 후 엄청난 갈증을 느낀 상태에서 마찬가지로 물을 너무 많이 마셔 사망했다.

인체에 적정한 수분은 얼마일까 하는 질문에 사로잡혀 있던 나는, 딸 루시의 뇌—다른 아이들과 마찬가지로 75퍼센트는 물로 이루어져 있을—에 수분이 더 많이 공급된다면 그 아이가 맞춤법 시험을 더 잘 보게 될까 하는 궁금증이 생기기 시작했다. 학교에 가져갔다 오는 물의 양을 보면 분명 아이는 하루에 물을 8온스도 채 안 마신다. 아이가 먹는 음식이 나머지 일곱 잔 정도의 수분을 공급해줄 리도 없다.

"물을 마시고 다시 물병을 채워 오는 거예요."

루시는 이렇게 말했지만 나는 계속 미심쩍었다. 나는 몇 번이고 잔소리를 해도 아이의 물 마시는 습관에 변화가 없다는 것을 깨닫고, 어느 날 아침 물 8온스에 붉은색 식용색소 두 방울을 떨어뜨려놓았다. 나는 그중 6온스를 아이의 물병에 붓고—아이의 물병은 불투명한 붉은색 병이다—나머지 2온스는 나중에 비교할 수 있도록 집에 있는 투명한 유리잔에 따라두었다. 이 실험을 고안하기까지 시간이 좀 걸렸던 터라 나는 그 결과가 기대되었다. 루시가 물을 마시고 다시 채워놓는 것이라면, 물의 붉은색은 내가 대조군으로 놔둔 물보다 색이 엷을 것이다. 만약 아이가 물을 다 마시지 않는다 하더라도, 얼마나 마셨는지는 측정할 수 있으리라.

그날 오후 아이를 데리러 가자 루시는 책가방을 뒤적이더니 선생님이 써주신 한 줄짜리 메모를 꺼냈다.

"오늘 루시의 물이 빨간색이 되어 있었습니다."

이럴 수가!

"책상에 물을 쏟았는데 바버라 선생님이 그걸 보시고는 물을 버리라고 하셨어요."

루시가 설명했다. 망했다. 루시가 하필 오늘 물을 쏟고, 아이의 선생님이 그것을 눈치 챌 확률이 대체 얼마나 될까? 이제 이 실험을 다시 할 수 없게 된 건 물론이고(루시에게는 '불확정성의 원리'에 따라 일어나게 된 일이라고 설명했다), 아이의 선생님은 나를 미쳤다고 생각할 것이다.

내가 선택한 다음 단계는 소변 비중 검사기를 사는 것이었지만, 루시와 나는 약국 근처에 가기도 전에 정기 검진을 위해 소아과부터 찾았다. 의사는 아이의 혀를 살펴본 후 이상이 없다고 말했다. 하지만 그도 나를 미심쩍어 하는 것 같았다.

1994년 펩시콜라는 일회용 음료 시장에 아쿠아피나라는 이름의 생수를 내놓았고, 1999년 코카콜라에서는 다사니를 출시했다. 두 회사 모두 남녀노소에게 설탕이 가득 든 살찔 만한 음료수를 팔아 성공을 거둔 회사들이었다. 이 회사들이 생수 시장에 뛰어든 것은 이 짭짤한 음료 시장에서 자신들의 몫을 유지하기 위한 방법이었다(이 거대 기업들은 최근 물과 에너지 음료를 만드는 중소 음료회사들을 사들이고 있다. 2007년 버드와이저로 유명한 앤호이저부시Anheuser-Busch 사는 미국 내 아이슬란딕 글레이셜Icelandic Glaciel 생수의 배급권을 샀고, 코카콜라는 글라소에 410억 달러를 지불하고 판매권을 샀다. 틀림없이 그들은 생수 시장이 강세라는 판단을 한 것이다).

코카콜라와 펩시콜라는 모두 디트로이트, 위치타, 프레스노, 뉴욕, 잭슨빌 등의 도시의 수도관에서 나오는 미국 각 지역의 수돗물을 끌어다 불순물을 제거한 뒤(몇 단계의 얇은 막과 탄소 필터를 거쳐) 살균한다(자외선과 오존을 이용해). 다사니는 이 물에 다시 광물 성분을 첨가하여 물의 질감과 염분, 맛을 더한다(패스트푸드와 같은 원리다). 아쿠아피나는 순수 증류수이다. 이 브랜드들에는 좋은 기반 시설—공장, 대형 시장에 대한 접근성 등—을 갖추는 것이 물 자체의 수질보다 훨씬 중요하다.

2006년 한 해 동안 미국에서 판매된 전체 생수의 44퍼센트는 수돗물을 이용하여 만들어 '음용수'나 '정화수'라는 라벨을 달았다. 나는 많은 소비자들이 속고 있는 대로 누군가가 아쿠아피나나 다사니는 '수돗물일 뿐'이라고 말하는 소리를 들을 때마다 정신차리라는 의미

로 그 사람을 흔들어주고 싶다. 현혹적인 마케팅과 비싼 가격을 들이
대는 다국적 기업을 옹호하는 것 같아서 우습기도 하지만, 최대한의
정화 과정을 거친 이 브랜드들의 물은 지역 수도관을 흘러 주방 수도
꼭지에서 나오는 물과는 전혀 다르다.

코카콜라와 펩시콜라에서는 기존의 광대한 탄산음료 공장 네트워
크가 가지는 장점을 활용하여 판매지에서 상대적으로 가까운 곳에서
생수를 생산할 수 있다. 식료품점 선반에 다사니와 아쿠아피나를 들
이는 것이, 예를 들어 메인 주에서부터 운반해 와야 하는 폴란드 스프
링을 진열하는 것보다 비용이 덜 든다는 말이다(코카콜라나 펩시콜
라는 수질 모니터용 시추공에서 데이터를 모으거나 상수원의 수질을
보호하거나 지역의 반대 세력과 대립하는 데 비용을 쓸 필요도 없다).
천연생수를 생산하는 회사들이 코카콜라나 펩시콜라와 경쟁하기 위
해서는 더 많은 제품을 팔아야 하고, 이를 위해 광고에도 더 많은 투
자를 해야 한다.

2005년 생수업계는 미국 내 광고에 1억 5천8백만 달러를 쏟아 부
었다. 병에 담긴 수돗물이 왜 그렇게 비싼지 궁금하다면 그에 대한 답
을 하나 제시하겠다. 2006년 펩시 사에서는 '물을 더 마십시다' 라는
캠페인에 2천만 달러 이상을 들었다. 이 캠페인은 아쿠아피나를 마시
면 보기에도 좋고 기분도 좋아질 것이라고 제안했다(뉴스 보도에 따
르면 2천만 달러는 생수 캠페인에 드는 돈으로는 보통 수준이라고 한
다). 이런 광고의 대부분이 유행에 가장 민감한 15세에서 34세 사이의
여성을 겨냥하는 것은 우연이 아니다.

코크 사나 펩시 사는 지역에서 생산되거나 수입되는 천연수 혹은
광천수에 비해 다른 면에서도 유리하다. 이 회사들은 이미 거대 소매

체인과 공급 계약이 되어 있기 때문에 기존에 거래하던 상점과 학교, 운동장, 사무실 등의 공공장소에 설치된 자사 명의의 자동판매기에 자기 회사에서 나온 물을 채워 넣기만 하면 된다. 다만 뉴욕은 예외였다. 펩시는 퀸스에 있는 뉴욕 시 환경관리국DEP: Department of Environmental Protection 본부와 계약을 맺고 있다. 이 회사가 자동판매기에 아쿠아피나를 채우려 하자 환경관리국에서는 제품을 철수할 것을 요구했다.

"우리는 여기서 나오는 우리 물을 마십니다!"

한 관계자는 이렇게 화를 냈다고 한다.

오늘날 환경관리국 건물에 있는 펩시 자판기에서는 탄산음료와 스포츠 음료, 과즙 음료를 판매하고 있고, 직원들은 벽에 부착된 식수대를 통해 캣츠킬 산Catskill Mountain에 있는 시 상수원인 에소푸스 크릭Esopus Creek에서 나오는 물을 마신다.

소매 고객들을 공략하는 것만으로는 부족하겠다 싶었는지, 네슬레는 2002년 식당 종업원을 겨냥하여 '물 따르고 팁 받는 법Pour on the Tips'이라는 제목의 교육용 CD를 제작했다. CD 내용을 보면 한 번 홀을 돌 때마다 20명의 손님에게 수돗물 대신 생수를 주는 것만으로도 한 달에 1백 달러 이상의 팁을 받을 수 있다고 말한다. 또한 웨이터들에게 계속해서 고급 잔에 고급 물을 가득 채워주면서(네슬레는 페리에뿐 아니라 산 펠레그리노, 콘트렉스Contrex, 아쿠아 파나Acqua Panna도 수입하고 있다) '그날의 물주'를 찾아내라고 가르친다. 그리고 그 사람을 당황스럽게 하는 것이다. 웨이터 출신의 레스토랑 컨설턴트 밥 브라운Bob Brown이 〈월스트리트 저널〉에 쓴 글처럼 말이다.

"나는 '시원한 물을 두어 병 더 가져다 드릴까요?'라고 묻는다. 대부분의 사람들은 그렇게 해달라고 대답한다. 그것이 그들의 자존심을 세워주는 것이다."

돌핀Dollfinn이라고 불린다는 한 웨이터는 '웨이터의 복수Waiter's Revenge'라는 인터넷 게시판에 이런 글을 남겼다.

"나는 친구들 앞에서 거들먹거리고 싶어 하는 아줌마들이…… 내 앞에서 '수돗물'이라는 단어를 되풀이하게 만들 때마다 통쾌해진다."

고급 식당에서는 가격을 올려 받을 수 있도록 소비자들이 슈퍼마켓 진열대에서는 보지 못한 브랜드의 물을 팔라는 권유를 받는다. 생수는 메뉴판에 있는 어떤 아이템보다 마진이 크다. 주유소에 딸린 소형 상점에서도 마찬가지이다. 로스앤젤레스에서 셸Shell 직영 주유소를 운영하고 있는 안드레 반 데르 발크Andre van der Valk 씨는 "생수는 한 병당 최소 50~60퍼센트의 이윤이 남는다. 이것은 가솔린보다 더 남는 장사다"라고 말한다. 레스토랑 컨설턴트인 클라크 울프Clark Wolf 씨의 말로는, 요식업계에서 생수 판매로 연간 20~35억 달러의 이익을 남긴다고 한다.

92퍼센트 이상의 수돗물이 연방 정부에서 정한 보건 안전 기준을 여유 있게 만족하고 있고, 블라인드 테스트에서도 유명 브랜드의 생수보다 맛있다는 평을 받고 있으며, 수돗물 가격이 생수에 비해 240배 내지는 1만 배까지도 싼 나라에서 생수가 엄청난 성공을 거두었다는 것은 어디에서도 볼 수 없는 사회 현상이자, 20세기와 21세기를 통틀어 가장 큰 마케팅 성공 사례 중 하나이다. 그렇지만 왜 이 마케팅이 먹혀든 것일까? 나는 갈수록 심해지는 우리의 게으름과 참을성 없는 성미에 생수가 맞아떨어진다는 점이 한 가지 답이 된다는 것을 깨달았다.

미국인들은 이전 어느 때보다도 바쁘게 돌아다니면서 먹고 마신다. 작가 마이클 폴란Michael Pollan 씨는 미국 아이 세 명 중 한 명은 이틀에 한 번씩 패스트푸드를 먹고 있으며, 미국인의 식사나 간식 중 19퍼센트는 차 안에서 이루어진다고 지적한 바 있다. 병에 담긴 생수는 편리성에 대한 사람들의 필요를 만족시켜준다(탄산음료의 칼로리에 대한 걱정 없이 가지고 다닐 수 있는 편리성이라는 편이 더 맞겠다). 손바닥이나 서류가방, 핸드백에 딱 맞는 병을 가지고 다니면서 어디서든 물을 마실 수 있는 것이다.

용기재활용연구소CRI: Container Recycling Institute의 연구에 따르면, 1960년에서 1970년 사이 사람들은 한 해 평균 200~250병의 음료수를 샀고―대부분 탄산음료와 맥주였다―그 병들은 많은 수가 리필이 가능했다. 내가 자랄 때만 해도, 우리 가족은 수돗물 아니면 패밀리 사이즈의 큰 병에 담긴 음료수만 마셨다. 밖에 나가 돌아다니다가 목이 마르면 공공 식수대의 물로 갈증을 달랬다. 아니면 목적지에 도착할 때까지 참고 기다렸다. 소풍을 갈 때면 집에서 만든 레모네이드를 큰 플라스틱 물병에 담아 갔다. 물론 어른들은 맥주를 마셨지만, 작은 용기에 따로따로 담겨 있는 개인용 음료라는 발상은 나에게 생소한 것이었다.

마시는 물은 병에 담겨 있어야 하고, 수돗물은 마시는 물이 아니고 식수대도 마찬가지로 불결하다고 생각하며 자라온 요즘 아이들에게는 수돗물이 그만큼 생소할 것이다. 아이들은 자기 물병을 들고 다니는 것은 좋아하지만, 나중에 다시 쓸 수 있도록 물병을 씻거나 자기가 만든 쓰레기를 책임지고 버리는 데는 영 관심이 없다.

물을 파는 가게는 골목마다 있지만 식수대나 물잔을 기꺼이 무료로 다시 채워주는 식당은 갈수록 적어지고 있다. 용기재활용연구소에서는 "물을 리필할 만한 곳들이 점차 사라지고, 일회용 플라스틱 병을 만들 만큼 기술이 발달하고 업계의 마케팅 노력이 계속되면서 포장 음료 소비는 계속 증가했다"고 보고하고 있다. 90년대 휴대용 생수의 성공은 70년대와 80년대에 걸쳐 형성된, 길을 가면서 일회용 탄산음료를 사서 마시고 버려도 괜찮다는 식의 사고방식과 연관되어 있다. 2006년 한 해 미국인들은 1인당 평균 686개의 음료를 마셨다. 2007년에는 일회용 병에 담긴 물만 전부 합쳐 5백억 병을 마셨다. 한 세대 전체가 식수는 작은 플라스틱 병에 들어 있는 것이라고 생각하면서 자라고 있다. 사실 굳이 수돗물을 마시겠다는 사람들은 열심히 생수를 마시는 사람들에 비해 전반적으로 나이가 훨씬 많은 편이다.

아이팟이나 휴대폰처럼 생수병도 각자 가지고 다니는 개인적인 물건이다. 생수병은 공장에서 밀봉되어 나왔고 사람의 손이 닿지 않았다. 공공 식수대와는 천지차이이다(피지 워터의 경우 잠재의식 속의 세균에 대한 공포증을 활용하여 '사람의 손이 닿지 않은'이라는 슬로건을 내세우고 있고, 아이스 록스Ice Rocks라는 회사는 '위생적인 얼음'을 판다고 광고하고 있다. 이 회사의 제품은 일회용 플라스틱 용기에 밀봉 포장된 천연수이다). 어쩌다 보니 미국은 '위생'과 '중성'에 집착하는 나라가 되었다. 전염병이 돌았을 때를 제외하고 우리가 몸에 대해 이렇게까지 걱정스러워 한 적은 없었다. 슈퍼마켓에서는 쇼핑 카트 손잡이를 닦을 수 있도록 항균 물티슈를 제공한다. 비행기를 타는 사람들은 항공사에서 제공하는 베개에 씌울 베갯잇을 가지고 다닌다. 슈퍼마켓에서는 옥수수를 비닐봉지에 포장한다. 아직 껍질을 벗겨내지 않은 옥수수인데도 말이다(이것은 쓰레기가 산처럼 쌓인다는 것 말고도, 일반적으로 사용하는 대부분의 항생제에는 끄떡없는 내성을 자랑하는 초강력 박테리아가 발생한다는 부정적인 효과를 낳는다)!

벤저민 바버Benjamin Barber는 《소진消盡: 시장이 어떻게 아이들을 타락시키고, 어른들을 애처럼 만들고, 시민사회 전체를 삼켜버렸는가 Consumed: How Markets Corrupt Children, Infantilize Adults, and Swallow Citizens Whole》라는 책에서 소비자 문화가 우리의 자아도취적 욕구를 채우고, 특정 브랜드와 제품을 삶의 필수적인 것으로 여기고 열정적으로 받아들이게끔 조정하면서 어른들을 아이처럼 만들었다고 주장한다. 목마른 순간에 사람들을 가게로 향하도록 이끄는 것은 자아도취적 성향일까? 아니면 감정적 원조가 필요했던 것일까? 도시에 사는 사람들은 물을 벌컥벌컥 마시면서 거리를 걷는다. 서서 대화를 나누면서도 중간 중간 조심스럽게 물을 마신다. 영화관 앞에 줄을 서 있는 사람들의 손에도, 고속도로의 차 안에도 물이 있다(그러나 마스카 씨는 미국에서만 그렇단다. "유럽에서는 어느 누구도 물병을 쭉쭉 빨면서 길을 걷지 않습니다. 기다렸다가 제대로 된 식사를 하죠."). 물론 이 사람들은 목적지에 가면 물을 마실 수 있고, 그 자리에서 당장 말라 죽을 위험도 없다. 그들이 들고 있는 물병은 그저 들고 있으면 안심이 되는 물건쯤인 것이다.

마스카 씨는 오래지 않아 자신이 나와 함께 물을 마시며 적진의 한가운데를 걷고 있다는 사실을 깨달았다. 만나기 전 전화 통화에서 나는 싼 것 말고 '좋은 물'에 대해서는 아무것도 모른다고 말해두었다. 나는 미국인들이 매년 평균적으로 마신다는 27.6갤런의 생수 중 한 모금도 소비한 바 없으며, 마스카 씨를 만나기 위해 각종 고급 생수를 사러 다니면서 스스로가 과시욕에 사로잡힌 얼간이처럼 느껴졌다. 메인 주 홀리스에서 톰 브레넌 과장을 만날 때까지는 폴란드 스프링의 맛을 본 적도 없다. 우리가 회의실에 앉아 이야기를 하고 있을 동안 공장장 빌 메이플스Bill Maples 씨가 그 '장물'을 들고 들어왔다. 8온스짜리 물병이었다. 나는 물 한 병을 받고 농담조로 들리기를 바라는 말투로 메이플스 씨에게 몇 마디를 건네고는, 폴리카보네이트 플라스틱으로 만들어진 입이 넓은 날진Nalgene 물병을 꺼냈다. 나는 그날 아침 그 물병에 물맛이 좋기로 유명한 메인 주 야머스Yarmouth의 물을 채워왔다.

메이플스 씨는 어쨌거나 나에게 생수병을 쥐어주고 자기 몫의 병 뚜껑을 열었다. 나는 내 물병의 파란색 뚜껑을 돌려 열었다. 가볍고 반짝이는 투명한 폴란드 스프링 병 옆에 있는 내 물병은 오래된 발톱처럼 투박하고 누리끼리해 보였다. 돌려 열게끔 되어 있는 뚜껑 부분도 별로 깨끗해 보이지 않았다. 물병을 다시 집어넣으면서 나는 스스로에게 물어보았다. '이 병이 얼마나 되었지? 소독은 언제 했더라?' 답은 '10년쯤 될 동안 한 번도 소독을 안 했다'는 것이었다. 그렇지만 나는 내가 생수 소비자가 아니라는 점 한 가지만큼은 확실히 하고 싶었다. 그들이 자기 회사 제품을 마실 동안 나는 야머스의 물을 마셨고, 물맛은 좋았다. 혹은 그저 내가 익숙한 맛이었는지도 모르겠지만.

사실 나는 폴란드 스프링을 좋아하게 될까 봐 그 물을 마시고 싶지 않았던 것이다. 염소가 들어 있고, 소독용 기구가 지나가면서 청소하는 일 같은 건 절대 없었을 파이프에서 나오는 야머스의 물보다 폴란드 스프링의 맛이 좋을 거라는 건 거의 확실했다. 하지만 그게 어쨌다는 건가? 푸아그라(살찐 거위나 오리의 간으로 만든 프랑스 요리)는 분명 그냥 간 요리보다 더 맛있다. 그렇다고 해서 내가 그걸 사 먹을 건 아니다. 나는 나 자신을 망치고 싶지 않다. 비싼 것, 특히 수녀님들과 환경운동가들의 말이 맞다면 사회와 자연의 질서를 어그러뜨리는 비싼 것들에 익숙해지고 싶지 않다.

너무 생각이 많은 것인지는 모르겠지만, 나는 생수를 마시는 것이 교활한 유행에 기여하는 것 같아서 걱정이다. 아무 비용을 지불하지 않거나 적은 비용을 지불하던 것들에 높은 가격을 붙이는 것이 점차 정상적인 일이 되어가고 있다. 텔레비전 수신기(이제 우리는 비싸게 주고 케이블 방송을 시청해야 한다)나 기본적인 전화 서비스(이제 우리는 휴대폰을 가지고 있다)처럼 말이다. 이런 기준이 변한다는 것은 서비스나 품질 불량 같은 문제가 발생하면 우리가 힘을 합쳐 그 문제에 맞서는 대신 문제를 받아들이고 사적 영역으로 옮겨버린다는 것을 뜻한다. 볼티모어 시의 경우 15년 동안 공립학교의 식수대에서 검출되는 납을 없애기 위해 노력했지만 결국 포기하고 2007년 생수를 공급하기 시작했다.

환경 전문 작가인 빌 매키벤Bill McKibben은 공동의 목적에 대한 인식이 점차 개인을 중시하는 방향으로 옮겨가는 것을 '과도한 개인주의hyperindividualism'라고 부른다. 과도한 개인주의는 우리 귀를 막고 우리를 공동의 경험에서 유리시킨다. 그렇기 때문에 길이 막히고 기온이 올라가도 사람들은 더 큰 집을 짓고 더 큰 차를 산다. 매키벤은 과도한 개인주의는 상대적으로 새로운 개념이지만 '영향력이 매우 크다'고 말한다. 경제학자와 사회학자들 말로는 더 많은 물건을 갖고 경제적인 성장을 한다고 사람들이 행복해지는 것은 아니다. 오히려 사회적 고립이 증가한다는 것이다. 삶의 방식에서 과도한 개인주의는 공립학교, 대중교통, 수돗물 등을 이용하지 않고도 살 수 있는 경제적 여력이 되는 사람들을 더욱 유리시킨다. 1985년 〈파이낸셜 타임스Financial

Times〉의 한 기사는 생수를 사는 것은 "엄밀히 따지면 그 자체로 재화라고 볼 수 있는 것에 대하여 공공 공급의 방식을 따르기보다는 개인의 선택권을 발휘하겠다는 의미"라고 규정하고 있다. 왜냐고? 공공공급의 방식이 비효율적이고 부적절하고 건강에 좋지 않을 수 있기 때문이다.

나는 폴란드 스프링 병을 앞에 두고 브레넌 과장과 메이플스 씨와 몇 시간 동안이나 이야기를 나누었다. 그들은 자신의 폴란드 스프링 생수를 마셨고, 나는 날진 물병에 든 물을 마셨다. 마침내, 팝콘 그릇을 앞에 두고 앉은 다이어트 중인 사람마냥 나는 한계에 다다랐다. 꼭 그 물맛을 봐야 할 것만 같았다. 나는 뚜껑을 열고—누구든 그랬겠지만, 뻥! 소리가 마음에 들었다—조심스럽게 한 모금을 마셨다. 물맛은 정말 좋았다. 깊고 부드러운 맛이었다. 하지만 이미 말한 대로 내가 익숙해지고 싶은 맛은 아니었다. 나는 뚜껑을 닫고 병을 한쪽에 밀어 두었다.

마스카 씨와 나는 여섯 종류의 물을 다 맛보았지만, 그는 어느 것에 대해서도 별다른 말을 하지 않았다. 게롤슈타이너에 대해 거품이 크고 짭짤하면서 텁텁한 듯한 맛이 느껴져서 마음에 든다고 말한 것을 제외하고는 나도 마찬가지였다. 광천수계의 최고봉으로 알려진 게롤슈타이너는 법적으로 최소 250ppm의 천연 광물 성분이 녹아들어 있고, TDS 지수가 2,527이다. 이 물은 일반적인 칼슘과 마그네슘 이외에도 염소, 불소, 중탄산염, 망간, 질산염, 칼륨, 실리카, 나트륨, 스트론튬, 황산 성분 등을 포함하고 있다.

내가 골라 온 천연샘물과 지하수(대수층에서 퍼 올리긴 했지만 샘에서 난 물은 아닌)는 나에게 별다른 인상을 남기지 못했다. 이 물들이 물(과 맥주) 맛을 표현하는 데 주로 사용되는 말처럼 순수하고, 상쾌하고, 신선한가? 물론이다. 그러나 순수하다는 게 무슨 뜻인가?

"나는 그 말을 절대 쓰지 않습니다. 물에는 항상 뭔가가 들어 있거든요."

마스카 씨는 TDS 22짜리 보스를 따르면서 말을 이었다.

"이 물의 맛은 빗물과 매우 비슷합니다. 초밥과 잘 어울리는 맛이죠."

물에 대해서는 잘 모르겠지만, 넓은 회색 뚜껑이 달린 일자로 쭉 뻗은 튜브 모양의 병은 세련돼 보였다.

우리는 물을 조금 맛보고, 남은 물은 브라이언트 공원에 심어져 있는 식물에 뿌렸다. 미국 관목 뿌리에 유럽의 빗물을 뿌리는 셈이었다. 나는 마스카 씨의 컵에 아이스버그 생수를 몇 인치 따라주었다.

"전형적인 빗물 맛이군요."

그는 재빨리 한 모금을 맛본 후 이렇게 말했다. 이 물도 TDS 지수가 낮다. 마스카 씨는 이 물을 별로 좋아하지 않았다. 아이스버그는 엄청나게 많은 층으로 압축된 눈이 녹은 물인데, 그중 일부는 매연으로 도시의 공기가 까매졌던 산업혁명 때의 것이고, 원자폭탄 실험으로 인해 공기 중에 방사능 입자가 떠다니던 1950년대의 눈도 섞여 있다고 한다. 아이스버그는 기중기를 이용해 잘라낸 빙산의 일부를 부수고 녹인 뒤 그 물을 바지선에 있는 탱크에 저장한다.

마스카 씨의 안색이 점차 안 좋아지는 것 같았다. 아마 물을 너무 많이 마신 모양이다. 이제 신비에 싸여 있던 물을 공개할 차례다. 나는 뚜껑을 열고 잔에 물을 조금 부었다.

"먼저 드시죠."

그가 농담을 던졌다. 내가 먼저 마시자, 그도 한 모금을 마시고는 고개를 치켜들며 나에게 물었다.

"증류수인가요?"

"음, 글쎄요. 그건 아닌 것 같은데요. 하지만 다른 공정을 여러 차례 거친 물입니다."

나는 이렇게 대답하고는, 마스카 씨가 또 한 모금을 마시고 전문가적인 견해를 말할 때까지 기다렸다.

"르 블뢰Le Bleu는 아닌 것 같은데요, 그렇죠? 르 블뢰는 증류 과정을 세 번이나 거친 물이죠."

"맞습니다."

마스카 씨는 다시 맛을 보거나 무슨 물인지를 맞추는 데 관심이 없어 보였다. 그래서 나는 그냥 사실을 밝혔다.

"사실 이 물은 싱가포르의 하수처리장에서 만든 물입니다. 거기에서는 폐수를 각종 미세필터와 역삼투 장치 사이로 투과시킨 뒤 자외선 처리를 하죠. 그들은 이 물을 뉴워터NEWater라고 부릅니다."

마스카 씨의 표정이 이상해졌다.

"어떻게 생각하십니까?"

"속이 좀 메스꺼운 것 같습니다."

"저는 곰팡이 냄새가 나는 것 같던데요."

나는 그를 슬쩍 떠보았다. 그는 자기 잔의 냄새를 맡더니 어깨를 으쓱하고는 내 잔의 냄새를 맡았지만, 물에서 곰팡이 냄새를 느끼지는 못했다.

"한 모금 더 드시겠습니까?"

내가 묻자 그가 세차게 고개를 가로저었다.

"사람들은 물을 마셔보고 갖가지 화려한 묘사를 하지요. 일주일이 지나면 그들은 같은 물을 마시면서 다른 맛이 난다고 생각합니다. 물을 마신다는 건 매번 똑같은 경험이 아닙니다. 와인과 마찬가지로 말입니다."

그는 또 인간은 맛을 볼 때 다양한 단서에 의존하는데, 그렇기 때문에 제품에 관한 이야기가 중요하다고도 했다. 그는 뉴워터에 관한 이야기를 몰랐고, 그래서 아무 말도 하지 않았다는 것이다. 나는 잠시 후 그에게 이 물에 관한 이야기를 조금 더 해주었다. 싱가포르의 이자외선 처리된 정화수는 저수지에서 신선한 물과 1:99의 비율로 섞이는데, 매일 수돗물을 바로 마시는 싱가포르인들은 이 물을 잘 받아들이고 있는 것 같다는 이야기이다. 내가 가지고 있던 뉴워터는 최근 나에게 이 물을 만드는 공장을 구경시켜주었던 친구에게서 얻은 것이다. 그곳에서는 신선한 물이 섞이지 않은 물 샘플을 나누어주고 있었다. 말하자면 이 물은 순도 1백 퍼센트짜리 정화수인 것이다. 이 사실을 다 알고 나서도 마스카 씨는 여전히 '흥미를 끌지 않는다'며 이 제품을 외면했다.

"뭐라고요?"

나는 거의 소리를 질렀다. 이 물에는 기술, 심리, 정치에 관한 이야기가 다 들어 있다. 이 물은 질서에 너무나 목을 매는 나머지 무단 횡단이나 거리에 침을 뱉는 것, 용변 후 물을 잘못 내리는 것에조차 벌금을 물리는 나라에서 온 것이다. 나는 마스카 씨가 스와로브스키 크리스털로 장식된 코르크 마개 병에 담긴 블링Bling 같은 물을 더 좋아한다는 사실에 화가 났다. 블링 0.75리터는 일반 가게에서 40달러, 나이트클럽에서는 90달러에 팔린다.

"블링은 굉장히 흥미로운 물입니다."

마스카 씨는 강력하게 주장했다.

"이 물은 테네시 주의 잉글리시 산English Mountain에서 나오는데, 사실 진짜 중요한 것은 병입니다. 이 병은 마이애미와 라스베이거스, 로스앤젤레스를 상징합니다. 이 병은 물도 크리스털 샴페인 한 병만큼 탐낼 만한 가치가 있을 수 있다는 것을 보여주죠. 클럽에 가서 어린 여자에게 강한 인상을 심어주고 싶다면 블링을 시키는 겁니다."

그는 블링이 지형학적 특성들과 연관이 있기 때문에 테루아(terroir, 와인이나 차 등의 맛을 좌우하는 생산지의 지형적, 자연적 특성을 포괄적으로 이르는 말)를 가지고 있다고 주장하면서도, 수백만 명의 싱가포르인과 관련이 있고 블링만큼이나 흥미로운 이야기를 머금고 있는 뉴워터는 인정하지 않았다.

포기다. 마스카 씨는 절대 내 방식대로 볼 수가 없을 것이다.

이쯤 되자 왜 미국에서 생수가 이렇게까지 성공을 거두었는지 감이 잡혔다. 마케팅은 미국인들에게 가게에서 산 물건들이 자연에서 난 순수한 것이라고 설득하면서 어떻게 사는 것이 잘 사는 것인가에 대한 사람들의 생각을 채워 나갔다. 우리는 건강에 신경을 쓴다면 하루에 최소 여덟 잔의 물을 마셔야 한다고 확신하게 되었고, 이는 곧 필수적으로 물을 가지고 다녀야 한다는 것을 뜻했다. 사람들은 수돗물을 마시는 것이 수준을 떨어뜨리는 일이고, 지역에서 공급하는 수돗물은 신선하고 상쾌한 건 고사하고 자연 그대로도 아니고 순수하지도 않다고 생각하게 되었다.

진짜로 수돗물에는 무엇이 들어 있을까? 밤낮으로 수돗물을 마시는 입장에서 나는 당장 그것부터 알아보고 싶었지만, '악명 높은' 프라이버그의 상황이 어떻게 되어가는지를 살펴보기 위해 우선 메인 주에 돌아가기로 약속이 되어 있었다.

깊은 곳의 신비

깊은 곳의 신비

10월의 어느 따뜻한 아침, 나는 하워드 디어본 씨의 호숫가 모래사장에서 마일스 웨이트Miles Waite 씨를 만났다. 검은 유리 같은 러브웰 연못을 둘러싸고 있는 너도밤나무, 자작나무, 단풍나무의 화려한 노란색과 주황색 차양이 호수 가장자리를 따라 들쭉날쭉 물에 반사되고 있었다. 우리는 디어본 씨가 직접 만든 작은 보트에 장비를 챙겨 호수로 배를 저었다. 버몬트 주의 벌링턴Burlington에서 주로 활동하는 수리지질학자인 웨이트 씨가 이 호수를 찾은 것은 이번이 네 번째로, 그는 새롭게 샘플과 기록을 수집하기 위해 이곳에 왔다. 디어본 씨는 폴란드 스프링 사가 이 도시에 들어오고 대수층이 고갈되면서부터 호수의 동식물 분포에 변화가 생겼다고 확신하고 있다. 그는 그 증거를 찾기 위해 웨이트 씨를 고용했다.

웨이트 씨는 GPS를 이용해 첫 번째 표본 검사지를 찾아서는 물의 깊이와 온도를 재고 다양한 종류의 물병에 물을 채우기 시작했다. 실험실에서는 이 물을 분석해 엽록소나 에스테르, 인산염 등이 있는지를 알아보고, 켈달(Kjeldahl, 1849~1900, 덴마크의 화학자) 질소분석이나 대장균 검사 등을 할 것이다. 웨이트 씨는 두 번째 표본 검사지에서 반돈Van Dorn 채수기를 이용해 깊은 곳의 물을 채취했다. 그는 나에게 작은 철사줄이 달린 소형 소화기만 한 캡슐을 보여주었다. 캡슐의 양쪽 끝은 뚫려 있었다. 웨이트 씨는 이 채수기가 호수 바닥에 닿으면 철사를 따라 납으로 된 추를 내려뜨리고, 탈착 버튼을 눌러 채수기 안에 물을 가두어 올리는 것이다. 그리고 나면 압력에 민감한 온도계를 읽을 차례다.

"78.8피트 현재 13.2도입니다."

웨이트 씨는 서류에 숫자를 쓰면서 나지막하게 말했다. 그가 뱃머리 쪽에서 옆으로 움직일 때만 빼면 배는 움직임 없이 멈춰 있었다.

"지난번 여기 왔을 때는 여기저기 흰 물결이 일었습니다."

웨이트 씨가 말했다.

지난 여름에 웨이트 씨는 팀을 이끌고 와서 용수철이 장착되어 호수 바닥의 침전물을 가두게 설계되어 있는 기계인 에크만 채니기Ekman grab sampler를 이용해 침전물을 채취했다. 실험실에서는 전체적인 인산염 성분 및 유기탄소 성분을 분석하고, 침전물 크기 분석도 실시했다. 이 샘플은 자갈, 모래, 미사微砂 혹은 진흙 중 하나로 분류될 터였다.

"그래서 결과가 어땠나요?"

내가 물었다.

"고운 모래가 섞인 모래층이었습니다. 식물이 자랄 수 있다는 뜻이죠. 식물은 거친 모래에서는 잘 자라지 않거든요."

웨이트 씨의 동료 한 명은 이곳의 식물에 대해 연구했다. 웨이트 씨도 이곳의 혼탁도, 다시 말해 물에 떠다니는 침전물의 정도에 대한 자료를 가지고 있다. 이 데이터는 탁도계라고 부르는 기계로 모은 것인데, 이 기계는 물에 빛을 쏘고 다시 광선 감지기에 돌아오는 빛 중 부유 침전물에 의해 차단되는 양이 얼마인지를 측정한다. 이제까지 러브웰 연못에서 연구한 사람들은 세키판Secchi disk을 이용해 물의 투명도에 관한 자료를 얻었다. 세키판은 길이가 표시되어 있는 줄 아래로 흰색과 검은색이 교차로 칠해진 플라스틱 원반이 달려 있는 기구이다. 이 기구의 작동원리는 간단하다. 배의 그늘진 곳에서 이 판을 내려뜨린다. 더 이상 판이 보이지 않게 되면, 그 지점의 깊이에 해당하는 줄에 표시된 숫자를 적으면 끝이다.

몇 달 전 디어본 씨는 이 호수에 식물이 과도하게 자라게 된 것이 북미 네슬레 생수회사의 지하수에 대한 욕심 때문이라는 뜻에서, 물속에 무성하게 자란 식물의 잎을 사진으로 찍어 톰 브레넌 과장에게 보냈다. 브레넌 과장은 디어본 씨에게 사진을 보내주셔서 감사하다면서 "호수에 밀포일(milfoil, 서양톱풀)이 생겼나 봅니다"라고 답장을 보냈다. 밀포일은 배를 타는 사람들의 부주의로 인해 메인 주의 호수에 들어와 생태계를 파괴하는 식물이다. 디어본 씨는 다시 답장을 썼다.

"죄송하지만 선생은 눈에 문제가 있는 것 같군요! …… 안과에 가서서 '있지도 않은 것을 보는' 증세를 치료하셔야 할 것 같습니다."

디어본 씨는 이 식물들이 원래부터 호수에 있던 종이고, 물의 영양분이 과도해지면서 번식이 더 왕성해진 것이라고 믿고 있다.

호수에서 약 1마일, 디어본 씨의 집과는 반 마일 정도 떨어진 곳에 사는 진 버고펜Gene Bergoffen 씨는 러브웰 연못 협회Lovewell Pond Association의

회장이자 도시계획위원회의 의장이다. 이 일을 보는 그의 시각은 다르다.

"제가 아는 한 호수에 관해 환경적으로 어떤 식으로건 염려해야 할일은 없습니다. 개울에서 시원한 물이 흘러드는 양이 줄었고, 그래서 호수의 물 온도가 변했다는 하워드의 주장은 받아들일 수가 없어요."

(봄 홍수 때 물의 대부분을 공급하는) 사코 강에 비해서는 러브웰 연못에 공급하는 물이 적은 편인 워즈 브룩 대수층은 아마 메인 주에서 가장 연구가 많이 되는 지층일 것이다. 고대 빙하호에서 형성된 이 대수층은 자갈과 모래로 이루어진 두터운 퇴적 분지로 더없이 훌륭한 여과수를 만들어내는 공장이다. 이 대수층에는 80억 갤런의 물이 저장되어 있다. 그러나 그중 생태계를 변화시키지 않으면서 퍼낼 수 있는 양은 얼마나 될까? 폴란드 스프링의 지원으로 이루어진 초기 대수층 모형화 연구에서는 현재 수준으로—시에서 퍼내는 양과 두 개의 기업에서 퍼내는 양을 합치면 매일 약 80만 갤런 정도 된다—물을 퍼내도 괜찮다는 결론을 내렸다. 그렇지만 이 결과를 발표한 연구자들은 이 지역의 수질학에 대한 연구가 더 필요하다고 말했다. 그 이후 프라이버그 시에서 고용한 한 회사에서는 워즈 브룩과 호수를 동시에 연구하려고 했지만, 나중에는 러브웰 연못의 일부분을 빼고는 모두 연구 영역에서 제외시켰다. 디어본 씨는 이의를 제기했지만 시에서는 그의 이의제기를 받아들이지 않았고, 그래서 디어본 씨는 자신이 직접 수리지질학자를 고용한 것이다.

하워드 디어본 씨를 괴짜라고 따돌려버리기는 쉽다. 몇몇 사람은 이미 그러고 있다. 그러나 그의 우물과 호수의 식물 성장 상태는 프라이버그와 전 세계에 훨씬 큰 논쟁거리를 던지고 있다. 대규모로 물을 퍼내는 기업가들은 남아 있는 물의 양이나 순도를 유지하기 위해 타협을 하고 있는가? 그런 결정은 누가 내릴까? 안전하고 깨끗한 물은 유한한 자원이다. 역사적으로 이 사실은 번번이 우리 뒤통수를 쳤고, 특히 건조한 지역을 중심으로 세계 인구가 늘고, 남아 있는 신선한 물을 오염시키고 더 많이 퍼내고, 기온이 올라갈수록 더욱 세게―그리고 자주―우리 뒤통수를 치게 될 것이다. 지구 온난화는 물과 공기의 온도를 높여 더 많은 물을 증발시키고, 강수 시기와 강수 분포에도 영향을 주어 습한 곳에서는 홍수가, 건조한 곳에서는 가뭄이 심화될 것이다.

"우리는 이미 자원의 한계에 다다랐습니다. 라스베이거스나 남동부 지역의 가뭄, 북동부 쪽의 물 오염을 좀 보십시오."

지속가능한 물 사용에 관한 전문가이자 개발, 환경, 안전 연구 태평양연구소Pacific Institute for Studies in Development, Environment, and Security의 공동 설립자인 피터 글레익Peter H. Gleick 씨는 이렇게 말한다.

이런 현상은 휘발유 첨가제나 다른 산업용 화학제품으로 인한 것이다. 이와 마찬가지로 그 물이 메인 주 서부의 대수층에서 나오는지, 아니면 이미 기업들이 물 공급이나 배달 체계를 사유화한 필리핀, 호주, 혹은 인도네시아의 대수층에서 나오는지에 관계없이, 남아 있는 신선한 물을 누가 통제할 것인가―생존을 위해 그 물에 의지하고 있는 지역 사람들인가 이윤을 위해 물을 팔려는 회사인가―도 매우 중요한 문제이다. 디어본 씨가 그의 뒤뜰에만 초점을 맞추는 것처럼 보일지도 모르지만, 그는 자신의 상황이 전 세계적으로 물을 지키기 위해 싸우는 서민들을 대표한다는 사실을 직관적으로 알고 있다.

웨이트 씨는 호수의 남쪽 끝까지 가서 데이터를 더 모은 뒤 다시 디어본 씨의 집 쪽으로 향했다. 그는 조심스럽게 깊이 17피트 정도 되는 물 위의 부표에 묶여 있는 밧줄을 끌어올렸다. 한 뼘 한 뼘 줄을 잡아당기는 동안 그의 얼굴에 걱정스러운 빛이 스쳤다. 진흙투성이의 회색 실린더가 갑판 위로 올라오자 그는 한숨을 쉬면서 말했다.

"이게 아직 그대로 있어서 다행입니다. 4천 달러짜리 장비거든요."

이 실린더는 지난 6개월간 매 45분마다 여섯 가지 요소를 측정해서 기록했다. 이 자료는 웨이트 씨에게 호수의 건강에 대한 그림을 제공한다. 그는 호수의 수질을 감시하는 자원봉사 프로그램을 통해 수년간 얻어진 정보와 이 데이터를 비교함으로써, 연구가 진행되는 동안 호수가 얼마나 바뀌었는가를 알아보는 것이다.

다시 뭍에 닿자 웨이트 씨는 샘플로 가득 찬 자신의 냉장차에 짐을 실었다. 그가 운전석에 오르려는 찰나 디어본 씨가 그에게 다가와 물었다.

"제 우물을 보시겠습니까?"

웨이트 씨는 잠깐 망설이더니 "물론이죠"라고 대답했다. 디어본 씨는 자신의 작은 트랙터를 몰고 덜덜거리면서 숲 속으로 들어갔다. 웨이트 씨와 나는 걸어서 따라갔다. 콘크리트로 된 뚜껑이 덮여 있는 3피트 정도 되는 우물에 도착하자 디어본 씨는 솔잎을 쓸어내고 손잡이에 사슬을 연결하고는 트랙터의 레버를 탁 쳐올려 사슬을 들어올렸다.

"내가 이 우물을 직접 팠습니다."

그가 자랑스럽게 말했다. 타일이 덮인 원기둥 모양의 우물 안을 들여다보니 물높이가 낮다는 것을 충분히 알 수 있었다.

"2주째 공기만 올라오고 있습니다."

디어본 씨는 마치 판사에게 막 결정적인 증거를 제출한 것 같은 표정으로 웨이트 씨를 주시하면서 기대감에 찬 얼굴로 입술을 앙다물었다. 웨이트 씨는 고개를 끄덕였다.

2005년 10월 엘브리지 러셀Elbridge Russell 씨는 302번 도로를 타고 프라이버그 동쪽을 지나가다가 길을 건너려는 거북 한 마리를 구해주기 위해 차를 세웠다. 그는 그 거북이 주에서 정한 멸종 위기 동물인 블랜딩스Blanding's 거북 같다고 생각했지만, 이렇게 먼 북서쪽 끝에서 그 종이 발견되었다는 말은 들어보지 못했다. 러셀 씨는 야생동물 담당 공무원에게 확인을 받은 뒤 거북을 다시 길가에 놓아주었다. 거북은 안전한 곳을 찾아 사코 강 쪽으로 갔지만, 이로 인해 폴란드 스프링의 사업 계획은 갑자기 위기를 맞았다. 이 회사는 길에서 겨우 1마일쯤 떨어진 곳에 물탱크 적재소를 짓기 위해 승인을 요청해둔 상태였다. 이 물탱크 적재소에서 수마일을 파이프를 타고 온 근처 덴마크의 물—연간 1억 5백만 갤런—을 생수 공장으로 가는 트럭에 담을 예정이었다. 그런데 이 거북이 장애물이었다. 근처에 거북이 더 있다면 이로 인해 프로젝트 진척이 늦어질 수도 있었다. 네슬레 측에서는 관련 조사를 위해 따로 사람을 고용했고, 물탱크 적재소를 짓는 데 반대하는 사람들은 검은 등딱지에 노란색 점이 박힌 이 파충류를 위해 기도하기 시작했다.

자연관리위원회Nature Conservancy 산하 사코 강 보호 프로젝트Saco River Project의 총감독인 스테판 잭슨Stefan Jackson 씨는 더 이상의 거북이 발견되지 않았다는 사실에 놀라지 않았다.

"그들은 지시 받은 곳만 살펴보았으니까요."

잭슨 씨의 말이다. 조사 범위가 너무 한정되었다는 것이다. 그는 아마도 계획적이었을 것이라고 보았다. 단단한 근육질에 피부가 가무잡잡한 잭슨 씨는 자신의 비좁은 사무실 구석을 주섬주섬 뒤졌다. 그의 사무실은 프라이버그 중심가에 자리잡은 빅토리아 시대 풍의 한 작은 건물 2층에 있었다. 그는 지도와 홍보 자료, 프라이버그 축제 당시 열었던 사코 강 보호 프로젝트 부스에서 남은 물건들을 한쪽으로 밀어놓았다. 잭슨 씨는 생태계의 지속가능성에 관심을 가지고 있는 사람답게 습지와 대수층에서 정상적으로 방출되는 물의 양에 손상을 미치지 않으려면 대수층에서 물을 어느 정도 퍼내야 하는가 하는 등의 '사실'에 관심을 갖고 있다. 변호사이기도 한 그는 그 책임 소재에도 관심을 둔다. 폴란드 스프링의 경우 사실과 책임 중 어느 것도 밝히고 있지 않다고 그는 말했다.

"폴란드 스프링 사에서는 물을 퍼 올리는 것이 아무 영향이 없다고 말합니다. 웃기는 소리죠. 이 생태계에서 모든 행동은 영향을 끼치게 마련입니다. 그것이 측정 가능하거나 유의미한 정도냐고요? 아무 영향이 없다는 것은 그들이 선택한 측정 방법 때문에 그렇게 나오는 겁니다. 제가 아는 한 그들은 잠자리 개체수 조사도 하지 않았고, 석회공 조사나 넓은 지역에 대한 미생물 조사도 하지 않았습니다. 수리학적 사실은 살펴보았지만 환경 영향에 대한 조사는 하지 않은 거죠."

잭슨 씨는 이미 차가워진 자신의 여행용 머그잔에 담긴 차를 한 모금 마셨다.

"사코 강의 대수층 물을 더 많이 쓰는 이들도 있긴 합니다. 이 물은 산업용수, 농업용수, 지역의 식수로 사용되죠. 환경적으로 큰 문제가 되는 부분은, 생수를 만들기 위해 펌프질을 하는 것이 낙타의 물봉우리에 빨대를 꽂는 것이나 마찬가지라는 겁니다."

사람들은 1만여 년 전부터 프라이버그 근처에 살았지만, 이 지역은 아직까지 전 세계적으로 희귀한 동식물을 포함한 자연 그대로의 상태를 잘 보존하고 있다. 잭슨 씨는 물었다.

"우리가 연간 1억 5천만 갤런의 물을 다시 되찾을 수 있다면 어떨까요? 블랜딩스 거북이나 잠자리, 실벌링silverling이나 고랭이Scirpus longii 같은 식물들도 더 많아지지 않을까요?"

실벌링은 작은 꽃과 바늘같이 생긴 잎을 가진 귀여운 풀이고, 고랭이는 파피루스 비슷하게 생긴 우아한 모양의 물풀이다. 잭슨 씨가 원하는 것은 네슬레가 단기적인 재정적 보상만 하고 마는 것이 아니라, 그 이상으로 지역에 대한 관심을 보였으면 하는 것뿐이다.

"저는 그들이 무슨 일을 하고 있는지를 카탈로그로 만들고, 그들의 행동을 기록으로 남기고 책임감 있게 행동하기를 바랍니다. 그리고 만약 그 과정에서 어떤 일이 실수라는 것을 알게 되면 그 사실을 받아들이고 다른 방향으로 나가라는 겁니다."

잭슨 씨가 이야기를 하는 동안 나는 게걸스럽게 샌드위치를 먹으면서 그가 하는 말을 이해하려고 애썼다. 나는 폴란드 스프링 생수를 마시는 것이 도시인들이 어린 하프물범harp seal을 잡아 그 가죽옷을 입는 것과 같은지, 즉 변론의 여지가 없는 일인지가 궁금했다. 그러나 잭슨 씨는 이 두 가지를 잘 구분하지 않고 있었다. 불확실한 것이 너무 많다.

"네슬레가 이것이 지속가능한 사업이라고 말하는 건 굉장히 교활한 소리입니다. 그쪽에서야 사람들에게 폴란드 스프링은 결국 비가 내리는 이곳 메인 주로 귀착된다고 믿게 하려고 하겠죠. 그들은 수원지 자체에서 물을 빼내고 있습니다. 이것은 대부분의 지역에서 농업용수나 가정용수를 공급하는 방식과는 다릅니다. 그 물은 다시 이곳으로 돌아오지 않습니다. 그리고 그들이 '남는' 물만 빼낸다는 생각은(톰 브레넌 과장이 각종 인터뷰와 토론에서 늘 하는 말입니다만) 정말 웃긴 생각입니다. 범람원에 남아도는 물 같은 건 있을 수가 없습니다. 그 물은 전부 생태계 어딘가로 가고, 자연적으로 무언가 그 물을 사용하게 되어 있습니다."

시에서 지원하는 또 다른 연구를 위해 워즈 브룩 근처의 습지에 관한 기준 데이터를 모으고 있는 생물학자 사라 앨런Sarah Allen 씨는 물의 흐름이 줄어드는 데 따르는 잠재적인 연쇄 효과를 다음과 같이 묘사한다. 1년 중 가장 건조한 때가 되면 벌레나 가재, 강도래 같은 작은 생물체들은 오도 가도 못하게 되거나 한 곳에 갇힌다. 미생물 개체를 잃게 되면 물고기도 감소한다. 앨런 씨의 말로는 '얕은 물의 온도는 더욱 쉽게 상승하고,' 이렇게 되면 녹조와 플랑크톤(이것들은 물고기의 먹이가 된다)의 성장에 영향을 준다고 한다. 유입되는 물의 양이 적어지면 습지의 식생 분포도 바뀔 수 있다. 고지에서 자라는 나무가 내려와 응달을 만들어내거나, 외래종이 들어와 뿌리를 박기도 쉬워진다.

네슬레 생수회사의 방어 전략 중 가장 큰 비중을 차지하고 가장 자주 인용되는 것은 앞서 말한 대로 지속가능성에 초점을 맞추는 것이다. '우리가 그 자원을 팔아야 하는데, 왜 자원에 손상을 입히겠는가?' 라는 것이 네슬레의 공식적 입장이다. 물이 고작 몇 년 동안만 나올 것 같으면 왜 회사가 생수 공장에 5천1백만 달러나 투자하겠는가? 그렇다고 해서 네슬레가 그때 가서 돈을 회수할 수 있는 것은 아니다. 마진이 적은 경우 이익은 장기적인 관점에서의 판매량에 좌우된다. 네슬레 측이 고용한 수리지질학자들이 열심히 대수층에서 안정적으로 퍼낼 수 있는 물의 최대량이 얼마인지를 알아내면, 실제 퍼내는 물의 양은 최대량의 75퍼센트로 조정된다.

그러나 비평가들은 이런 접근 방식에 한 가지 문제가 있다고 지적한다. 생수회사들이 물을 퍼내는 지하수원인 대수층을 보호한다고 해서 주변 환경까지 보호되는 것은 아니라는 것이다.

로버트 글레넌은 《채수의 어리석음》에서 "대수층에 물이 많더라도 거기에서 물을 퍼 올리는 것은 인근 강과 개천, 습지에 악영향을 끼칠 수 있다"고 말한다. 시에라 클럽(Sierra Club, 미국의 천연자원 보호단체)에 따르면, 미국에서 네슬레의 생수 제조 공정은 이미 호수의 수질을 떨어뜨리고 습지를 손상시키고 지하수면의 높이를 낮추었을 뿐 아니라, 생활용수 및 농업용수 공급을 위협하고 있다.

농업 및 산업을 위해 지하수를 퍼내면서 해변 지대에서는 신선한 물이 들어 있는 대수층으로 짠 바닷물이 흘러들어왔다. 다른 지역에서는 과도한 채수로 인해 식수에 중금속과 기타 오염물질들이 섞였고, 흙이나 기반암이 쓸려 내려가 땅이 움푹 패면서 싱크홀sinkhole을 만들었다. 싱크홀은 지표면이 내려앉는 것으로, 때에 따라서는 트럭이나 집을 삼킬 정도로 크게 생기기도 한다. 미국 지질조사소U.S. Geological Survey에 따르면, 지표면이 가라앉는 현상의 80퍼센트 이상이 '지하수 채수의 결과'라고 한다. 매사추세츠 주에서는 지역에 물을 공급하기 위해 지하수를 퍼내느라 여름이면 입스위치 강Ipswich River의 물이 진흙 협곡으로 변한다. 미시간 주와 텍사스 주 동부에서는 상업적 목적의 지하수 채수로 인해 인근의 식수용 우물이 말라버렸고, 디트로이트 주의 주간지 〈미시간 크로니클Michigan Chronicle〉의 보도에 따르면 다른 주에서도 "지하수 채수로 인해 식수와 농지 관개에 사용되던 호수와 개울, 지하 대수층의 물이 심각하게 감소했다."

물고기가 있다고 더 나아지는 것은 없다. 샘물은 송어가 사는 강의 상류에 산소가 많이 포함된 신선하고 차가운 물을 공급해준다. 샘물이 모자라면 개울물의 온도가 상승하고 물고기 알이 죽는다. 네슬레는 펜실베이니아 뉴 트리폴리New Tripoli의 산에 있는 작은 개울에서 1년에 1억 9백만 갤런의 물을 퍼내 디어 파크Deer Park라는 라벨을 붙여 팔고 있다.

"(채수 때문에) 물과 그 물에 살던 동식물이 모두 황폐화되었습니다. 브라운 송어가 서식하던 곳에서도 더 이상 송어를 찾아볼 수 없습니다."

펜실베이니아 주립대학교의 심리학자이자 '린 지구 보존을 위한 시민들의 모임Citizens for the Preservation of Lynn Township'의 회원인 피터 크랩Peter Crabb 씨의 말이다. 순회재판 판사인 로렌스 루트Lawrence Root 씨는 네슬레 사가 미시간 주 메코스타 카운티Mecosta County에 있는 생크추어리 스프링스Sanctuary Springs에서 벌이고 있는 채수 활동에 대해 다음과 같은 중단 판결을 내리기도 했다.

"분당 4백 갤런 이하, 혹은 현재까지 제시된 정도로 채수량을 조절한다고 해서 환경에 미치는 영향을 해롭지 않은 정도까지 줄일 수 있을 것이라고 볼 수 없다."(이 판결은 집행 유예된 상태이고, 네슬레는 이전에 비해 양을 조금 줄이기는 했지만 대법원 판결이 내려질 때까지 계속해서 물을 퍼 올리고 있다.)

생수업계에서는 생수 생산에 사용되는 물이 일부분일 뿐이라고 주장한다. 맞는 말이다. 미국에서 끌어올리는 전체 지하수 중 생수를 만드는 데 사용되는 물은 0.02퍼센트뿐이다. 그러나 이 물은 지구 전체 여기저기가 아니라 몇 군데의 같은 곳에서만 퍼내는 것이고, 지역에서 사용하기 위해 물을 퍼내는 경우에는 사용하고 난 물이 다시 그 강의 유역으로 버려지는 것과 달리 생수를 만들기 위해 퍼낸 물은 다른 곳으로 운반된다. 버몬트 주의 폼프렛Pomfret이나 메인 주의 폴란드에서 퍼낸 폴란드 스프링 1리터는 샤이 비버 부화장의 송어 치어들에게 돌아가지 않는다.

게다가 생수 시장이 계속적으로 성장하고, 신선한 물이 어느 때보다 귀해지면서 각 회사들은 계속 신선한 물이 있는 수원지를 찾고 있다. 네슬레는 이미 내 주변 친구들과 이웃의 수요를 만족시키기에 유리한 지역인 뉴욕 북부와 매사추세츠 쪽에서 새로운 수원지를 찾는 중이다. 다른 생수회사도 마찬가지로 수원지 찾기에 열을 올리고 있다.

몇 해가 지나도 전국에 내보내는 네슬레의 메시지는 동일하다.

"환경적인 해악에 대한 증거는 발견된 것이 없습니다."

이 역시 사실이다. 지하수 채수가 우물과 강, 습지의 물을 없애고 있다는 것을 증명하기는 분명 무척 어렵다. 가뭄이나 다른 채수자, 비나 겨울에 눈이 오지 않는 것, 혹은 다른 것들의 책임으로 돌리기가 쉽다. 우물이나 연못은 상업적 채수가 없던 때에도 말랐다. 다양한 요인들에 의해 천천히 하천의 흐름과 그 습지에 대한 반작용이 일어났다. 지하수의 움직임과 지표수 사이의 정확한 상관관계는 아직 완벽하게 알려져 있지 않다.

잭슨 씨는 말한다.

"지하수면이 낮아져도 폴란드 스프링 측에서는 '그게 우리 때문이라는 걸 어떻게 압니까?' 라고 말할 겁니다. 고전적인 방어 전략이죠. 직접적인 원인은 밝힐 수가 없으니까요."

폴란드 스프링 사는 홀리스의 두 가정에 새 우물을 뚫어주었다. 지역 주민들은 그 우물이 말랐다고 하지만, 회사 측에서는 기술적인 이유로 실패한 것이란다.

"이 근처 사람들은 분통을 터뜨렸죠. 물이 다 없어지거나 오염될 거라는 막연한 공포감이 돌고 있습니다."

잭슨 씨는 이렇게 말했다. 프라이버그에서 네슬레 생수회사의 얼굴 역할을 하고 있는 톰 브레넌 과장이 쌀쌀맞다는 평을 듣는 것도 악재로 작용하고 있다. 그는 걱정스러워하는 시민들을 안심시키기 위해서는 데이터를 추가적으로 제공하면 된다고 생각하고 있다.

잭슨 씨는 자신의 사무실과 휴대폰으로 쉼 없이 걸려오는 전화를 받지 않았다. 그가 커다란 프레첼 병의 뚜껑을 여는 것을 보고 분명 점심을 먹으려나 보다 싶었지만, 그는 프레첼 하나를 채 입에 넣지도 못한 채 말을 이었다.

"나는 물에 관한 이 문제 전체가 환경에 관한 정의의 문제라는 생각이 들었습니다. 네슬레는 자신들이 작은 지역 기업인 체하지만—사실 폴란드 스프링이 인기를 얻은 데는 자신들을 지역 기업으로 정체화한 것이 한몫했다. 이 기업의 슬로건은 '메인 주에서 나옵니다'라는 것이었다—사실 그들은 자신들이 영향을 주는 사람들의 요구에 무관심합니다. 개인, 진짜 사람들과 지역 사회가 기업을 상대로 싸우고 있는 겁니다."

나는 만약 면밀히 조사를 해도 물을 퍼내는 것이 정말 지속성이 있다고 나오면 어떻게 되는 거냐고 물었다. 잭슨 씨는 약간 풀죽은 목소리로 말했다.

"물을 퍼내는 것이 지속성이 있을 수도 있고, 환경적으로 괜찮을 수도 있습니다. 그렇지만 그렇다고 해서 그것이 옳은 일이 되지는 않습니다. 왜 그 사람들이 물탱크 트럭 적재소 문제로 프라이버그 시를 고소합니까?" (네슬레가 시를 고소한 이유는 도시계획위원회에서 승인한 적재소 초안을 '전원생활을 위한 메인 주 서부 거주민 그룹 Western Maine Residents for Rural Living' 이라는 단체의 압력을 받아 지역구획이사회에서 번복했기 때문이라고 했다.)

이 재판은 법정 공방을 계속하고 있지만, 잭슨 씨는 이 질질 끄는 게임이 어떤 결론을 낼 것으로 기대하지는 않는다.

"만약 도시 밖으로 물을 운반하는 것에 대한 승인이 나지 않으면, 변호사들은 부당하고 과도한 처사라고 주장하겠죠. 채수는 지속가능한 사업이고 누구도 이렇게까지 따지고 들지는 않는다고 할 겁니다. 오랫동안 재판 진행을 저지하겠죠. 거기 맞서 싸우는 데 얼마나 많은 시간과 돈이 들지 상상해보세요."

상상을 하다 보니 곧 하워드 디어본 씨가 89세가 된다는 사실이 생각났다.

"네슬레는 채수 사업만 20년을 해온 회사이기 때문에 이 분야에 오랜 경험을 가지고 있습니다. 그저 멍하게 이런 상황에 뛰어들진 않았을 거란 말입니다."

프라이버그 시민들이 처음 네슬레에 도전했을 때, 그들은 자신들이 자기 지역의 자율권을 지키기 위해 집단적으로 들고 일어난 전국의 시민들과 연합하여 이 커져가는 운동에 동참하게 될 줄은 몰랐다. 이것은 힘든 싸움이다. 대부분의 소도시에 사는 미국인들은 자신의 권리를 주장하는 훈련을 받지 못했고, 잭슨 씨의 말대로 그들의 적은 한 사람 한 사람이 제기하는 문제를 잠재울 만한 시간과 돈을 가지고 있기 때문이다.

우연히 지형이 맞아떨어진 탓에 오늘날 프라이버그는 미국의 생수 열풍에 대한 대가를 치르고 있다. 그러나 이런 대가를 치르는 것이 이 도시만은 아니다.

"깨끗한 물이 있는 곳은 어디나 이런 회사들이 들어갑니다."

전 세계 물의 상품화를 막기 위해 노력하고 있는 블루 플래닛 프로젝트Blue Planet Project의 창립자이자, 캐나다 최대의 사회운동 단체인 캐나다위원회Council of Canadians의 전국지부 회장인 모드 발로Maude Barlow 씨가 뉴햄프셔 주 올버니Albany에서 열린 간담회에서 한 말이다. 그녀는 다국적 기업이 미국과 라틴 아메리카 지역의 공공 식수회사를 민영화하려고 노력하는 사례와 생수회사들이 물을 둘러싼 권리를 주장하는 사례들을 예로 들었다. 물이 더욱 귀해지면 물을 둘러싼 갈등은 더욱 자주 발생하게 될 것이다. 발로 회장은 이미 인도네시아에서는 네슬레에서 남겨준 물 할당량을 두고 농부들 사이에 칼부림이 벌어지고 있다고 말했다. 또 요하네스버그 외곽에서는 다국적 기업인 수에즈Suez 사에서 지역 내 물 공급을 통제하고 돈을 내는 사람에게만 마을의 펌프를 사용하도록 하고 있어 물을 빼앗긴 남아공 주민들은 오염된 강물을 마시고 있다고 덧붙였다.

그러나 온통 잔인한 소식만 있는 것은 아니다. 간담회장에 앉아 있던 여섯 명의 프라이버그 주민들이 고개를 끄덕이는 동안, 발로 회장은 민영화에 반대하고 있는 지역 사회—볼리비아, 우루과이, 캘리포니아 주의 스톡턴Stockton, 미시간 주의 하일랜드 파크Highland Park, 가까운 곳으로는 2006년 미국 최초로 다른 지역에서 판매하기 위한 기업의 채수를 금지한 뉴햄프셔 주의 반스테드Barnstead까지—의 이야기들을 풀어냈다.

발로 회장의 말에 따르면, 프라이버그는 '전 세계적인 수자원 정의 수호 운동의 한 부분' 이다.

2004년 네슬레의 지질학자 팀은 폴란드 스프링의 새로운 수원지를 찾느라 지도를 따라 메인 주를 훑고 다녔다. 그들은 고대 빙하가 강물로 녹아들면서 생성된 두툼한 모래자갈 퇴적층을 찾고 있었다. 이 '고에너지' 과정에서 미세 입자들은 바다로 빠져나가고, 알갱이가 큰 침전물은 강가에 쌓인다. 그 결과 형성된 퇴적층은 두껍고 훌륭한 필터 역할을 해서, 많은 사람들이 기꺼이 사 마실 정도의 물을 만들기에 적합해진다. 메인 주에는 거대 대수층이 많지만 그 대수층들이 모두 샘과 연결되어 있거나, 양질의 물을 충분히 생산해내거나, 대규모 시장과 연결된 고속도로 근처에 있는 것은 아니다. 킹스필드Kingsfield라는 작은 마을에서 굉장한 것이 있을 것 같은 단서를 찾자 네슬레의 지질학자들은 지도를 말아 쥐고 신발끈을 조였다. 숲 속으로 걸어 들어갈 시간이었다.

나도 숲 속으로 들어갈 시간이 되었다. 나는 톰 브레넌 과장에게 프라이버그의 물을 둘러싼 논쟁이 지속가능성에 관한 것이라면, 폴란드 스프링 측에서 얼마만큼의 물을 퍼내면 충분한 물이 남을 것이라는 결정을 어떻게 내리는지를 알려달라고 요청했다. 브레넌 과장과 그의 팀은 컴퓨터에 장착되어 있는 복잡한 수리지질학적 모델을 이용하여 펌프량을 산출한다. 그러나 그 데이터도 어딘가에서 오는 것이므로, 나는 3월의 어느 추운 날 프라이버그 북쪽으로 길을 달려 캐나다 국경에서 40마일쯤 떨어진 곳까지 갔다.

나는 인구 1천1백 명의 킹스필드 바로 서쪽에 있는, 하우 농장Howe Farm 차들의 바퀴 자국으로 울퉁불퉁한 길을 달려 눈이 쌓인 평야에 차를 세웠다. 모직 모자를 쓴 한 중년 남자가 숲에서 스키를 타고 나와 나에게 설피를 건넸다. 네슬레의 수리지질학 자문위원인 리치 포틴 Rich Fortin 씨였다. 그는 나에게 이 회사가 최근에 발견한 수원지를 보여 주겠다고 했다. 이 샘은 곧 킹스필드 남쪽에 들어설 생수 공장에 연간 2억 갤런의 물을 공급하게 될 것이었다. 날은 흐리고 추웠지만, 단단하게 언 땅을 디디면서 걸으려니 곧 더워졌다. 숲 입구에 닿자 포틴 씨는 눈에서 1피트 정도 올라와 있는 마개가 덮인 파이프 앞에서 멈추고는, 파이프 안쪽으로 변환기가 달린 줄을 집어넣었다. 작은 손전등만 한 크기의 이 기구는 수면에 닿으면 소리가 나게 되어 있었다. 이 우물은 깊이가 45피트이니, 변환기의 줄 길이 6.01피트를 빼면 물의 깊이를 알 수 있다. 포틴 씨가 데이터를 기록하고 나서 우리는 계속 터벅터벅 걸었다. 이제 69개의 시추공만 더 보면 된다.

이곳의 숲은 젊은 편으로 대부분이 편백나무과의 헴록hemlock과 전나무와 박달나무로 이루어져 있다. 박새와 큰 어치가 지저귀는 소리로 공기는 생동감이 넘쳤다. 포틴 씨는 물이 고여 있는 쪽으로 나를 이끌더니 약 5인치쯤 되는 물 밑바닥에서 나무껍질 조각이 움직이는 것을 보라고 했다.

"이게 제1수원지입니다."

그는 대수롭지 않다는 듯 말했다. 가파르고 어두워 보이는 물웅덩이 가장자리에는 이끼가 끼어 있고, 여기저기에 얼어붙은 사슴 발자국이 있었다. 내 머릿속에는 만화에 나오는 아기사슴 밤비가 숲 속의 웅덩이 근처를 활보하던 예전 폴란드 스프링 광고가 자동적으로 떠올랐다. 나는 '메인의 숲 속 깊은 곳에서 왔습니다'라는 광고 문구를 읊조렸지만, 나보다 나이가 훨씬 많은 포틴 씨는 내가 무슨 말을 하는지 전혀 알지 못했다(아니면 민감한 문제인 모양이다. 의도하지는 않았겠지만 소로Henry David Thoreau의 작품《메인의 숲Maine Woods》을 떠올리게 하는 이 슬로건은 네슬레가 폴란드 스프링 생수가 숲 속 깊은 곳이 아니라 고속도로변의 시추공에서 나온다는 내용의 소송을 잠재운 후부터는 사용하지 않았다. 여전히 이 회사는 아주 기꺼이 미디어에 수원지를 공개한다. 생수를 만드는 공장 시설에 대한 강력한 시각적 해독제가 되기 때문인가 보다).

이날 포틴 씨와 그의 동료 두 명은 모니터용 시추공과 수원지에서—수원지와 바로 연결된 파이프를 이용하여—데이터를 모았다.

"파이프 안쪽의 물높이는 전체 물이 고여 있는 곳의 높이보다 높을 겁니다. 이를 통해 물의 수압이 얼마나 되는지를 알 수 있죠."

포틴 씨가 설명했다. 그는 아래쪽에 있는 개울로 가더니—개울 바닥에 모래시계같이 생긴 반원통 모양의 파이프를 설치하고—수온과 도랑 한가운데의 깊이를 쟀다. 포틴 씨 말에 의하면 이 개울에서는 분당 최대 156갤런, 하루 224,640갤런의 물이 흐른다.

2004년 하우 농장에 있는 여섯 개 수원지에 대한 인증을 받기 위해 네슬레는 퍼 올릴 수 있는 지하수 양이 얼마나 되는지, 또 그중 얼마를 퍼내는 것이 환경에 악영향을 끼치지 않을지를 계량화하기 위한 엄청난 (그리고 엄청나게 비싼) 노력을 시작했다—중소기업들은 이 과정을 거치지 않는다. 네슬레는 수리지질학자들을 투입해 지질 성분을 조사하고 지진 실험을 했다. 그들은 땅에 5백 피트의 줄을 깔고 줄을 따라 다이너마이트 4~6발을 폭발시켜 음파를 측정하는 실험을 반복했다. 이렇게 하면 지층을 이루고 있는 입자가 거친지 중간인지 고운지, 혹은 기반암인지를 알 수 있다. 다음으로 그들은 지표면에 땅속 120피트까지 충격파를 보내는 전기 탐침이 달린 케이블을 설치했다. 되돌아오는 음파의 그래프는 땅의 전도성을 나타낸다. 전도성은 물이 얼마나 빠르게 모래자갈층을 수평/수직 통과할 수 있는지를 알려주는 지표가 된다.

지하층을 이루고 있는 특성에 대한 지도를 그리고 난 뒤 전문가들은 모니터용 시추공을 파고 지하수반의 고도를 재기 시작했다. 연구자들은 50년 전의 토지이용도를 살펴보고 당시 도시와 숲 속에 살았던 노인들을 인터뷰했다. 브레넌 과장은 "그 땅의 역사에 대해 가능한 한 모든 것을 알아야 한다"고 말했다. 어떤 천연생수회사도 자사 부지가 한때 화학물질 폐기장이었다는 사실을 알게 되기를 바라지는 않을 것이다. 실험실의 과학자들은 각 수원지의 물 샘플과 시추공 물 샘플을 비교한다. 포틴 씨는 두툼하게 철한 그래프와 보고서를 뒤적이더니, 삼각형과 다이아몬드 형으로 생긴 여러 개의 파이퍼 다이어그램Piper diagram을 보여주었다. 표시된 점들은 땅에서 솟은 물과 네슬레에서 퍼 올린 물이 지구화학적으로 완전히 일치함을 보여준다고 했다. FDA에서는 시추공에서 퍼 올린 물에 '천연수'라는 표기를 하기 위해서는 실제 샘물과 퍼 올린 물이 '수질학적으로 유사'해야 한다고 말하고 있다.

이 모든 과정은 7일간의 펌프 테스트라는 하나의 커다란 이벤트를 위한 준비 과정이다. 이 테스트를 통해 점점 더 넓은 지역에서 지속적으로 끌어올려진 물이 파이프를 통해 강물에 합쳐지게 되는 것이다.

"물의 흐름에 변화가 생기고 모니터용 시추공의 물높이가 안정될 때까지 계속 펌프질을 합니다."

포틴 씨가 말했다. 이 테스트를 통해 시추공을 더 뚫을 지역의 크기와 지하 대수층에 있는 물을 어느 정도 끌어올릴 수 있는가가 결정된다. 또한 이것은 지속적으로 펌프를 사용하더라도 영향을 받지 않고 원래 샘이 흐를 수 있게 하는 과정이다.

"샘과 시추공에서 반응이 오기 시작하면 계속 펌프질을 합니다. 보통 하루 정도 지나 어느 시점이 되면 안정이 되죠. 이런 식으로 펌프 조작을 어느 정도 해야 할지 예측할 수 있습니다. 안정적으로 물을 끌어올리면 지표수에 영향을 주지 않습니다."

브레넌 과장이 설명을 덧붙였다.

펌프 테스트가 끝나고도 수질학 팀에서는 몇 달간 계속 개울의 깊이와 유속을 측정하고 컴퓨터 모델에 실제 수치를 입력할 것이다. 이론적으로 실제 수치를 많이 넣을수록 모델은 더욱 정확해진다. 그렇다 하더라도 여전히 모형은 현실과 다르다. 어느 수리학자도 컴퓨터가 알려주는 채수 규모가 향후 몇 년 혹은 몇 십 년의 환경에 어떤 영향을 줄지에 대해 절대적 확신을 가지고 말할 수 없다(그리고 변호사들은 향후 10년을 이야기하는 증거에 기반한 사건은 맡으려 하지 않는다). 수리지질학적 모형에 관한 문헌에는 최적화optimization니 가능성이 있다probabilistic느니 개념적conceptual이니 하는 말이 버무려져 있다. 샘이 말라버리거나 바닷물이 담수에 스며들었던 사례들은 적정 유량을 예측하는 모형에 관한 이야기 사이에 여기저기 흩어져 있을 뿐이다.

스테판 잭슨 씨는 이렇게 말했다.

"모형화 예측을 하는 사람들은 늘 서로 논쟁을 합니다. 아무도 실제를 볼 수 없기 때문에 '경향'이나 '가능성'에 관해 이야기하죠. 그들은 대수층에 4억 갤런의 물이 들어갈 만한 공간이 있다고 말하지만, 얼마나 정교하게 말하건 그건 그저 가정일 뿐입니다."

로버트 글레넌 씨는 후에 이 분야에 대한 일반적인 이야기를 나누던 중 이런 말을 하기도 했다.

"어떤 수리지질학자들은 돈만 받으면 무슨 말이든 할 겁니다. 저는 그런 사람들을 수리학 판매상hydrostitutes이라고 부르죠."

나는 숲 속에서 포틴 씨와 한 시간을 더 보냈다. 사슴과 칠면조, 코요테와 살쾡이의 집인 160에이커의 숲과 평야. 즐거운 곳에서 하는 즐거운 일이다. 이곳의 신선한 공기에서는 메인 주나 캐나다에서 허가를 받는 과정이나 다른 새로운 사업을 둘러싼 감정싸움 뒤에 숨어 있는 갈등 같은 것은 전혀 느껴지지 않았다. 위험성은 높다. 이미 네슬레는 이곳에서 북쪽으로 23마일쯤 떨어진 피어스 폰드Pierce Pond 지구에서 물을 퍼 올리고 있고, 서쪽으로 30마일 떨어진 달라스 플랜테이션Dallas Plantation에서도 물을 퍼내고 있다. 두 수원지 모두 킹스필드에 지을 공장에 물을 공급하게 될 것이다.

"여기서 생산을 하는 것보다는 홀리스의 공장으로 물을 운반하는 게 더 나을 겁니다."

불도저 소리가 시끄러운 공장 부지에서 브레넌 과장이 말했다. 나는 그에게 그렇다면 왜 여기에 공장을 짓느냐고 물었다.

"이 물 개발 사업을 두고 워낙 말이 많기 때문이죠. 1백 대의 트럭을 세울 수 있는 트럭 적재소를 만들고 싶은데, 이 지역에 일자리나 건강보험 같은 경제적인 이익을 남겨주지 않으면 재미없어지는 겁니다."

프라이버그에서 그들은 이미 이 '재미없는' 일을 겪었다. 브레넌 과장이 말을 이었다.

"그런 일이 두 번 반복된다면 더욱 재미없어지는 거죠. 그래서 이 지역 어딘가에 생수 공장을 지어야겠다고 생각했던 겁니다."

브레넌 과장은 과학자들이 어떻게 지속가능성을 검증하는지를 보라고 나를 킹스필드에 초대한 것이다. 어떤 면에서 이것은 내가 하워드 디어본 씨의 주장—펌프로 물을 퍼내는 것이 오래가지 못할 것이라는—이 사실인지를 밝히기 위해 러브웰 연못의 물을 측정하고 샘플을 가져가는 등의 노력을 기울이고 있던 마일스 웨이트 씨를 만났던 이유와 비슷했다. 그러나 브레넌 과장은 내가 찬반 입장을 균형 있게 조사하고 검증한 후 회사를 받아들이기로 결정한 지역 사회에 대한 인상도 함께 담아가기를 원했다. 북미 네슬레 생수회사의 CEO인 킴 제프리Kim Jeffery 씨는 킹스필드에 공장을 짓겠다고 발표하면서 이렇게 말했다.

"2년이 걸렸지만, 저는 그동안 신뢰가 쌓였다고 생각합니다. 더 긴 시간이 걸릴 프로젝트가 진행되는 동안 사람들의 기대가 충족되고, 모두가 자신이 하겠다고 말한 대로 일을 하면 매우 튼튼한 기반이 생길 것입니다."

"킹스필드는 지역 사회가 경제 발전에 대해 지각 있고 포괄적인 접근 방식을 취한 굉장히 좋은 사례입니다."

이렇게 말하는 브레넌 과장의 말투에도 이런 감상이 배어나왔다.

물론 프라이버그는 정반대이다.

사코 강이 시작되는 곳

샤코 강이 시작되는 곳

프라이버그 수도회사는 1883년부터 프라이버그 시에 물을 공급해 왔는데, 처음에는 시 북쪽의 작은 산에서 흘러나오는 개울물을 사용하다가 포틀랜드 가Portland Street와 러브웰 연못 사이의 숲에서 솟아오르는 샘물을 이용하게 되었다.

"나는 물탱크로 흘러가는 차단식 파이프 쪽에 연결형 파이프를 넣었습니다."

이 회사의 사장인 휴 헤이스팅스 씨의 말이다. 하워드 디어본 씨를 방문한 후 나는 헤이스팅스 씨의 이야기를 들어보기 위해 이곳에 들렀다. 이 수도 체계는 조금 미숙한 부분이 있었지만, 1955년에서 1995년까지 잘 운영되었다고 한다.

80세의 헤이스팅스 씨는 주름이 깊게 팬 얼굴에 은발 머리를 뒤로 단정히 빗어 넘긴 모습이었다. 그는 어두운색 바람막이 점퍼를 입고 작은 사무실 정면의 어질러진 책상 앞에 앉아 있었다. 이곳이 이 수도 회사의 본부이다. 마루에 꽉 찬 금색 카페트와 블라인드 덕에 사무실에는 무미건조한 갈색빛이 감돌고, 합판으로 된 벽에는 여러 개의 가족사진이 걸려 있었다. 물을 팔아서 큰 돈을 벌지 못했다는 것을 보여 주려고 이런 장식을 한 거라면 아주 성공적이었다.

민영 회사인 프라이버그 수도회사는 설립 이후 이 지역 여러 가문의 손을 거쳤으며, 현재 33명의 주주가 있다. 그중 약 절반 정도는 헤이스팅스 가문과 연관이 있고, 이 회사의 관리자이기도 한 휴의 아들 존이 대부분의 지분을 소유하고 있다. 이 회사의 소유권 구조 자체가 유별난 것은 아니다. 19세기 미국에서는 민영 수도회사가 표준적이었지만, 도시가 성장하고 보건 문제가 증대되면서 지방자치단체가 끼어 들었다. 미국의 전국수도회사연합회National Association of Water Companies에 따르면, 미국의 수도 서비스 중 민영 회사에서 공급하는 비율은—공급 대상의 수로 보든 물의 양으로 보든—2차 세계대전 이후에도 15퍼센트 가까이 유지되었다.

나는 사무실을 둘러보다가 건너편의 파일 캐비닛에 '우물이 마르면 물의 가치를 알게 된다'는 벤자민 프랭클린Benjamin Franklin의 어록이 붙어 있는 것을 발견했다. 정말로 프라이버그의 우물은 지난 몇 년간 말라버렸고, 그때부터 마을 사람들은 여러 지층으로 이루어져 있는 땅에서 솟아오르던 물의 가치를 훨씬 깊이 깨닫게 되었다. 이 모든 것은 1995년에 시작되었다. 메인 주가 헤이스팅스 씨에게 새로운 식수 제한에 의거해 더 이상 차단식 파이프나 물탱크를 이용해 물을 모으지 못하도록 통보한 것이다. 이 회사는 값비싼 정화 시스템을 갖추거나 시추공을 파야 했다. 헤이스팅스 씨는 포틀랜드에 있는 근사한 토목회사에서 일하고 있던 에릭 칼슨이라는 젊은 수리지질학자를 불렀다.

칼슨 씨는 메인 주에서 일하는 동안 "물이 어디 있는지를 전부 알게 되었다"고 전에 내게 말한 바 있다. 그는 이 주를 헤집고 다니는 물 운반 트럭을 관찰해왔고, 이 지역의 수질에 대해 꽤 잘 알고 있었다. 그의 튀어나온 광대뼈 위로 반짝이는 눈은 푸른색이었고 머리칼은 구불구불한 회색빛이었으며, 치아 사이사이의 고른 틈은 마치 기계로 다듬은 것 같았다. 그는 1995년 헤이스팅스 씨와 함께 이 회사의 상수원을 보기 위해 포틀랜드 가 너머에 있는 숲으로 갔다.

"휴는 이 주변의 흙이 모두 진흙이라고 말했죠. 그는 굴착기를 동원해 구멍을 파기 시작했습니다."

칼슨 씨가 말했다. 그가 무엇을 찾았을까?

"다량의 모래였습니다."

좋은 일이었다. 그 모래는 필터 역할을 하고 있었다. 칼슨 씨 말로는 물은 계속 거품을 일으키며 솟아나고 있었고, 그 양도 시에서 필요한 것보다 많았다고 한다.

"그때 저에게 아이디어가 하나 떠올랐죠. '시설을 지어서 대량으로 물을 팔면 안 될까?' 하는 생각 말입니다."

그는 헤이스팅스 씨를 돌아보며 말했단다.

"사업을 시작합시다."

칼슨 씨는 계약대로 프라이버그 수도회사를 위해 제1시추공을 뚫었다. 그 후 헤이스팅스 씨가 하워드 디어본 씨의 숲을 가로질러 길을 내기로 허락을 얻은 뒤 칼슨 씨는 첫 번째 시추공에서 그리 멀지 않은 곳에 보조용으로 두 번째 시추공을 뚫었다. 그리고 그는 새 동업자인 존 헤이스팅스(휴 헤이스팅스의 아들)와 함께 퓨어 마운틴 생수회사를 차리고 프라이버그 수도회사로부터 시에서 정한 기준 가격(갤런 당 1센트 이하)대로 물을 대량으로 사들이기 시작했다. 퓨어 마운틴 생수회사는 곧 이 물을 폴란드 스프링 사에 갤런당 4센트에 팔았다. 처음 이 사업은 연간 8백만 갤런만 퍼내는 작은 규모로 시작했다. 그리고 그 규모는 점점 커졌다.

그러나 2004년 1월 시민들에게 물을 공급하던 제1시추공이 펌프질을 멈출 때까지 아무도 퓨어 마운틴 생수회사가 얼마나 성장했는지 몰랐다. 휴 헤이스팅스 씨는 이 지역에 하루 이상 물 공급이 중단되고 이후 4일 동안에도 수압이 낮았던 것은 기술적 결함 때문이었다고 말한다. 그동안에도 물탱크 운반 트럭은 계속 폴란드 스프링 생수 공장으로 프라이버그의 물을 운반했다. 펌프가 다시 작동을 시작하면서 퓨어 마운틴 생수회사는 갑자기 프라이버그에 원래부터 있던 이 제1시추공에서 물을 끌어올리기 시작했고, 마을 사람들은 에릭 칼슨과 존 헤이스팅스가 길 건너편 포터 로드Porter Road 위쪽에 뚫은 제3시추공에서 나오는 물을 마시게 되었다(마을에서는 제2시추공도 사용할 수 있었다). 내가 봤을 때는 좀 심하다 싶은 상황이었다. 일반적으로는 공공시설위원회public utility commission에서 상수원 변경을 승인해야 하지만 제1시추공에서 제3시추공으로 수원지를 변경하는 데 대한 어떠한 승인도 없었고, 프라이버그 수도회사 측에서는 고객들에게 변경 사실을 알리지도 않았다. 퓨어 마운틴 생수회사가 제1시추공을 쓰는 것이 왜 그렇게 중요했던 것일까? 그것은 이 회사가 최초 수원지의 수질을 기준으로 모든 사업 승인을 받았기 때문이었다.

몇 달이 지나서 한 시민 단체가 24시간 동안 물탱크 트럭 대수를 센 결과를 발표했다. 대당 약 8,440갤런의 물을 담을 수 있는 트럭 1백 대 가량이 매일 프라이버그를 빠져나가고 있었다. 이 물이 많은 양이냐고? 이곳에서 사용하는 양―여름에는 매일 20만 갤런의 물을 쓰고, 겨울에는 그 절반을 쓴다―에 비하면 그렇다. 시에서는 이에 대해 어떤 식으로든 의견을 개진했는가? 그렇지 않다. 퓨어 마운틴 생수회사는 프라이버그 수도회사의 일반 고객으로서 원하는 만큼의 물을 살 수 있었다. 이에 관한 어떠한 상한선이나 승인도 없었다. 주민들이 이 지역에서 얼마나 많은 물이 빠져나가는지, 그로 인한 이익을 누가 챙기는지를 알게 된 순간부터 프라이버그 수도회사―그리고 이 지역에서 가장 유명한 가문―에 대한 신용은 무너지기 시작했다.

　　누가 프라이버그에서 물을 빼가는지를 알아내려는 노력은 나를 포함한 상당수의 사람들을 혼란에 빠뜨렸다.

　　"그 근본을 밝힐 방법이 없습니다."

　　메인 주의 대수층을 보호하기 위해 'H2O for ME' 라는 단체를 만들기도 한 전직 주 의회 의원 짐 윌퐁Jim Wilfong 씨가 한 말이다. 프라이버그 수도회사는 돈을 많이 벌지는 않았지만, 이 회사의 자산―상수원과 그 주변 땅―이 갖는 가치는 수천만 달러에 이를 것으로 보인다. 2003년에서 2007년 사이에 퓨어 마운틴 생수회사는 약 3백만 달러의 이익을 냈고 그중 약 80만 달러를 프라이버그 수도회사에 지불했다. 최근 시에서는 평판이 나빠질까 봐 앞으로 워즈 브룩에서 물을 퍼내는 것을 규제하겠다고 나섰지만, 도시계획위원회에서 주관한 '설명회'에 참여했던 주민들은 도착했을 때만큼이나 어리둥절한 표정으로 설명회장을 나섰다.

"제가 봤을 때는 위원장이 질문을 회피하는 것 같아요. 그 사람 말을 들어봐도 무슨 말을 하는 건지 모르겠어요."

시내 도서관의 사서인 에밀리 플레처Emily Pletcher 씨는 이렇게 말했다.

"딱 보여주면 이해하기가 쉽겠는데, 이건 뭐 전부 고의적으로 숨겨 놓고 있어요. 무슨 일이 벌어지는지를 모르면 변죽만 울리기 십상이죠. 전 세계 어딜 가도 마찬가지입니다."

월퐁 씨의 말이다. 나는 뉴욕 시가 캣츠킬과 델라웨어의 수원지 근처에 땅을 가진 지주들로 하여금 땅을 팔도록 종용했던 방식이며, 로스앤젤레스에서 오언스 강Owens River을 사용하기 위해 절망에 빠진 농부들의 허를 어떻게 찔렀는지, 시카고의 실력자들이 시에서 발생하는 하수를 세인트루이스St. Louis로 흘려보내기 위해 시카고 강Chicago River의 흐름을 어떻게 바꾸었는지를 떠올렸다. 물을 몰래 빼돌리는 것이 어려울 것 같지만 항상 그렇지는 않다. 우물은 여기저기 흩어져 있고, 아무도 파이프와 물탱크를 이용해 얼마나 많은 물이 이동하는지 볼 수 없는 데다 지하에 물이 얼마나 남아 있는지 확실히 아는 사람도 없기 때문이다.

내가 휴 헤이스팅스 씨에게 퓨어 마운틴 생수회사와 프라이버그 수도회사가 워즈 브룩의 물을 얼마나 퍼 올렸는지 묻자 그는 나에게 제곱피트와 갤런 그리고 하루에 퍼내는 갤런 수치와 연간 퍼내는 갤런 수치를 왔다 갔다 하면서 많은 숫자를 불렀다. 그는 말하는 동안 계산기에 숫자를 두드렸고, 나는 그에게 폴란드 스프링 사와 퓨어 마운틴 생수회사가 구별이 잘 안 된다고 솔직히 털어놓았다. 그는 상냥하게 대답했다.

"저도 헷갈립니다!"

근본적으로는 둘 다 똑같다.

그러나 헤이스팅스 씨는 하던 이야기를 계속 붙들고 있었다.

"저는 다 좋은 뜻에서 한 겁니다. 프라이버그 사람들을 위해서 말입니다."

그는 퓨어 마운틴 생수회사를 통해 벌어들인 프라이버그 수도회사의 수입—2006년도 수입은 222,493달러였다—이 시의 세수稅收를 '보조했다'고 말한다. 세금을 올리지 않으면서도 재정을 유지할 수 있게 했다는 것이다. 달리 말하면 존 헤이스팅스와 에릭 칼슨은 그저 사업만 깔끔하게 운영하는 것이 아니라 시를 돕고 있다는 말이었다. 헤이스팅스 씨는 이렇게 말했다.

"대부분의 사람들은 그 점을 이해하지 못합니다. 그들은 트럭 걱정이며 지역의 물이 마르는 것만 걱정하죠. 제가 볼 때 그럴 기미는 안 보입니다. 그렇지만 연못 근처에 사는 어떤 사람들은 물을 많이 끌어다 썼나 보더군요. 그런 사람들은 말이 많죠."

"하워드 디어본 씨는 자신의 우물이 말랐다고 하던데요."

"물을 너무 많이 썼나 보죠."

헤이스팅스 씨가 대답한다.

전화벨이 울리고, 이 수도회사의 사장은 물이 나오지 않는다는 한 고객을 진정시켰다.

"이 집은 파이프를 잘못 놨는지 항상 언다고 하네요."

그는 나에게 이렇게 말하고는 다시 연못 이야기로 돌아왔다.

"저는 이 일이 지속가능하고, 러브웰 연못도 괜찮은 상태라고 생각합니다. 저는 환경주의자이기도 하지만 현실주의자입니다. 필요하면 나무를 벨 수도 있다고 생각합니다. 아무도 목재를 옮기는 트럭이나 제재소가 돈을 버는 건 뭐라고 안 하질 않습니까?"

목재 트럭은 1년 내내 매일 24시간 나무를 나르지는 않는다. 헤이스팅스 씨는 계속 말을 이었다.

"물이나 공기나 같은 겁니다. 펌프질을 해도 계속 물이 솟아난다는 건 물이 아직도 충분하다는 말입니다. 네, 우리는 물을 퍼내고 있지만 그렇다고 해서 물길이 달라지지는 않았습니다."

헤이스팅스 씨와 헤어진 뒤 나는 멀지 않은 시내의 포틀랜드 가를 달려 펌프장 맞은편에 차를 세우고, 빈 물탱크 트럭이 들어왔다 20분 후에 나가는 것을 지켜보았다. 물을 실은 트럭은 폴란드 아니면 홀리스의 공장으로 갈 것이다. 나는 이곳에서 무슨 일이 일어나고 있는지를 이해해보려고 애썼다. 이 도시가 작고, 정치적으로나 가족 간의 역학 관계 면에서 결집되어 있다는 건 알겠다. 하지만 민영 수도회사가 주주(존 헤이스팅스)에게 물을 무한정 팔고 그 사람이 그 물을 다시 세계 최대의 식품회사에 판매하는 상황은 정상적이라고 할 수 없다. 최소한 퓨어 마운틴 생수회사와 거래하기 위해 고용한 변호사가 흄의 동생인 피터 헤이스팅스Peter Hastings이고, 퓨어 마운틴 생수회사가 시의 허가 없이도 운영되고 있는 건 분명 비정상적이라고 말할 수 있을 것이다. 물론 이 회사 수입의 일부는 분명 시 유지비로 사용되겠지만, 내가 보기에는 이익 갈등이 첨예하기 그지없어 보인다. 더욱 분통 터지는 것은 주민들이 이에 대해 아무 말도 할 수 없다는 것이다. 이런 거래는 너무나 많은 부분이 공개되지 않은 채 진행되고 있다.

나는 폴란드 스프링 사의 두 가지 계획(새로운 채수용 펌프 설치 및 물탱크 트럭 적재소 설치)을 저지하기 위해 서서히 진행되고 있는 프라이버그의 투쟁과 적재소 건설 허가를 승인했다가 거부하는 과정, 앞으로 워즈 브룩 대수층에 더 이상의 업체들이 시추공을 뚫지 못하도록 하는 물 조례 개정을 둘러싼 움직임들을 지켜보았다. 내게는 개정안이 물을 보호하는 데 힘을 발휘할 것으로 보였지만, 디어본 씨는 이 개정안이 분명 기존 사업자들─이미 엄청난 물을 퍼내고 있는 퓨어 마운틴 생수회사, 프라이버그 수도회사, WE 주식회사(제프 워커와 릭 이스트먼이 포터 로드에 차린 회사)─이 가지고 있는 펌프의 가치만 더 높여주게 될 것이라고 말했다.

클린턴 행정부에서 중소기업청 국제거래 담당 차관을 지낸 바 있는 짐 윌퐁 씨는 이후 전화통화를 하던 중 자신의 관점을 제시해주었다. 끝없는 회의, 법정 공방, 그리고 조금씩 바뀌는 법령. 그는 프라이버그의 문제를 전 세계적인 사유화 문제와 연결시켰다.

"물 전쟁은 이런 식입니다. 문제는 우리가 이 논의에 참여할 것인가 아니면 이런 고민을 다국적 기업의 손에 넘겨줄 것인가 하는 겁니다. 우리가 네슬레의 의도를 다 파악할 때쯤이면 이미 늦습니다. 그들이 단순히 생수만 만들기 위해 우리 물을 가져가는 걸까요? 우리는 프라이버그뿐 아니라 미국이라는 곳에서 시민들이 '우리 지역 사회는 이렇게 봅니다'라고 말하면서 자신들의 권리를 찾는 것이 얼마나 힘든지를 보고 있는 겁니다. 일단 네슬레와 합의를 하고 나면 더 이상 빼도 박도 못하게 됩니다."

나는 물탱크 트럭 한 대가 다시 포틀랜드 가에 모습을 나타낼 때까지 그곳에 있다가 퓨어 마운틴 생수회사의 창립자를 만나러 남쪽으로 향했다. 우리는 포틀랜드에 있는 에릭 칼슨 씨의 사무실 우다드 앤 커렌Woodard & Curran에서 만났다. 이 수리지질학자는 프라이버그에서 환영

받지 못했기 때문이다. 그는 너무나 갑작스럽게 자신이 이런 증오의 대상이 되었노라고 말했다.

"물이 누구 것이냐? 이건 참 오래된 질문이죠. 메인 주에서는 자기 땅에서 물을 퍼내는 건 그 사람의 권리입니다. 저는 그것 때문에 그 모든 비난을 받아왔습니다. 사람들은 나무나 자갈이나 바다에 사는 바닷가재에 비해 물에 대해서는 더 감정적입니다. 게다가 공짜잖아요! 그렇지만 물은 목재나 석유랑 다를 바가 없습니다. 물을 퍼낸다고 해서 생태계에 영향을 미치는 건 아니라는 사실을 사람들은 이해하지 못합니다. 그럼 왜 자갈 채취로 돈을 버는 것에 대해서는 가만히 있습니까? 자갈밭 주인도 그저 땅에 구멍을 뚫어서 야드당 10달러에 팔고 있다고요."

제2시추공을 파고 나서 칼슨 씨와 헤이스팅스 씨는 제1, 제2시추공보다 상류 쪽에 있는 포터 로드 근처에 땅 5에이커를 샀다. 이 길은 곧 포장공사를 시작했지만, 오른쪽에는 워즈 브룩 연못과 양묘장이 있고 왼쪽에는 폐공장이 늘어서 있는 이곳은 곧 먼지투성이로 바뀌었다. 몇 마일이나 이어지는 이 길은 위쪽으로는 자갈 채취장과 옛 시 쓰레기처리장, 빙하 작용으로 형성된 두 개의 연못과 자연관리위원회 소유의 40에이커 정도 되는 부지가 이어지고, 아래로는 작은 공항이 있었다.

"나는 근처 유역을 보호하기 위해 이 땅을 샀습니다."

칼슨 씨가 설명했다. 시에서는 이곳에 중장비 차고를 지을 계획이었지만, 그는 자신의 우물이 빗물에 오염되는 것이 싫었다고 했다.

칼슨 씨와 헤이스팅스 씨는 포터 로드 위쪽으로 9에이커의 땅을 더 사서 세 번째 시추공을 뚫었다.

"그 땅은 소유권은 저에게 있지만, 시에서 무료로 쓰고 있습니다."

칼슨 씨는 이렇게 말했다. 왜 그럴까?

"저는 퓨어 마운틴 생수회사와 프라이버그 수도회사에서 같은 수원지의 물을 쓰는 것이 싫었습니다. 수도회사에서는 물에 불소와 염소를 첨가하거든요. 교차오염의 부담을 안고 싶지 않았습니다."

퓨어 마운틴 사에서는 곧 포터 로드 위쪽 땅 26에이커를 더 살 것이라고 했다.

"시추공을 더 파시게요?"

나는 앞으로 사건이 더 복잡해지겠다는 생각에 움찔하며 물었다.

"시추공을 더 파는 문제를 생각 중이긴 합니다만, 인가 과정을 거쳐야 할 겁니다."

그는 이야기를 하다 말고 화이트보드 쪽으로 다가가서는 그래프를 하나 그리기 시작했다. 그는 세로축에 힘, 가로축에는 이해관계라고 써 넣었다. 그러고는 오른쪽 끝쯤의 나지막한 곳에 점을 하나 찍었다.

"이해관계는 많이 얽혀 있는데 힘이 없다는 건 사회정치학적으로 악몽입니다."

그는 진심을 담아 말했다.

"그런 사람들은 엄청나게 많은 문제를 일으키죠. 이런 사람들을 잡아두는 게 굉장히 중요합니다. 이 사람들을 이해시켜야 하는 겁니다."

나는 이 말이 "소수의 사람들이 세상을 바꿀 수 있다는 사실을 의심하지 말라. 그것이야말로 세상이 바뀐 유일한 방식이었다"고 말한 인류학자 마거릿 미드Margaret Mead의 의견을 재미있게 돌려 말하는 것 같다고 생각했다. 칼슨 씨가 세상에서 가장 보고 싶지 않은 것은 힘을 얻은 소수일지도 모르겠다.

우다드 앤 커렌의 고객 중에는 네슬레 생수회사도 있다고 한다. 사무실을 떠나기 전 나는 칼슨 씨에게 그렇게 많은 희생이 뒤따랐던 프라이버그 수원지를 보여줄 수 있는지 물었다. 휴 헤이스팅스 씨는 이 요청을 거절했었고, 수원지 근처의 땅은 울타리로 막혀 있는 데다 경비도 삼엄해서 내가 그곳에 들어가는 건 당연히 무리일 것 같았다. 칼슨 씨는 자신은 그럴 수 없지만 존 헤이스팅스 씨라면 들여보내줄 수 있을 거라고 말했다.

프라이버그 시 중심가 근처에 있는 오래돼 보이는 한 농장 건물 진입로에서 기다리고 있자 소형 트럭 한 대가 다가왔다. 운전자는 선팅을 한 차창을 조금 내리고는 나에게 타라고 말했다. 나는 예의를 갖출 시간 따위는 없었던 것 같은 차림을 한 손이 투박하고 덩치가 큰 사내 옆에 탔다. 잠긴 문을 지나 작은 물웅덩이 쪽으로 난 언덕길을 내려가서 폴란드 스프링 사의 물탱크 적재소로 들어가는 동안 좌석 사이에서 파이프 이음새 부품이 굴러다녔다.

트럭이 한 우물 시설—홀리스에서 본 것과 같이 돌로 된 건물에 녹색 지붕을 얹은 구조를 갖춘—근처에 멈추자 헤이스팅스 씨는 콩팥 모양으로 생긴 수원지를 가리켰다. 폴란드 스프링 라벨에는 에버그린 스프링Evergreen Spring이라고 표기되어 있는 '제1시추공'이었다. 수원지는 시멘트가 덧발라진 돌우물로, 헤이스팅스 씨는 바닥에서 모래가 솟아오르는 것이 보이느냐고—킹스필드에서 리치 포틴 씨가 그랬던 것처럼—누차 확인했다. 물에는 수초도 자라고 있고 가라앉은 돌에는 여기저기 녹이 피어 있었다. 변호사인 톰 소볼Tom Sobol 씨가 2003년

6월 코네티컷 주 법원에 제출한 보고서—허위광고 혐의로 폴란드 스프링 사를 고소한 집단 소송—에 따르면, 이 수원지는 자연적으로 형성된 것이 아니라 지하수면 아래에 인공적으로 판 것이었다.

"이것은 천연샘입니다."

헤이스팅스 씨는 내 질문에 단호하게 대답했다. 홀리스에 있는 수원지처럼 '메인 주의 숲 속 깊은 곳'은 아니지만, 최소한 여기서 길이 보이지는 않았다(이 소송은 2004년 타협으로 해결되었다).

우리는 언덕 바로 아래에 있는 제2시추공을 잠깐 들여다본 후 적재소로 다시 돌아왔다. 눈 깜짝할 새에 물탱크 트럭 기사가 차를 몰고 들어와 시멘트로 된 바닥에 녹색 트럭을 세우고는 기다란 철제 상자에서 호스를 꺼낸다. 그는 보라색 라텍스 장갑을 끼고, 물탱크 트럭 뒤쪽의 상자를 열고는 연결 장치에 알코올을 뿌린 뒤 호스를 트럭에 연결한다. 스위치를 누르자 워즈 브룩의 물이 철제 지붕에 세찬 빗방울이 떨어지는 것 같은 소리를 내면서 쏟아져 들어간다. 20분간 물을 채운 뒤 운전기사는 호스를 빼고 바람처럼 트럭을 몰고 사라졌다. 곧바로 다른 물탱크 트럭이 물을 채우기 시작한다.

"계속 오는군요."

헤이스팅스 씨에게 말을 걸어보았지만 그는 대수층의 지속가능성에 대한 이야기에는 도통 관심이 없었다. 내가 왜 하워드 디어본 씨의 우물이 말라버린 건지 묻자 헤이스팅스 씨는 밸브대의 너트 하나가 헐거워졌기 때문이었다며 이제는 고쳤다고 말했다.

나는 헤이스팅스 씨와의 볼일이 끝났다고 생각했지만, 그는 나에게 포터 로드 위쪽에 있는 비포장 도로 조금 못 간 곳에 있는 제3시추공을 보여주고 싶어 했다. 숲 속에 있는 석조 건물이 보이는가 싶더니, 나는 갑자기 미끄러운 좌석에서 여기저기로 튕겨 다니기 시작했다. 우리는 젖은 눈이 2피트 정도 쌓여 있는 숲길을 달리는 중이었다.

"저기에 샘이 있습니다."

땅 위로 3피트 정도 솟아 있는 모니터용 파이프를 가리키며 헤이스팅스 씨가 말했다. 가느다란 깃털 모양으로 물이 솟아나고 있었다.

"저기에도 있습니다."

숲 속에서 물이 솟아오르는 이 분수들에 관해 이야기하는 동안 그는 자못 목소리를 낮추었다. 나는 우리가 숲 속으로 얼마나 많이 들어온 것인지, 또 왜 들어오는 것인지 궁금했다. 트럭이 더 이상 앞으로 갈 수 없게 되자 그가 말했다.

"내리셔도 될 것 같습니다. 저기가 제3시추공의 물이 나오는 샘입니다."

나중에 생각해보니 헤이스팅스 씨가 실언을 한 것인지 궁금해졌다. 메인 주의 공보차관인 빌 블랙Bill Black 씨의 말로는 이 물은 엄밀히 말해서 샘물이 아니다. 그는 이 물이 정말 샘물이었다면 퓨어 마운틴 생수회사는 이 물을 시에 양도하는 대신 네슬레에 팔았을 것이라고 말했다.

"맛을 봐도 되나요?"

"물론이죠."

그는 내가 앞으로 걸어갈 동안 트럭 근처에 있었다. 나는 중앙 파이프를 둘러싸고 있는 원 모양의 미끄러운 콘크리트 바닥으로 걸어가서는 몸을 기대어 물을 한 모금 마셨다. 이런 일도 점차 익숙해져간다.

프라이버그에서 문제가 되는 것은 수상 환경이 아닐지도 모른다.

러브웰 연못이 죽어가는 원인에 대한 하워드 디어본 씨의 주장이 틀렸을 수도 있다. 그렇다 하더라도 트럭으로 인한 교통 문제와 오염 문제가 남아 있고, 경제적 형평성 문제도 여전히 남아 있다. 네슬레에서는 물을 보호하기 위해 많은 노력을 해온—산업을 규제하고, 공공 하수 시설에 투자하고, 기름 유출 정화작업을 하고, 수질 보전을 위해 땅을 사고, 개발 과정에서도 수로를 따라 개발 제한 구역을 두는 등—메인 주의 주민들에게 얼마나 많은 보상을 해주고 있는가? 어떻게 해야 이 회사가 더 많은 물을 퍼내지 못하도록 할 수 있을까? 짐 윌퐁 씨는 현실주의자이다. 그는 폴란드 스프링 사를 마을에서 쫓아내지 못하리라는 것을 알고 있고, 그래서 다른 계획을 구상했다. 그가 이끄는 단체 H2O for ME에서는 주를 상대로 '원래부터 있지 않았던' 물 사용자에 대해서는 갤런당 세금을 징수할 것을 요청하고 있다. 생수에 대한 세금은 물을 과도하게 퍼내지 못하도록 수원지를 감시하고 보호하는 수자원관리위원회Fresh Water Resource Board의 재정으로 사용될 것이다.

내가 59세의 윌퐁 씨를 만난 곳은, 단골 손님들이 꾸준히 와서 커피를 마시고 〈콘웨이 데일리 선Conway Daily Sun〉이라는 신문을 읽고 기름을 넣는 자키 캡이었다. 윌퐁 씨는 모든 사람을 알고 있었고, 그들과 반갑게 인사했다. 그는 서던메인 대학교University of Southern Maine에서 경영학을 가르치며, 프라이버그 바로 북쪽에 있는 스토Stow라는 곳에 살면서 크리스마스트리용 나무를 재배한다.

윌퐁 씨와 나는 커피와 신문을 산 뒤 사코 강을 따라 넓은 황금빛 벌판을 지나 마을 북쪽으로 차를 몰고 나갔다. 프라이버그는 근처 도시만큼 번화한 맛은 없을지 몰라도 훌륭한 자연 경관을 가졌다. 줄무늬를 이루고 있는 물길과, 빙하가 깎아 놓은 산과 언덕에 둘러싸여 있으니 말이다. 마을에 있는 유일한 신호등에서 반 마일도 채 떨어지지 않은 곳에 있는 농장 건물들은 순수하고 평온해 보였다. 윌퐁 씨는 옛날 사코 강이 흐르던 자리를 가리켰다. 광활한 대지에 대한 대규모 개간을 막는 주 단위나 연방 단위의 법이 생기기 훨씬 전부터 농부들은 도랑을 치고 제방을 막아 물길을 다른 곳으로 바꾸면서 이곳을 미국에서 가장 비옥한 농지로 만들었다(이로 인해 해안까지 뻗는 물길도 단축되었다).

우리는 사코 강의 수원지인 뉴햄프셔 주 크로포드 노치Crowford Notch 방향을 향해 범람원 너머 서쪽으로 시선을 돌렸다. 이 강은 메인 주에 오기까지 80만 에이커의 화이트 마운틴 국립 임원White Mountain National Forest을 타고 흐르며, 매년 봄마다 범람―어떤 때는 15피트까지―한다. 범람으로 인한 빗물은 뉴잉글랜드 지역에서 가장 크고 손상되지 않은 범람원 생태계를 만들었고, 이 지역의 농업이 풍요롭고 동식물 분포가 다양한 것도 어느 정도는 빗물 덕이라고 할 수 있다. 이 지역의 우수한 빙하 지형으로 서서히 스며든 빗물은 개천과 샘으로 돌아간다. 사코 강은 뉴햄프셔 주에서 가장 수질이 좋다. 10만 명 이상이 이 강의 범람원에서 나오는 지하수를 마시고 있고, 산 위에 있는 상류에서 대서양으로 흘러가는 하류까지를 다 따지면 이 강은 25만 명의 갈증을 해소해주고 있다.

프라이버그에 처음 정착한 소코키스Sokokis 인디언들에게 사코 강은 '신령들의 집인 화이트 마운틴으로 가는 신비의 길'이었다. 오늘날 이 물길은 강을 따라 이루어지는 주거 및 상업적 목적의 개발로 인해 엄청난 고통에 시달리고 있다. 사코 강에 물을 공급하는 대수층과 개천에서 더 많은 물을 끌어올릴수록 사코 강으로 흘러드는 깨끗한 물의 양은 적어지고, 더 많은 불순물들이 농축된다. 이 같은 시나리오는 전국적으로 재현되고 있다. 미국 하천의 40퍼센트는 마시기는커녕 낚시나 수영조차 할 수 없을 정도로 심하게 오염되었다.

월퐁 씨는 운전을 하면서 말했다.

"저는 패턴을 보는 사람입니다. 저는 물에 관한 이 논쟁도 보고, 보다 큰 흐름도 살펴봤습니다. 곡식 1톤을 기르기 위해서는 1천 톤의 물이 들어갑니다. 물을 조절하는 건 식량을 조절하는 거죠. 물에 관한 문제는 환경, 경제, 법과 다 연결되어 있습니다."

이 문제는 지역의 문제이기도 하다. 서부가 계속 물 부족을 겪으면서 농업 생산은 관개시설 없이도 경작이 가능한 동쪽으로 이동했다. 프라이버그에도 농사지을 수 있는 땅이 많다.

월퐁 씨는 나무를 따라 남동쪽을 가리켰다.

"저기 땅이 솟아 있는 곳이 보이죠? 저 건너편이 덴마크입니다. 저곳은 연못 천지죠. 폴란드 스프링에서 프라이버그와 덴마크에서 나는 물을 팔기 위해 공장을 짓는다면, 시에는 연간 75만 대의 차량—물탱크 운반 트럭과 직원 차량, 정비 차량까지 포함해서—이 증가하게 될 겁니다."

우리는 콘숍 로드Cornshop Road 쪽으로 방향을 잡고, 프라이버그의 옥수수를 팔았던 번햄 앤 모릴Burnham & Morill 사가 있는 건물을 지나 남쪽으로 꺾어 프라이버그 축제가 열리는 공터를 지난 뒤 시내로 들어왔다.

"하지만 생수 공장이 어디로 들어선다는 겁니까?"

내가 물었다. 네슬레가 시내의 지주 두 명에게 접근해서 협상의 대가로 각각 1백만 달러를 제시했다는 이야기를 들은 터였다. 이 대화는 아무 결론을 내지 못했고, 일자리가 생길 것으로 기대했던 주민들은 화가 났다.

"옛날 베일리 공장Baily Manufacturing plant이 있던 자리로 가겠죠."

월퐁 씨가 대답했다.

"그게 어딘가요?"

포터 로드에 막 접어들 즈음 내가 물었다.

"여깁니다."

월퐁 씨는 왼쪽에 있는 폐공장터를 가리키며 말했다.

"베일리 사에서 가공한 목재는 트럭에 실려 펜실베이니아로 운반되어 가구를 만드는 데 쓰였습니다. 그러다가 회사가 부도가 났고, 그때 네슬레가 들어왔죠."

이 버려진 건물과 쓰지 않는 트럭이 나뒹굴고 있는 폐허 같은 공장 부지가 홀리스 같은 현대식 공장으로 탈바꿈한 모습이 잘 상상이 되지 않았다. 사슴이 이끼 낀 샘 근처에 얼굴을 묻고 있는 그림을 상상하는 것보다 아이들이 여기서 맥주를 들이켜는 모습을 떠올리는 것이 더 쉬웠다. 그러나 비수기에는 휴면 상태가 되어버리는 프라이버그에서도 한때는 경제적 활동이 부산하게 이루어졌다. 제재소며 목재 공장도 있었고, 구두 공장과 기계 조립 공장이며 옥수수 공장도 있었고, 제법 번창한 낙농장도 여럿 있었다. 지금은 이 시의 장기적인 경제적 복지에 아무런 기여도 하지 않는 채수 사업만이 있을 뿐이다(이 사업이 개인 소유의 한 수도회사를 부유하게 만들기는 했다).

폴란드 스프링 사는 당연히 생수에 대한 징세안을 환영하지 않는다.

"월퐁 씨는 이 사업이 성장해야 주의 경제가 구제될 것이라는 생각에서 우리 사업에 세금을 매기겠다는 생각을 하는 겁니다."

홀리스 공장에서 만났을 때 톰 브레넌 과장이 했던 말이다. 월퐁 씨는

2005년 폴란드 스프링 사에 대해 주에서 끌어 쓰는 물 1갤런당 20센트의 세금을 걷어 경제 발전을 위한 공공 신탁금으로 예치하자고 제안했다. 이 제안은 받아들여지지 않았지만, 윌퐁 씨는 '그보다는 상당히 적은 정도'라고만 밝힌 새로운 세금을 걷자고 요청하고 있다.

이에 대해 브레넌 과장은 이런 말을 했다.

"세금을 매기면 경제성이 떨어집니다. 우리와 경쟁하고 있는 코카콜라나 펩시콜라는 그 지역에서 나오는 물을 포장해서 그 지역에 팔고 있습니다. 우리는 메인 주 북서쪽에서부터 물을 길어오는데 말이죠. 이 물에 세금까지 매기면 경쟁이 안 됩니다. 그런 상황에서는 성장할 수가 없죠."

그는 폴란드 스프링 사의 마진이 '아주아주 적다'고 주장했다 (2006년 네슬레는 미국 생수 시장의 32퍼센트를 점유했고―그중 폴란드 스프링의 판매가 가장 많았다―746만 달러의 이익을 냈다).

"네슬레에는 일곱 개의 지역 브랜드가 있습니다. 만약 세금이 매겨진다면 메인 주에서 사업을 확장한다는 건 더 이상 말이 안 됩니다. 다른 데로 옮기는 게 맞겠죠."

내가 스테판 잭슨 씨에게 정말 그런 일이 일어날 수도 있는지 묻자 그는 소리를 질렀다.

"쓰레기 같은 소립니다! 그들은 떠나지 않을 겁니다. 폴란드 스프링 사가 프라이버그에, 워즈 브룩에 있는 것은 매년 대수층에서 뽑아내는 물의 40퍼센트가 다시 채워지기 때문입니다. 지형적 조건과 유역이 관리되는 방식 덕택에 이 지역의 물은 미국에서 가장 좋은 천연 샘물입니다. 그렇기 때문에 그들은 절대 떠나지 않을 겁니다. 여기 물이 정말 순수하니까요."

월풍 씨와 브레넌 과장 사이에 벌어진 한 TV토론에서 사회자가 브레넌 과장에게 물은 적이 있다. 아이스크림 회사 벤 앤 제리스Ben & Jerry's의 '평화를 위한 1퍼센트' 정책이나 열대우림 동맹Rainforest Alliance에서 초콜릿에 대한 지속가능성 인증제를 시행하는 것처럼, 소비자들이 가격에 포함된 세금이 환경 보호를 위해 사용된다는 사실을 안다면 천연생수에 더 높은 가격을 지불할 것 같냐는 질문이었다. 브레넌 과장은 눈에 띄게 동요하면서 화제를 바꾸었다. 그는 "코크 사나 펩시 사는 세금을 내지 않습니다"라고 말했다.

월풍 씨는 브레넌 과장에게 메인 주의 공공 및 민간 부문은 물을 깨끗하게 유지하기 위해 수십억 달러를 쓰고 있다는 사실을 주지시켰다. 폴란드 스프링 사는 메인 주의 자연 그대로의 이미지에 기대어 장사를 하면서도 그들이 끌어다 쓰는 물을 위해서는 얼마 안 되는 돈밖에 지불하지 않는다는 지적이었다. 브레넌 과장은 월풍 씨에게 폴란드 스프링 사는 임금으로 연간 3천7백만 달러를 쓰고 있으며, 메인 주를 통틀어 6백 명을 고용하고 있다는 사실을 상기시켰다(이 토론이 있었던 때부터 지금까지 임금으로 지급된 총액수는 4천6백만 달러로 늘어났고 고용인은 7백 명으로 늘었다). 이것은 공격을 당하는 생산자 측에서 항상 쓰는 방어 전략이다. 변화를 하려면 돈이 들 것이고, 그렇게 되면 우리는 어쩔 수 없이 노동자들을 해고해야 할 것이며, 가격을 올리는 것은 물건을 사고 싶은 소비자들의 권리를 박탈하는 것이라는 식이다.

그들의 논쟁을 보면서 나는 브레넌 과장이 불쌍하게 느껴졌다. 그는 좋은 사람이고 열심히 일하고 있지만 자신의 본성에는 어울리지 않는 일을 하는 것 같았다. 왜 하필 그가 기업의 입장을 잘 대변해야 하는가? 그는 결국 전문 조정자가 아니라 한낱 학자일 뿐이다. 그는 수리지질학적 자료를 모아 분석하고 시추공을 파기 위한 허가를 구하며 인프라를 구축하고 물을 끌어올려 운반하는 일뿐 아니라, 거북에 관한 경보며 관련 분야 언론의 질문에도 대처해야 하고 신문지상으로나 혹은 직접적으로 네슬레의 입장을 비호해야 한다. 회사가 성공가도를 걸고 물의 사유화에 반대하는 사람들이 점점 더 대담해질수록 그의 일은 점점 더 힘들어진다. 이렇게 옥죄어오는 올가미에 대한 대응으로 네슬레는 회사 측의 메시지를 공유하고 퍼뜨릴 수 있도록 전담 팀을 구성하고, 컨설턴트 가운데에서도 보수적 성향의 여론조사원인 프랭크 런츠 Frank Luntz 씨를 고용했다.

2004년 프라이버그에서 네슬레가 활동하고 있는 영역이 널리 알려지게 되면서부터 지역주민들은 축복이자 저주가 될 이 기회를 붙잡으려고 애썼다. 시에서는 대수층의 복원력과 잠재성을 보다 잘 알아보기 위해 관련 정보를 모았고, 자신이 갖고 있는 것을 다른 사람이 빼앗으려 하면 발생하게 마련인 끝도 없을 것 같은 법적 분쟁을 놓고 각종 공청회와 회의 및 설명회를 개최했다. 그중 일부는 너무 자세해서 괴로울 정도였다. 이제 프라이버그의 연례 시 회의가 이틀 남은 시점에서 짐 윌퐁 씨는 하워드 디어본 씨의 사무실에 네슬레에 반대하는 사람 여섯 명을 모았다. 가결될 경우 새로운 업체가 워즈 브룩에서 물을 퍼내는 것을 막고, 이들의 주장대로라면 네슬레에 대수층의 물에 관한 일종의 독점권을 주게 만들 조례에 관한 이야기를 나누기 위해서였다.

"방 분위기를 잘 읽으시고, 청중의 반응을 놓쳐서는 안 됩니다."

윌퐁 씨가 조례에 반대하는 내용을 발표할 예정인 사람들에게 충고했다.

"해나 씨는 딱 한 가지만 말하고 나서 아무 말 말고 조용히 앉으셔야 해요."

붉은 단발머리의 해나 워런Hannah Warren 씨는 키가 작고 에너지가 넘치는 사람으로 윌퐁 씨와 함께 40개월 동안 폴란드 스프링에 대항해 싸워왔다. 도시가 생길 당시부터 프라이버그에서 살아온 토박이인 워런 씨는 프라이스워터하우스 쿠퍼스Pricewaterhouse Coopers 회계 법인에서 회계사로 일하면서 뉴욕 및 다른 도시들을 돌아다니다가 10년 전에 고향으로 돌아왔다. 욱하는 성격의 독설가인 그녀는 윌퐁 씨의 발언에 대해 아무 반론도 제기하지 않았다. 그녀도 자신의 목청은 말할 것도 없고, 말투만으로도 계획위원회의 진 버고펜 위원장을 화나게 할 것이라는 걸 알고 있었다. 그녀는 그것을 즐기는 것 같았다.

"에밀리 플레처 씨가 마지막으로 발언하세요. 신용이 있으시니 사람들이 이분 말은 들을 겁니다."

윌퐁 씨가 말했다. 플레처 씨는 올해 60세가 된 시내 도서관 사서이다. 사람들이 고개를 끄덕였다.

이 자리에 모인 사람들은 인신 공격적인 발언은 자제하고 조례 제안에 결함이 있다는 주장만 간결하게 하기로 가닥을 잡았다. 18페이지에 달하는 조례안은 시 웹사이트에 4일 동안만 게시되었고, 그나마도 내용과 전혀 무관한 항목 안에 들어가 있었다. 한마디로 아무도 이 조례안을 이해하지 못했다. 게다가 시에서 가장 최근에 벌인 대수층 조사는 아직 마무리되지도 않은 상태였다.

"여기 그들이 가진 정보가 전부가 아니라는 증거가 있습니다."

디어본 씨가 연약한 목소리로 말했다. 그는 무리에서 조금 떨어진 의자에 앉아 있다가 마일스 웨이트 씨에게서 받은 보고서를 높이 들었다. 디어본 씨가 이 결과를 받은 지는 한 달이 넘었지만, 그는 그동안 보고서를 공개하지 않았다. 이 보고서가 가장 유용해질 순간을 기다리고 있었던 것이다.

"이 보고서는 펌프질로 연못이 망가지고 있음을 증명하고 있습니다. 나는 회의에서 보고서를 공개해 그들이 가진 정보가 다가 아니라는 걸 보여줄 겁니다."

보고서에는 정확히 뭐라고 쓰여 있는걸까? 디어본 씨는 고개를 가로저으며 단호하게 말했다.

"투표 때까지는 말할 수 없습니다."

사람들은 당황한 표정이었다.

"조례가 통과되면 어떻게 하죠?"

누군가 물었다.

"그렇게 되면 나는 내용도 모르면서 안건을 투표에 부친 그들을 고소할 겁니다. 나는 우선 그들이 부패했다는 것을 보여주고 나서, 누가 완전한 정보도 없이 이런 결정을 하도록 압력을 넣었는지를 밝혀낼 겁니다."

회의가 끝나고 디어본 씨는 나에게 자신의 펌프를 보여주겠다고 했다. 계단을 내려가는 동안 나는 존 헤이스팅스 씨의 말대로 그의 밸브대에 너트가 풀렸던 것인지 물었다.

"그건 고쳤소만, 여전히 물은 올라오지 않습니다."

디어본 씨는 자신의 우물물에서 라돈을 없애기 위해 지하실에 진공 펌프를 설치했다. 이제 그는 이 펌프를 우물의 공기를 빼내는 데 사용하고 있다. 그가 스위치를 켜자 물이 시계방향으로 회전하면서 거품을 일으키며 실린더 속으로 차오르다가 스위치를 끄자 멈추었다. 보통 물탱크는 스스로 물을 끌어올린다. 하지만 이제 디어본 씨는 앉아서 이 기계를 쳐다보고 있다가 진공상태가 된다 싶으면 우물물이 찰 때까지 펌프를 껐다가 다시 켜야 한다. 그는 물탱크 압력이 충분해질 때까지 이 동작을 반복했다.

"보통은 실린더에서 공기가 안 보이죠. 10년 전에는 물을 쓰는 데 아무 문제가 없었습니다."

그는 이렇게 말하면서 마일스 웨이트 씨를 보던 때처럼 뭔가를 기대하는 시선으로 나를 바라보더니, 숲 속 우물 쪽을 내다보았다.

"저는 평생 기계를 다뤄왔습니다. 대학에서 1년을 공부했고, 스물네살이 될 즈음엔 직원 스물다섯 명을 거느렸죠."

그는 오하이오 주 버리아Berea에서 하워드 기계회사라고 이름 붙인 기계가공 사업을 시작하기 위해 1천4백 달러를 빌렸다. 그는 나중에 이 회사의 이름을 디어본 주식회사로 바꾸었고, 1960년대 초반에는 휴가 때 찾곤 하던 프라이버그에 디어본 정밀배관공사를 설립했다. 이 회사는 이제 이 도시에서 가장 큰 회사이다.

다시 위층으로 올라오니 콘센트며 조명 스위치마다 알파벳과 숫자가 적혀 있다. 디어본 씨는 후스 후who's who 인명사전의 기계분야에 자신이 등재되어 있는 것을 보여주고는 한마디했다.

"그러니 나는 내가 무슨 말을 하는지 알고 있단 말이오, 버고펜 씨!"

디어본 씨 개인에게는 자신의 펌프에서 올라오는 공기와 워즈 브룩 대수층에서 폴란드 스프링 사가 벌이고 있는 활동 사이의 연관성을 밝히는 것이 정말 중요한 일이다. 그렇게 하기 위해 그는 사람들에게 자신의 자격증들을 상기시켜야 했다. 그는 탱크나 우주선, 의료 용품이나 심층수 굴착 장치, 핵 잠수함과 원자로에 들어가는 부품은 말할 것도 없고 자신의 우물과 펌프도 직접 만들었지만, 아직도 그를 그저 심술궂은 미치광이로 보거나 그의 우물이 마른 것이 (그의) 기술적 결함 때문이라고 생각하는 사람들이 있다. 아마도 러브웰 연못에 밀포일이 자라고 있다는 주장보다도 사람들의 이런 생각이 디어본 씨를 더욱 화나게 하는 것이리라.

공공의 물

공공의 물

아마도 프라이버그의 보통 사람들을 만나면서부터 시작한 것 같은데, 나는 물에 대한 글을 구상할 당시부터 '수돗물이 어디서 오는지 알고 계십니까?'라는 설문조사를 해나갔다. 대부분의 사람들은 모른다고 대답했다. 심지어 자신들의 식탁에 샐러드로 올라오는 아루굴라 arugula가 얼마나 멀리서 오는지는 정확히 알고 있는 사람들조차 그랬다. 옛날에는 누구나 자신이 마시는 물이 어디서 오는지 알고 있었다. 물이 순수한가는 사느냐 죽느냐의 문제였다. 오늘날의 기반 시설은 사람들과 단절되어 있다. 우리는 물이 어떻게 우리 가정으로 들어오는지, 우리가 얻는 전력이 어디서 오는지, 우리가 버리는 하수가 하수구로 내려가고 나면 어디로 가는지 모른다. 내가 질문을 던진 대부분의 사람들이 자신이 사용하고 있는 물의 수원지 이름을 모를 뿐 아니라, 그것이 지표수인지 지하수인지조차 몰랐다.

지하수라는 대답은 그나마 맞을 확률이 높은 추측이다. 그것이 그나마 많은 미국인들이 마시는 물이니까. 이 물은 하늘에서 눈이나 비의 형태로 떨어져서는 여러 유기물 층과 무기물 층을 거쳐 지하수면으로 흘러든다. 펌프로 이 물을 끌어올려 물탱크에 저장하고 중력이나 전기모터를 이용해 분배하고 나면, 또다시 더 많은 펌프를 통해 각 가정에 물이 공급된다. 또 다른 사람들이 마시는 지표수는 흡입식 파이프를 통해 강과 호수에서 끌어오는 물이다. 지하수이건 지표수이건 관계없이 지역에서 공급하는 물은 염소 같은 소독제를 사용하여 처리한 후(프라이버그도 마찬가지이다) 여과하여 파이프를 통해 각 가정과 사무실, 공공기관으로 흘려보낸다.

나는 미국에서 어느 도시보다도 대규모의 수도 체계를 자랑하는 뉴욕 시에 살고 있다. 우리는 지표수를 마시지만, 엄밀히 말해 이 지역의 물을 마시는 것은 아니다(뉴욕 시에서 나는 것을 드시고자 노력 중인 분들에게는 죄송한 일이다). 뉴욕 시를 감싸고 있는 허드슨 강과 이스트 강의 물은 염분이 많고 더럽고, 샘과 개천은 이미 오래전에 사람들이 오염시킨 뒤 덮어버렸다. 뉴욕 시민 대부분의 유리잔을 채우고 있는 물은 허드슨 강 서쪽으로 1백 마일 이상 떨어진 곳에 있는 캣츠킬 산에 내렸던 눈이나 비이다.

"빗물 한 방울이 수돗물이 되기까지 모든 여정을 거치는 데는 약 1년 정도가 걸립니다."

처음 홀리스와 프라이버그를 찾은 지 몇 달이 지나고, 바람이 심하게 부는 어느 겨울날 만난 뉴욕 시 환경관리국의 에밀리 로이드Emily Lloyd 국장은 이렇게 말했다. 우리는 뉴욕 북쪽의 작은 마을에 있는 일급통제구역인 제어실에서 몇 시간째 뉴욕 시의 수도 체계에 관해 이야기를 나누고 있었다. 가끔씩 수자원관리국의 트럭이 지나가는 것 말고는 이 마을은 거의 버려진 것 같은 느낌이었다. 창문이 없는 방에서 국장과 한 젊은 기술자는 그들이 뉴욕 시의 가장 귀중한 자원을 어떻게 다루고 있는지를 설명해주었다. 그동안 나는 분수령을 표시하는 파란색과 녹색으로 된 지도를 보고 있었다. 풍선같이 생긴 저수지와 가느다랗게 연결된 관들을 보고 있으려니 반추동물의 소화기관이 떠올랐다. 이 시스템을 둘러싼 주요 통계들은—가장 큰 여섯 개의 저수지가 저장할 수 있는 물의 양, 수로의 길이에 관한 것들이다—어마어마해서 비현실적으로 느껴졌다. 마침내 밝은 햇빛 속으로 나와 졸졸 흐르는 에소푸스 크릭을 따라 드넓은 아쇼칸Ashokan 저수지로 향하려니 안심이 되었다.

　뒷배경을 이루고 있는 푸른빛의 산들과 앞쪽에 진을 치고 있는 보안 요원들은 아랑곳 않고, 우리는 이 거대한 저수지 가장자리에 있는 다리에 차를 세우고 4단짜리 방수로에서 어마어마한 물이 마치 웨딩 케이크처럼 굽이치며 떨어져서는 화강암으로 된 수로를 따라 흐르는 모습을 내려다보았다. 가장자리에 이는 물결이 차갑고 맑아 보였다. 인간의 이익을 위해 대규모로 자연을 다듬은 이 자리는 거대한 규모의 공공사업에 대해 사람들이 기대하는 모습 그대로 모든 것이 웅장하다(모두의 이익은 아니라 하더라도 이 저수지는 최소한 뉴욕 시의 선택받은 시민 8백만 명의 이익을 위한 것이다. 이 저수지 때문에 집과 농장, 사업체가 물에 잠긴 수천 명의 후손들은 이 공사를 그다지 좋아하지 않았고, 이 저수지를 짓기 위해 폭파, 굴착, 혹은 흙이나 바위를 운반하는 과정에서 죽은 인부 수백 명의 가족들도 마찬가지였다).

아쇼칸 저수지가 페리에의 수원지인 베르게즈나 폴란드 스프링의 수원지와 달리 뉴욕 시의 식수를 공급하는 진짜 원천은 아니라 하더라도, 이 이름은 1백 년도 더 오래전 도시 구상 단계에서부터 추진되고 확장되어온 이 대도시의 수도공사와, 3백 마일의 지하 및 지상 수로와 6천2백 마일의 수도관을 통해 매일 12억 갤런의 물을 운반하는, 파나마 운하에 견줄 만한 수준의 성공적인 토목공사를 떠올리게 한다. 이 저수지는 미국 최대 규모의 식수 체계일 뿐 아니라, 뉴욕 주나 시 공무원들, 전문 미식가 및 현지 후원자들의 말에 따르면 이 저수지의 물은 문명 세계에서 나오는 물 중 가장 맛있는 물에 속한다고 한다.

뉴욕 시 수돗물의 순도는 거의 신화적이다. 이것은 국가적인 자랑이고, 외국어로 된 여행 책자에도 크게 선전되고 있다. 뉴욕 시의 어떤 제빵업자들은 자신들의 빵 맛 비결로 수돗물의 광물 함유량과 맛을 꼽기도 한다. 이 수돗물은 뉴욕 베이글의 맛을 내는 과정을 보여주기 위해 스미스소니언 박물관까지 비행기로 운반되기도 했다. 뉴욕의 물은 질이 좋고 상수원도 아주 잘 보호되어 있어서 수돗물을 담당하고 있는 미국 환경보호국에서도 이 시에 대해서는 물을 여과하는 것을 의무화하지 않고 있다. 이는 뉴욕을 비롯하여 미국 대도시 중 보스턴, 샌프란시스코, 시애틀, 그리고 오레곤 주의 포틀랜드에서만 가능한 일이다. 뉴욕 시민들은 에소푸스 크릭과 델라웨어 주의 스코하리Schoharie, 네버싱크 강Neversink River에서 나와 시내의 여러 저수지로 공급된 물을 바로 마신다. 간단한 검수 과정만을 거친 이 물에는 박테리아를 죽이기 위한 약간의 염소, 불소(치아 보호용)와 오르토인산염(파이프 코팅 작용을 통해 금속 성분이 물에 용해되는 것을 방지), 수산

화나트륨(산성도 조절용)이 들어 있다.

　뉴욕 시의 물이 항상 맛있거나 풍부했던 것은 아니었다. 4세기 전 네덜란드 사람들이 맨해튼 섬의 남쪽 끝에 도착했을 때, 이들은 앨곤퀸Algonquin 인디언들이 안내해준 곳에 있는 개울과 샘물을 마셨다. 그러나 식민지가 커지면서 사람들과 가축들은 이 지역의 지표수를 더럽혔고, 물을 얻으려는 대담한 사람들은 새로운 수원지를 찾아 북쪽으로 갔다. 부유한 사람들은 개인용 우물을 팠지만, 우물에서 나오는 물은 맛도 없고 염분기가 많았다. 네덜란드인이 사는 동안 신선한 물은 가축과 요리에 사용되었다. 사람들은 맥주를 선호했고, 아이들을 포함한 모든 사람들이 물 대신 따뜻하게 데운 맥주를 마셨다.

　1666년 영국 출신의 한 신임 뉴욕 주지사가 시 최초의 공공우물을 팠지만 나무로 된 배수관을 통해 공급된 물에서는 짠맛이 났다. 이후 2세기 동안 우물물도 어느 정도 사용하기는 했지만, 이 식민지의 식수는 주로 이 지역에서 깨끗한 물이 많이 나오는 유일한 상수원이었던 콜렉트 연못Collect Pond의 물이었다. 나무가 울창한 언덕으로 둘러싸인 이 연못은 오늘날 브로드웨이가 된 지역 바로 동쪽에 있는 체임버스 가Chambers Street에서 커낼 가Canal Street까지의 70에이커 지역에 물을 공급했다. 도시가 커지면서 한때는 아름다웠던 콜렉트 연못에는 각종 오물과 동물의 사체, 무두질 공장과 도살장에서 나오는 폐기물들이 흘러들었다. 이를 참지 못한 공무원들은 마침내 이 연못과 근처 습지를 흙으로 메우고 그 자리에 파라다이스 스퀘어Paradise Square라는 이름의 동네를 건설했다. 슬프게도 이 '천국'은 지하수면 때문에 곧 가라앉아 악취를 풍기게 되었다. 사람들이 떠나면서 파라다이스 스퀘어는 도둑과 깡패들이 많고 지저분하기로 유명한 파이브 포인츠Five Points로 변모했다. 19세기 말 이 빈민가가 모두 철거되고 지방자치단체의 관공서들이 세워지면서, 오늘날 뉴욕 시민들로 하여금 이곳이 뉴욕 시의 식수 역사에서 중요한 곳이었음을 떠올리게 할 만한 것이라고는 '콜렉트 연못 공원Collect Pond Park' 이라고 쓴 꼬질꼬질한 작은 표지판이 세워진 마름모꼴의 버려진 아스팔트 공터뿐이다.

19세기에 뉴욕이 확장되면서 뉴욕 시의 물은 턱없이 부족했고, 그나마 있는 물도 사람들이 마시고 싶어 하지 않을 정도로 오염되어 있었다. 우물은 오염되었고 건물과 포장도로가 늘면서 빗물은 다시 대수층으로 흘러들지 못했다. 이때까지는 더 신선한 물을 찾아 우물을 더 깊이 파는 기술이 등장하지 않았다. 물이 없고 기압이 낮은 곳에서는 불이 나도 손을 쓸 수 없듯, 콜레라와 황열과 장티푸스가 자주 발병했다. 주민들은 해결책을 요구했다.

"찬물을 주세요! 우리에게 찬물을 주세요!"

콜레라가 휩쓸고 간 지역의 환자들은 이렇게 간청했다.

그러나 이런 요구에도 물 공급은 이루어지지 않았다. 수십 년간 시 개발 관계자들은 대안적 수원지를 찾아다녔고, 멀리 북쪽으로는 애디론댁 산맥에 있는 조지 호Lake George나 코네티컷 주의 후서토닉 강Housatonic River강까지 염두에 두면서 누가 그 운반 비용을 댈 것인가를 두고 논쟁을 벌였다. 1799년 주 의회에서는 에런 버Aaron Burr가 운영하는 맨해튼 컴퍼니Manhattan Company에 물 운반 시설들을 짓도록 고무했다. 사람들은 버가 브롱스 강Bronx River의 물을 끌어올 것으로 기대했지만, 그는 더 싼 방법을 선택했다. 더러워진 콜렉트 연못에 새 시추공을 뚫은 것이다. 22년이 넘는 기간 동안 맨해튼 컴퍼니에서는 고작 총 23마일의 파이프를 깔았다. 버는 2백만 달러가 넘는 자본금 가운데 남은 돈을 물 부족에 시달리던 도시에 물을 대는 것이 아니라 오늘날 J. P. 모건 체이스 J. P. Morgan Chase로 알려진 은행을 설립하는 데 썼다.

1820년대에 이르러서야 참다못한 공무원들이 웨스트체스터 카운티에 있는 크로톤 강의 물을 가두고, 거대한 수로를 통해 매일 9천만 갤런의 물을 맨해튼의 배수지로 보내기 시작했다. 1842년 10월 14일, 뉴욕 시에서는 퍼레이드와 38발의 축포, 전직 대통령들의 축사 속에 공식적으로 크로톤 상수도를 개통했다. 뉴욕 세이크리드 뮤직 소사이어티 New York Sacred Music Society에서 〈크로톤의 노래 The Croton Ode〉를 불렀고, 시청 공원의 분수에서는 크로톤 강의 깨끗한 물이 50피트 상공으로 솟아올랐다. 축제는 며칠간이나 계속되었다. 그 뒤에서 공무원들은 이미 맨해튼에 더 많은 물이 필요하다는 논의를 하고 있었다.

그 시점부터 뉴욕의 수도 체계는 뉴욕이 성장하는 만큼 함께 성장했다. 1890년 무렵에는 전문가들이 웨스트체스터 카운티에 새로운 수로와 저수지를 더 지었다. 물 공급이 늘면서 다섯 개의 구가 확장되었고, 하수도와 수세식 변기, 가정용 수도가 설치되면서 물 사용은 필연적으로 더욱 증가했다. 이 수요를 맞추기 위해 뉴욕 시는 1905년 캣츠킬로 눈을 돌려 처음에는 에소푸스 크릭의 물을, 그 후에는 론다웃 Rondout과 스코하리의 물을 가두게 되었다. 치열한 영토 분쟁을 벌이고 2,350명을 이주시키고 3,937개의 묘지를 이장하면서 아홉 개의 마을을 물에 잠기게 한 끝에 1928년 캣츠킬 수도 시설이 완성되었지만, 이미 시에서는 더 많은 물이 필요해진 상황이었다. 전문가들은 이번에는 캣츠킬 서쪽 끝에 있는 델라웨어 강과 네버싱크 강 지류의 물을 끌어왔다. 이 거대한 사업으로 13개 동네가 물에 잠기고 3,457명이 다른 곳으로 이주했다. 그러나 시는 물 공급을 두 배로 늘렸다.

이쯤 되자 아직도 뉴욕 시를 향한 분노로 들끓고 있는 뉴욕 인근의 도시들과 역시나 한 번도 본 적 없는 사람들을 위해 물을 포기해야 하는 프라이버그를 비교하고 싶은 생각이 들었다. 그러나 이 도시들은 거대 댐으로 인한 환경적, 사회적 파괴를 감수하는 동안 무언가 돌려받기라도 한다. 뉴욕 시 환경관리국에서는 이들 도시에 연간 1억 달러 이상의 재산세를 내고 있다. 또한 도로를 포장하고 오염 방지 계획을 짜고 하수처리 시설을 짓고 1천8백 명이 넘는 사람들에게 일자리를 제공한다. 아직까지 프라이버그에서는 그들의 물을 가져가는 회사로부터 이런 이익을 거의 얻지 못하고 있다.

오늘날 뉴욕 시의 수돗물은 거의 2천 제곱마일이 넘는 지역에 뻗어 있는 유역에서 나와 19개의 저수지와 3개의 조절용 호수를 채운다. 전문가들은 하루 24시간 내내 끊임없이 움직이는 전산화된 지도와 도표, 그래프를 나타내고 있는 브라운관에서 쏟아내는 빛에 둘러싸여 수도 체계를 드나드는 물의 흐름 하나하나와 수질 및 수량을 계속해서 체크한다. 이들은 시까지 물을 운반할 뿐 아니라, 물고기 보존(혹은 보는 시각에 따라서는 송어 부화 사업), '홍수 완화'(폭풍우에 대비할 수 있도록 저수지의 수위를 낮추는 작업), 수력 발전에 쓰는 물, 카약을 타는 사람들의 수, 뉴욕 주 페니키아Phoenicia 부근에서 출발하여 에소푸스 크릭을 따라 맥주를 마시면서 배로 두 시간 정도 유람을 하는 프로그램을 운영하는 회사들의 수 등을 고려하여 물을 적당히 분배하는 역할도 한다.

이 식수 체계의 미학적, 기술적 탁월함은—이 체계의 95퍼센트는 중력을 이용한다—시 공무원들을 점점 감성적으로 만드는 모양이다.

"이 시스템이 스스로 물을 다시 채우는 과정은 기적에 가깝습니다."

로이드 국장이 이렇게 말하는 동안 바람이 아쇼칸 저수지의 표면을 때리면서 그녀의 짙은 색 코트자락을 펄럭였다.

"관리만 잘 하면 이 시스템은 영원히 뉴욕에 식수를 공급하게 될 겁니다."

그렇지만 사람들이 이 물을 마시고 싶어 할까?

1월 어느 날 아침 퀸스의 조용한 길에서 버질리오 티글라오Virgilio Tiglao—친구들은 그를 티기Tiggy라고 부른다—는 환경관리국 소속 흰색 트럭의 뒷문을 열고 보도블록에서 자신의 가슴 높이까지 올라와 있는 은색 상자를 열었다. 그 안에는 고무관에 연결된 수도꼭지가 있다. 티기는 일주일 내내 시내 965개의 모니터링 지점을 돌면서 샘플을 모으는 일을 하는 15명 가운데 한 명이다. 그는 몇 개의 물병에 캣츠킬과 델라웨어에서 온 물을 채운 뒤 물의 전도성(용해 광물의 양을 측정하는 지표), 오르토인산염(농도에 따라 부식 방지 이외에도 식품 산미제酸味劑나 비료의 원료로 사용된다) 농도, 온도(온도가 높다는 것은 물이 고여 있음을 나타낸다), 그리고 염소 성분을 측정한다. 그의 상관들이 기대하는 염소 수치는 리터당 0.2~4밀리그램 정도이다.

유독물인 염소 가스를 운반하고 다루는 일의 위험성은 말할 것도 없고 염소의 맛이나 냄새를 좋아하는 사람은 아무도 없지만(리터당 1밀리그램이면 사람이 맡을 수 있을 정도가 된다), 지표수를 이용하는 식수 체계에서 염소는 필요악인 것 같다(염소 냄새를 없애기는 쉽다. 물을 하룻밤 정도 병에 담아두거나 물병 두 개를 가지고 열 번 정도 번갈아 부어주면 된다). 염소가 박테리아를 없애준다는 사실을 알기 전에는 사람들이 강이나 호수의 물을 마시고 병에 걸리는 일이 잦았다. 경제적 여유가 있는 사람들은 병에 담아 판매되는 지하수를 마셨고, 그럴 여유가 없는 사람들은 별로 질이 좋지 못한 물을 끓여 마시거나 싼 술을 마셨다. 1920년 염소를 널리 사용하게 되면서—이것은 공중 보건에서 가장 중요한 발전 중 하나였다—미국에서 천연생수 및 광천수 판매는 치명타를 입었지만, 60년 뒤 이 산업은 속물근성을 자극하는 전략을 활용하면서 재기의 발판을 마련했다.

측정을 마친 티기는 물 샘플을 몇 개 더 채취한 뒤 환경관리국 본부로 돌아갔다. 리고 공원Rego Park에 있는 이 어두운 사무실 건물 외벽은 철제 계단이 갑옷처럼 둘러쳐져 있고, 공무원들의 시끌벅적한 소리에 둘러싸여 있다. 6층에 도착한 그는 그날의 성과물을 화학자들과 미생물학자로 구성된 팀의 손에 넘긴다. 물에서 박테리아를 찾아내는 것은 이 미생물 실험실에서 할 일이다. 그리고 이들은 정말 박테리아를 찾아낸다—그 종류는 매우 다양한데 그중 종종 발견되는 대장균은 동물이나 인간의 장腸에서도 자주 검출된다. 대부분의 대장균은 무해하지만, 대장균이 존재한다는 것은 물 관리가 제대로 이루어지지 않는다는 뜻일 수도 있다. 그렇지만 염소가 제 기능을 다 한다면—물속의 침전물에 가로막히지 않고—이런 박테리아들은 죽거나 비활성화한다. 연방법에 의하면 샘플의 5퍼센트까지는 살아 있는 박테리아가 있어도 괜찮고, 뉴욕 시 물의 박테리아 비율은 0.1~0.2퍼센트를 유지하고 있다. 2004년에는 뉴욕의 수돗물에도 코파파드Copepod

라는 동물성 플랑크톤이 서식한다는 사실이 밝혀졌다. 신선한 물에서 주로 발견되는 이 플랑크톤은 인체에 무해하다. 탈무드를 따르는 학자들은 맹렬한 토론을 거친 후 그들의 유대인 추종자들에게—이들에게 지느러미나 비늘도 없이 기어 다니는 생명을 먹는 건 율법으로 금지되어 있다—코파파드를 걸러낼 필요는 없다는 결론을 내렸다. 그러나 그들이 어쩌됐든 물을 걸러 마시겠다면, 안식일에 물을 거르더라도 일하지 말라는 계명에는 어긋나지 않는다.

나는—다른 사람들도 분명 마찬가지였을 것이다—코파파드 이야기에 멈칫했다. 그러나 그렇게 오래가지는 않았다. 대부분의 뉴요커들은 속으로 물고기들이 자기 식대로 섹스를 하고 솔방울이 썩어 있는 물을 마시고 있다는 것을 알고 있다. 1백만 에이커에 달하는 유역이 무균 진공 상태에 존재할 수는 없다. 사람들은 저수지 근처에 기름이 줄줄 새는 차를 세우고, 화장실에서 내린 물은 정화조를 거쳐 지하수에 스며들고, 오리들은 내키는 대로 어디든지 무리지어 떠다닌다. 우리는 이런 물을 마시고 있다. 천연자원보호위원회NRDC: Natural Resources Defense Council의 식수 전문가 에릭 골드스타인Eric Goldstein 씨는 뉴욕 시의 물이 거의 천연상태 그대로라고 말한다. 식수의 수질에서 '천연상태'라는 말은 우리가 마시는 물에 핵폐기물이나 MTBE(가솔린용 첨가제), 로켓 연료나 매립지에서 흘러나오는 침출수 같은 것이 섞이지 않았다는 말이다. 땅은 스스로 오염원을 걸러내거나 중화시키고, 시간은 우리 편이다. 기억하시라. 물이 산에서부터 우리가 쓰는 수도꼭지까지 오는 데는 열두 달이라는 긴 시간이 걸린다.

미생물학자들이 자기 일을 하는 동안 화학자들은 티기가 가져온 샘플을 두고 칼슘, 마그네슘, 나트륨, 질산염, 염화물, 은, 아연 등의 성분 분석을 한다. 모든 물에는 비소나 철, 라돈같이 자연적으로 발생하는 오염원들이 있게 마련이다. 미국 환경보호국에서는 이런 성분들이 양이 적으면 '일반적으로' 해가 되지 않는다고 말한다. 약간의 금속 성분과 광물 성분은 물맛―혹은 마이클 마스카 씨가 말하는 '입에 닿는 느낌' ―을 좋게 하고 영양학적 가치도 있다. 어쨌든 수소와 산소가 아닌 모든 성분을 다 없애려고 하다가는 지방자치단체나 민영 수도 시설들은 다 망할 것이다.

화학자들과 미생물학자들이 규정치 이상의 오염원을 발견하면, 그들은 조사를 시작하고 때에 따라서는 물을 끓여 먹으라는 경보를 발령하기도 한다. 뉴욕의 수도 시설이 향상되기 전에는 물에 압력계나 마개에서 나오는 수은 성분이 들어가기도 했다. 수문과 방수로를 여는 기어에서 흘러나온 PCB(폴리염화비페닐) 기름이 검출된 적도 있다. 80년대 후반에는 대장균이 무더기로 발견된 적이 있는데, 알아보니 폭풍우에 저수지 한쪽 가장자리에 있던 창고 하나가 무너지면서 수년간 쌓인 새똥이 물에 쏟아져 들어온 것이었다. 이것이 물에 가라앉지 못하도록 하기 위해 창고를 고치고, 물에 넣는 염소의 양을 늘리고, 몇 마일에 걸쳐 저수지에 그물망을 치는 작업이 이루어졌다.

뉴욕 시의 보건을 책임지는 이 공기업 소속 차량을 타고 상수원 유역을 돌아다니자니 물맛이 왜 좋은지를 쉽게 알 수 있었다. 뉴욕 시 환경관리국은 철새들이 저수지에 앉지 못하도록 쫓아내고, 각 가정의 정화조를 정비해주고, 낙농장과 협력하여 비료 성분을 포함한 빗물이 강으로 흘러드는 양을 조절하고 개천 둑을 보호한다. 무엇보다 중요한 것은 땅을 포장해버리거나 오염시킬지 모르는 사람들의 손이 닿지 않도록 더 많은 땅을 사려고 계속 노력 중이라는 사실이다.

하지만 상수원을 전혀 관리하지 않고 있는 도시들, 상류에 있는 수백 개의 공장이며 농업 지대에 물을 대는 거대한 강물을 그대로 식수로 사용하는 도시들의 물은 어떨까? 그 최종 결과물을 마시는 것은 어떤 기분일까? 나는 캔자스시티를 방문해야겠다고 결심했다. 그곳은 '유후Yoo-Hoo' 초콜릿 음료 같은 색의 미주리 강물을 양질의 물로 바꾸어 각종 잡지에서 상을 받았고, 지역 사람들도 그 물을 사 먹고 있다.

모든 천연수는 테루아를 가지고 있지만 중서부의 물은 일반적으로 선호하는 것보다 그 맛이 좀 더 독특하다. 미주리 강이든 미시시피 강이든, 혹은 그 많고 많은 지류 중 어디서 퍼내건 간에 중부지방의 물은 대규모 농업, 가축 사육장, 에탄올 공장과 어쩌다 보니 전 세계를 먹여 살리게 된 각종 기업체들을 떠올리게 한다. 매 갤런의 물에 일종의 원대함이 서려 있다. 나는 캔자스시티에서 미주리 강물이 든 물 잔―수정처럼 투명하고 아무 냄새도 나지 않는―을 들고 열심히 일한 토목 전문가들과 화학자, 미생물학자들이 거수경례를 붙이며 빛나는 모습으로 늘어서 있는 모습을 상상해보았다.

캔자스시티 수자원공사The Kansas City Water Works는 시 북쪽에 있는 진흙투성이의 구불구불한 상수원에 딱 붙어 있다. 상공에서 보면 70에이커가 거의 물이다. 이 물은 순환 탱크와 콘크리트로 만든 인공 수로, 항공모함의 갑판도 덮을 수 있을 만큼 넓은 직사각형의 수조에 담겨 있다. 이 시설에서는 거대한 수도관을 통해 쓰레기 냄새와 비린내가 나는 미주리 강의 탁한 물을 빨아들인 뒤 지하 2층 깊이에 있는 수조에 네 시간 동안 저장한다. 관계자들은 침전물에서 발생하는 전기를 중화시키기 위해 물에 양이온 성분이 든 황산철과 고분자응집제cationic polymer를 넣는다. 부유물들이 한데 뭉쳐 가라앉는다. 물의 흐린 정도—혹은 혼탁도—가 1만 NTU(탁도를 측정하는 단위)에서 50까지 떨어지기 시작했다.

"지속적으로 침전물을 퍼내지 않으면 물탱크가 하루 만에 다 찰 겁니다."

1년에 두 번 있는 정기 외벽 세척을 받고 있는 빈 수조를 보는 동안, 이 시설을 관리하고 있는 땅딸막하게 생긴 토목 기사 마이크 클렌더Mike Klender 씨가 나에게 말했다.

이 물이 수로를 타고 1차 정수장을 떠나는 과정에서, 상류에서부터 내려온 모든 것으로 인한 불쾌한 맛과 악취를 중화하기 위해 과망간산칼륨이 첨가된다. 그리고 나서 염소와 암모니아를 섞은—클로라민이라고 부르는—살균 소독제를 첨가하고, 물을 부드럽게 하고 산성도를 높이기 위해 석회를 넣으면 입자들이 응고되어 가라앉는다. 이제 흰색에 가까운 회색이 된 물이 들어 있는 연화軟化 수조에서는 유기물과 화학 성분들이 반응하여 양털 덩어리같이 생긴 부유물 거품을 낸다. 이 부유물에는 세균과 박테리아가 들어 있다.

"부유물은 계속 커지다가 가라앉습니다."

클렌더 씨가 말했다. 그는 자신의 말을 한 번 더 곱씹어보고는 덧붙였다.

"우리는 결집이 순간적으로 활성화되게 만들려는 겁니다."

그 순간이 지나고 나면 물은 나무로 된 벽을 지나 조용히 2차 정수장이 있는 곳으로 흘러간다. 놀랍게도 이곳의 물은 갑자기 푸른색이 되어 있다. NTU 수치는 아직 0.1—연방기준을 만족하는—에 도달하지는 않았지만 점차 가까워지고 있다. 이렇게 무더운 날, 나는 3천만 갤런이나 되는 저 반짝이는 터키석 색 물에 뛰어들고 싶다는 충동을 참을 수가 없었다. 내가 보기에는 이 정도면 다 된 것 같은데 클렌더 씨는 아직 끝나지 않았단다. 2차 정수장에서 네 시간을 보낸 물은 근처 수조로 옮겨져 pH지수를 낮추기 위해(클렌더 씨는 pH지수가 높은 물은 맛이 좋지 않다고 했다) 이산화탄소를 넣는다. 계절에 따라서는 분말형 활성탄소를 넣는데 이것을 넣으면 파랗던 물 색이 일시적으로 검은색이 된다.

"탄소는 아트라진atrazine을 흡수합니다."

클렌더 씨가 설명해주었다.

매년 미국의 농부들은 밭에 제초제의 일종인 아트라진을 약 7천6백만 파운드 정도 뿌린다. 비가 오면 그중 상당량이 도랑과 하천으로 흘러들어가 중서부 거의 모든 주요 도시의 식수원을 오염시키고, 이런 제초제 화합물을 사용하지 않는 주의 우물물과 지하수까지도 오염시킨다. 학자들과 미국 지질조사소USGS: US Geological Survey가 함께 중서부 지역의 일부 하천을 대상으로 벌인 조사에서는 아트라진이 최대 224ppb까지 검출되었다. 마운틴 밸리 생수회사의 CEO 브렉 스피드Breck Speed는 생수 공장을 짓기 위한 상수원을 찾아 미주리 유역을 돌다—생수회사는 항상 확장할 궁리를 하는가 보다—결국 빈손으로 돌아갔다. 그가 테스트한 모든 지하수는 아트라진 성분을 포함하고 있었다.

아트라진은 잡초뿐 아니라 많은 것을 죽인다. 동물 실험 결과 연방기준—3ppb—보다 훨씬 낮은 정도의 아트라진도 기형 출산이나 생식기 관련 질환, 암을 유발한다(유럽연합의 아트라진 최대허용치는 미국보다 30배나 낮은 0.1ppb이다). 인체는 신장에서 아트라진을 걸러내고, 대부분의 사람들은 개구리들처럼 제초제가 들어간 물에서 헤엄치느라 많은 시간을 보내지 않는다. 그렇지만 태아는 분명 물속에 산다. 야생 상태에서나 실험실에서 동일하게 아트라진이 수컷 개구리의 정소 기능을 떨어뜨린다는 발견을 한 바 있는 버클리의 발달 내분비학자 타이론 헤이스Tyron Hayes 씨에게 그의 임신한 아내나 아이들에게 봄철에 중서부 지역에서 나오는 수돗물을 마시게 하겠느냐고 물어보자, 그는 이렇게 대답했다.

"왜 그런 위험을 무릅쓰겠습니까?"

도시에서는 어떻게 아트라진이 든 물을 공급하고도 걸리지 않을까? 간단하다. 수도 시설에서는 분기별 평균만 공지하게 되어 있다. 미국 환경보호국의 규제는 장기적 노출의 위험을 제한하는 데 초점을 맞추고 있다. 아트라진 수치는 유수량流水量이 많아지는 5월에서 8월 사이에 정점에 달하겠지만, 분기별로 평균을 내면 규정치에 맞을 수도 있다. 또 시에서 검사 시점을 예상 가능한 최대 검출 시기 전후로 잡을 수도 있다. 미시시피 강의 물을 그대로 쓰고 있는 뉴올리언스 상하수도 위원회New Orleans Sewerage and Water Board는 시민들에게 "수돗물 연간 평균치가 환경보호국에서 정한 최대허용기준을 만족하는 것으로 판명되었다"고 밝혔다. 반면 캔자스시티에서는 연간 평균은 말할 것도 없고 하루 평균치도 3ppb까지 올라간 적이 없다.

이것이 다가 아니다. 정부에서는 몸무게가 70킬로그램인 건강한 사람이 하루에 2리터의 물을 마시는 경우를 표준으로 삼아 대부분의 오염원에 대한 기준을 정하고 있다.

"물을 더 많이 마시면 더 많이 노출되는 겁니다. 나이가 어리거나 오염원에 약한 경우도 역시 위험이 더 크죠."

환경실무그룹Environmental Working Group이라는 환경단체에서 일하고 있는 제인 홀리한Jane Houlihan 씨의 말이다.

홀리한 씨는 환경보호국에서 식수에 대한 기준을 설정할 때는 오염원이 건강에 미치는 영향—그 오염원으로 인해 얼마나 많은 사람이 병을 얻게 될까—과 그 위험을 줄이기 위해 물을 정화하는 비용 사이의 균형을 함께 고려한다는 사실을 상기시켰다. 이와 대조적으로 과일과 야채에 대한 농약 규제는 오로지 건강만을 고려한다. 연방법은 환경보호국에 대해 오염원을 줄이는 비용이 그로 인한 이익(한 사람의 생명 가치를 6천1백만 달러로 보고, 사망은 열외로 한다)보다 크지 않다는 사실을 증명하도록 요구하고 있다. 만일 이 사실이 증명되면 법적인 제한이 더 많아질 것이다. 다시 말해 기준은 더욱 취약해질 것이다.

농업이 식수에 미치는 영향은 더욱 악화될 수밖에 없다. 2007년 에탄올 연료 열풍이 불면서 옥수수 가격이 오르자 농부들은 전년에 비해 생산량을 15퍼센트 늘려 9천만 에이커에 옥수수를 심었다. 이 옥수수를 기르는 데는 아마 전부 아트라진을 쓸 것이다. 유전자 변형된 이 교배종은 다른 어떤 작물보다 많은 비료가 든다. 비가 많이 오면 상업용 비료와 퇴비에서 나오는 여분의 질소와 인 성분은 어쩔 수 없이 지하수와 지표수에 휩쓸려갈 것이다. 보다 환경 친화적으로 차를 탈 수 있도록 고안된 연료—에탄올 연료 사용은 석유에 대한 의존을 줄인다—가 오히려 이런 식으로 물을 더욱 더럽게 만들 수도 있다.

이렇게 남아도는 영양분들은 전국의 저수지나 강에 있는 해조류의 성장을 촉진시킨다. 해조류가 죽으면 박테리아가 식물의 사체를 먹으면서 물속의 산소를 소모한다. 이런 무기無氣 상태로 인해 저수지의 수생 생물들이 죽는 바람에 미시시피 강이 흘러들어가는 멕시코 만에는 약 8천 제곱마일의 '죽음의 지역dead zone'이 생겨났다. 물속에 산소가

적으면 바닥에 침전물과 함께 가라앉아 있던 철과 망간 성분이 분리된다. 물의 맛과 냄새, 색깔은 빠른 시일 내에 바닥을 친다(전문 용어로는 '악취를 풍긴다'고 한다). 상황은 더욱 악화되어 죽은 해조류와 박테리아, 다른 유기물들이 처리공정을 거친 물속에 들어 있던 염소와 반응하여 식수에 발음하기조차 힘든 발암 물질을 만들어낸다. 이 소독 부산물—트리할로메탄trihalomethanes과 할로아세틱 애시드haloacetic acid—은 방광암과 자연 유산의 위험을 높인다. 뉴욕 같은 도시에서는 물속의 유기물이 증가하고 시설 관리자들이 더 많은 염소를 투입하는 여름 동안 소독 부산물 수치가 1.5~2배 높아진다.

클렌더 씨는 질소에 대해서는 걱정하지 않는다. 미주리 강은 수량이 풍부해 물을 마실 때쯤에는 질소가 희석된다고 한다. 그는 뭐든지 '다 감당할 수 있다'는 식이다. 그는 충분한 화학 성분과 기술만 있으면 어떤 것이든 처리할 수 있을 것 같았다. 다른 도시들의 상황은 그렇게 좋지 않다. 라쿤 강Racoon River과 데스 모인즈 강Des Moines River의 물을 마시는 데스 모인즈 시는 연방 정부의 기준을 따르기 위해 4천5백만 달러의 질소 분리 시설을 지어야 했다(이 시설의 운영에는 매일 3천 달러가 든다). 얕은 우물에서 나오는 물을 마시고, 최신 이온 교환 시스템을 설치할 돈도 없는 아이오와 주의 작은 마을들은 더욱 힘들다. 질산염 수치가 최고치에 이르면 이런 곳들에서는 '청색아blue baby' 경보를 발령한다(물속의 질산염 성분은 아기의 혈액에 들어 있는 헤모글로빈에 영향을 미쳐 산소를 뇌로 전달하는 기능을 방해한다. 성인의 경우 몸속에 질산염 수치가 높으면 갑상선 항진증, 기형아 출산, 자연 유산의 위험이 증가한다).

2007년 수확된 옥수수의 5분의 1이 도달하는 목적지인 에탄올 공장 자체도 물의 양과 질에 영향을 미칠 것이다. 이 대체연료 1갤런을 만드는 데는 약 4갤런의 물이 들어간다. 그렇다면 1년에 1억 갤런을 생산하는 공장에서는 4억 갤런의 물이 필요하다는 말이다. 아이오와 주의 수자원 관리자들은 이 주에 있는 27개의 에탄올 공장 대부분이 현재 주의 식수를 공급하고 있는 심층 대수층의 물을 끌어다 쓰려고 할까 걱정이다. 미국에서 세 번째로 옥수수를 많이 재배하는 네브라스카의 수자원 관리자들 역시 같은 걱정을 하고 있어서, 다른 용도로 쓸 물을 아끼기 위해 습지에서 갈대며 물을 빨아들이는 다른 식물들을 없애고 있다.

에탄올 연료를 만드는 쪽에서는 업계에서 사용하는 물의 절반 이상이 증발하거나 처리 과정을 거쳐 다시 하천으로 흘러간다고 말한다. 그러나 아이오와 환경위원회Iowa Environmental Council의 수자원사업 담당관인 수잔 히스코트Susan Heathcote 씨의 말에 따르면, 이런 공장에서 나오는 하수는 '소금물이나 마찬가지' 이다.

"그들은 역삼투압 방식—물을 고압으로 반투과성 막에 통과시키는—으로 물을 정화하고, 결국 황화물과 염소와 철 성분이 고농축된 상태의 물을 얻게 됩니다."

이 물이 충분히 큰 강의 물과 섞인다면 오염원들이 해를 끼치지 않겠지만, 많은 공장들이 물이 별로 많지 않은 작은 하천에 폐수를 방류한다.

클렌더 씨에게는 에탄올 사용이 옥수수 밭에서 더 많은 아트라진이 씻겨 내려오는 결과를 초래하는 경우에만 문제가 된다. 때에 따라 35ppb까지 올라가는 수치를 3ppb 이하로 낮추는 것이 그의 일이다. 사일로(silo, 저장고) 하나에 탄소를 채우는 데는 3만 6천 달러가 드는데

(탄소는 물에 있는 기름과 농약 성분을 없애는 데도 사용된다), 그는 매년 다섯 개의 사일로를 채운다. 그는 말한다.

"네. 우리에게 아트라진은 진짜 골칫거리입니다."

나는 탄소가 흘러들어가는 수조를 바라보았다.

"걸러낸 아트라진은 어떻게 하시나요?"

"다시 강에 버리죠."

그러고 나면, 이것은 분빌Boonville이라는 도시의 문제가 될 것이다.

공용 도로와 그리 무성하지 않은 숲이 침전 탱크와 나란히 평행선을 이루고 서 있다. 클렌더 씨가 이야기를 꺼냈다.

"한번은 탱크에 사슴이 들어간 적이 있습니다. 울타리를 넘어 들어간 거죠. 러스티Rusty—그는 농장에서 일한 경험도 있고, 최근에는 기다란 도구를 가지고 고기를 잡으러 다니는 덩치 큰 사내이다—가 올가미를 던져 녀석을 꺼냈죠."

물탱크를 청소해야 했냐는 나의 질문에 그는 '아니오'라고 대답했다.

클렌더 씨와 나를 따라다니던 콜린 뉴먼Colleen Newman 공보관도 또 다른 사례를 기억해냈다.

"차 한 대가 와서는 누군가 2차 정수장에 뭔가 작은 것을 던져 넣었습니다. 검사를 하는 동안 이틀간 정수장 운영을 멈추어야 했죠."

"그게 뭐였나요?"

"베이비 루스Baby Ruth 초코바였습니다."

그녀가 워낙 정색을 하고 말해서 수조에 들어간 베이비 루스 바를 똥으로 오해했던 영화 〈캐디색Caddyshack〉의 한 장면 같은 일을 말하는 것이냐고 물을 엄두도 나지 않았다.

이곳에서는 이 정도로 시설을 더럽히는 것에 대해서는 전전긍긍하지 않는다.

"시설을 오염시키려면 오염물을 바지선으로 몇 차례는 날라야 할 겁니다."

클렌더 씨의 말이다. 아침에 도착했을 때도 보안요원이 나를 막았었다. 내가 이름을 말하고 나서야 그는 플라스틱 장애물을 치워 차가 지나갈 길을 만들어주었다.

마지막 정수장에서는 아트라진 제거가 끝난 물에 불소를 첨가하고, 탄산칼슘이 걸러질 수 있을 만큼 응집되도록 고분자를 한 번 더 넣는다. 그 다음으로 반응 속도를 늦추기 위해 나트륨 화합물을 넣는다. 클렌더 씨는 납이나 다른 금속 성분이 물속에 녹아드는 것을 예방하는 차원에서 배수관을 코팅하도록 이 용액에 석회를 조금 넣는다. 그리고 나서 필터 갤러리filter gallery라는 거창한 이름의 층으로 흘러든 캔자스시티의 식수는 이곳에서 천천히 42인치의 자갈과 토페도torpedo 모래층을 통과하고, 모래 성분만 다시 거른 후 수백만 갤런 들이의 지하 저수지로 들어간다. 물이 시야에서 사라지려는 참이었으므로 나는 필터 쪽을 유심히 바라보았다. 내 눈에 보이지는 않지만, 모래 위에 쌓인 미생물과 다른 부스러기들은 수년 전 슈무츠데케Schmutzdecke—'오물 덮개'라는 뜻의 독일어이다—라고 불렸던 두꺼운 층을 형성한다. 역 겹게 들릴 수도 있지만, 이 과정은 여과가 제대로 이루어지기 위해 필수적이다. 나는 이 시설이 여과 과정이 매우 집약적으로 이루어진다는 것만 빼고는 자연적 정화 과정을 그대로 모방하고 있다는 사실을 알아차렸다. 이 방식은 메인 주의 프라이버그 등지에서 빙하 작용으로 만들어진 자갈모래층이 하는 역할과 같은 생태적 방식이다.

소독 성분인 클로라민의 소독력이 최대치에 이를 수 있도록 지하 저수지에서 4~8시간을 보낸 뒤, 클렌더 씨의 물은 남북으로 40마일 떨어진 곳에 사는 미주리 주 주민들에게까지 운반된다.

나는 안내자들에게 작별을 고하기 전 (비가 오지 않는) 캔자스시티에서 아마도 가장 신선한 물을 제공하고 있는 시설 내부의 식수대에서 재빨리 물 한 모금을 마셨다. 나는 미주리 강의 물을 깨끗하게 하기 위해 이 시설이 감당하는 모든 문제에 대해 생각해보았고, 그중 하지 않아도 될 뻔했을—토지 계획을 더 잘 세우고, 농사를 좀 더 잘 짓고, 관리와 단속을 좀 더 자주 했더라면—일이 얼마나 많은지 떠올려보았다. 결국 나쁜 것들이 물에 들어오지만 않았더라면 그것들을 제거할 필요도 없었을 것이다.

가는 길에 마실 물을 채우면서 한때는 너무나 단순하고 자연스러웠던 물 마시는 일이 이제는 그렇지 않구나 하는 생각이 들었다. 이 가장 기본적인 마실 거리에 대해 내가 가지고 있던 생각들은 모두 이상한 것이 되어가고 있었다. 곧 그런 생각들은 모두 뒤집힐 것이다.

뒷맛

뒷맛

미국 환경보호국은 공공 식수가 공급되는 미국의 거의 대부분 지역에 매년 소비자 신뢰 보고서 혹은 '알 권리' 보고서를 펴내도록 요구하고 있다. 이 보고서들은 온통 미생물 지표와 최대허용치, 목표에 관한 각종 전문 용어로 되어 있어 정부의 정책 결정에 대한 이해—그리고 탁월한 시야—없이는 모든 일이 당연히 다 잘 되고 있다고 생각하게 만든다. 어쨌거나 미국 내 약 5만 3천 개에 달하는 공공 수도 체계 중 89.3퍼센트가 보건안전에 관한 연방 기준을 만족하고 있다. 지난 15년간 미국에서는 수인성 질병이 대량으로 발생한 적도 없고, 미국 어디를 가더라도 곧 화장실로 달려가야 하는 것이 아닐까 하는 걱정 없이 수도꼭지를 틀어 물을 마실 수 있었다.

이 사실에 대해 상수도 시설 관리자들에게 감사해 할 법도 하건만, 그들은 그렇게 존경 받지 못한다. 그들은 수원지의 물에 모든 것을 걸고 있지만 일을 잘해도 알아주는 사람은 별로 없다. 그들이 뉴스에 나온다면 그건 뭔가 아주 크게 잘못되었기 때문이다. 마이크 클렌더 씨가 유출된 석유, 산업폐수, 농약 성분이 들어간 빗물, 동물의 오물, 하수처리장을 거치거나 그냥 버려지는 하수들(매년 하수처리장에서 미처 처리하지 못한 하수 8천5백억 갤런 이상이 미국의 강으로 흘러든다)을 좋은 물로 만드는 일은 말로는 쉽다. 그러나 이 일은 그렇게 간단하지 않아서 많은 시설에서 어려움을 겪고 있다.

1993년 워싱턴과 뉴욕의 상수원에서 허용치를 훨씬 넘는 대장균이 검출된 적이 있다. 2002년 미국 환경보호국은 이런 돌발 상황으로부터 사람들을 보호하기 위해 여과되지 않은 지표수를 마시는 모든 도시에 소독 방식을 이중으로 늘리도록 지시했다. 일부 도시에서는 강산화제인 오존 처리를 통해 병원균을 죽이는 방식을 선택했다. 또 다른 도시들은 자외선을 방출하는 램프 사이로 물을 통과시키는 방식을 택하기로 결정했다. 두 방식 모두 여과하는 것보다 훨씬 비용이 적게 든다. 뉴욕 시가 2010년 자외선 처리 시설을 완공하면, 그것은 세계 최대 규모가 될 것이다.

"이중으로 접근하는 방식이죠."

뉴욕과 뉴저지를 포함한 지역을 담당하고 있는 환경보호국 행정관 앨런 스테인버그Alan Steinberg 씨의 말이다. 퀸스에 있는 뉴욕 환경관리국 본부를 방문했을 때 스티븐 스킨들러Steven Schindler 씨는 자외선이 와포자충cryptosporidium을 '비활성화' 한다고 말했다. 질병을 유발하는 동물성 기생균인 와포자충은 염소에 내성을 지니고 있다.

"와포자충을 죽인다는 말씀이세요?"

스킨들러 씨는 대답을 망설였다.

"번식 능력을 파괴하는 거죠."

죽이는 것이든 번식을 못하게 하는 것이든 손해날 것은 없다.

질병통제예방센터Centers for Disease Control and Prevention에 따르면, 와포자충은 미국의 지표수 65~97퍼센트에서 발생한다. 1993년에는 농장과 숲에서 발생한 이 병원균이 미시간 호에 흘러들어 밀워키의 상수도로 번지면서 40만 명이 넘는 사람들이 병에 걸리고 69명이 목숨을 잃었다. 이때부터 밀워키에서는 정수 및 검사 공정을 강화하고 오존 살균 과정을 추가했다. 조사에 따르면 뉴욕의 와포자충은 인분人糞이 아니라 사슴이나 주머니쥐, 스컹크에서 발생한다고 한다. 희한하기는 하지만 안심이 된다.

자외선을 사용함으로써 상수도 시설에서는 유기물과 반응하여 소독 부산물을 발생시키는 염소 사용을 줄이게 되었다. 도시들은 저마다 딱 맞는 염소의 양을 찾기 위해 고심하고 있다. 염소를 너무 적게 사용하면 미생물이 다 죽지 않는다. 그렇다고 너무 많이 사용하면 발암 가능 물질이 생긴다.

"소독제는 미생물로 인한 위험을 줄여줍니다. 결국 전염병이 가장 큰 걱정거리니까요."

환경 역학자疫學者이자 《푸른 죽음: 질병과 재앙, 그리고 우리가 마시는 물The Blue Death: Disease, Disaster, and the Water We Drink》의 저자인 로버트 모리스Robert D. Morris 씨의 말이다. 소독제가 식수 체계를 보호할 수도, 도리어 공격할 수도 있다는 말이다.

"20~30년 후에 사람들이 암에 걸려도 아무도 수자원 담당 부서를 원망하지는 않을 겁니다. 그래서 수자원 관리자들은 소독 부산물을 낮추는 내용의 새로운 법안에 별 관심을 보이지 않죠." (NSF/ANSI-42

인증(국가위생국National Sanitiation Foundation에서 정한 음용수 처리 장치에 대한 인증)을 획득한 다른 제품과 마찬가지로 브리타Brita 여과기는 사실 염소 부산물 중 일부를 줄이기는 하겠지만 어느 것도 없어지는 않는다. 브리타는 클로락스 사(Clorox Company, 염소계 표백제 등을 만드는 가정용품 제조사)의 소유이다.)

캔자스시티를 포함한 미국의 수도 시설 3분의 1 가까이가 염소를 버리고 대신 클로라민이라고 알려진 염소–암모니아 화합물을 사용하고 있다. 그러나 이 화합물에도 부작용이 있다. 일단 클로라민은 염소만큼 소독력이 강하지 않다. 2004년부터 염소 대신 클로라민을 사용하기 시작한 워싱턴에서는 파이프에 끼는 찌꺼기와 침전물을 없애기 위해 매년 예전 방식대로 '염소 소독'을 병행하고 있다. 예상대로 염소의 양이 늘면서 소독 부산물 수치는 도리어 높아졌다. 시설 관계자들은 포토맥 강Potomac River에서 흘러오는 워싱턴의 물은 연간 평균 기준치를 유지하고 있기 때문에 여전히 환경보호국의 안전 기준을 만족하고 있다는 입장을 고수한다.

두 번째로, 일부 연구에서는 클로라민이 그 나름의 유독성 부산물을 만드는데 아직 정확히 밝혀진 것이 없을 뿐이라는 주장을 제기한다. 2004년 한 연구팀에서 보고한 유독성 부산물은 포유류의 세포에 영향을 주는 다른 어떤 소독 부산물보다 더욱 독성이 강했다. 샌프란시스코 근처의 일부 주민들은 클로라민 처리된 물로 샤워를 한 후 붉은 발진과 천식이 생겼다고 호소하기도 했다. 아직 그 직접적인 인과관계가 밝혀지지는 않았으며 여전히 조사가 진행 중이다. 세 번째로, 클로라민은 물을 부식성으로 만들어 오래된 배수관과 연결관에서 납 성분이 녹아들게 한다. 납을 섭취하게 되면 심각한 신체 장애 및 발달

장애를 초래할 수 있다. 아이들의 경우 학습 장애나 행동 장애를 겪을 수 있고, 성인들은 신장 관련 질환이나 고혈압에 걸릴 수 있다. 최근 한 연구에서는 신생아기의 체내 납 수치가 높으면 자라서 폭력적 범죄를 저지를 확률이 높다는 결과를 발표하기도 했다.

워싱턴에서는 클로라민으로 바꾸고 난 뒤 수십만의 주민들이 3백 ppb의 납에 노출되었다. 상수도 시설에서 완화책을 펴야 하는 기준이 되는 환경보호국의 '한계 수준'은 15ppb이다. 정부 관계자, 학자, 혹은 수질 보호 운동가 등 이 지역의 수질 전문가들과 이야기할 때마다 나는 그들에게 무엇을 마시는지를 묻는다. 답은 언제나 수돗물이다. 그들은 항상 수돗물을 그대로 마시거나 수도꼭지에 연결된 정수기 물을 마신다.

시애틀과 샌프란시스코, 오리건 주의 포틀랜드는 자체 수원지를 가지고 있다. 다시 말해 이 도시들의 수원지는 전반적으로 개발업자나 공장들로부터 보호되고 있다는 뜻이다. 그러나 대장균성 박테리아들—동물이나 사람에게서 나오는—은 여전히 물에 흘러든다. 그것이 자연이다. 뉴욕에서는 시에 흘러드는 물의 수원지 중 50퍼센트도 채 통제하지 못하고 있고(보스턴은 겨우 50퍼센트가 넘는다) 약 1백 개의 하수처리장이 상수원의 저수지와 연결되어 있는 하천에 폐수를 버린다. 이런 현상은 사람들이 생각하는 것보다 훨씬 빈번하게 일어난다. 라스베이거스를 포함하여 2백 개가 넘는 지방자치단체에서 수십억 갤런의 하수를 버리는 콜로라도 강은 샌디에이고를 비롯한 다른 도시의 식수원이 되고 있다. 사람들은 미주리 강과 미시시피 강물을 마시면서도 폐수를 다시 그 강에 흘려보낸다. 거대한 미시시피 강 하류에 있는 뉴올리언즈에서는 미국 도시 인구의 절반 가량이 흘려보내는 하수를 마시는 셈이다. 그러나 이 하수는 일단 하수처리장에서 여과 및 소독 과정을 거치고 강물에 희석된 후 식수 공정 시설로 들어가 다시 한 번 처리 공정을 거친 뒤에야 수도꼭지까지 도달한다.

뉴욕 시는 수원지에 있는 하수처리장을 최첨단의 '제3' 처리장으로 만들려고 노력하고 있지만, 그 가운데 24개 이상이 아직도 부차적인 '차선' 역할밖에 하지 못하고 있다. 스티븐 스킨들러 씨의 말로는 더 선진화된 시설에서 처리되는 하수의 경우 "안내하던 시설 운영자가 그 물을 바로 마시더라는 이야기도 들어보았다"고 한다.

천연자원보호위원회의 에릭 골드스타인 씨는 이 말에 깜짝 놀라며 말했다.

"하수치고는 굉장히 깨끗한 건 사실이지만, 미치지 않고서는 그럴 수 없을 텐데요."

맨해튼에 있는 사무실에서 만난 그는 책상 위에 어질러진 보고서와 끄적여둔 노트, 신문기사 스크랩과 메모 사이에 숨어 있다시피 한 모습이었다.

골드스타인 씨는 나에게 이 시의 물이 몇 달 동안이나 고여 있고 엄청나게 희석된다는 사실을 상기시켰다. 진짜로 나도 그의 말을 믿고 싶었다. 그는 벌떡 일어나서는 두꺼운 책 한 권을 집어 들었다.

"여기 있네요."

그는 페이지를 넘겨가며 말했다.

"매일 1,050만 갤런의 하수가 수도 체계로 흘러든답니다."

많은 양처럼 들리지만(올림픽 경기용 수영장 약 16개를 채울 수 있는 양이다), 저수장에는 약 5천5백억 갤런의 물을 담아두고 있고, 시에서는 하루에 그중 12억 갤런을 쓴다. 다시 말해 하수와 깨끗한 물의 비율은 달라지지 않는다는 말이다.

문제는 배수관으로 슬며시 비집고 들어오는 이 하수를 처리하기 위해서는 염소를 써야 한다는 점이다. 그러나 저수장에 침전물이 쌓이다 보면 소독 작용을 막을 수도 있다. 침전물은 질병을 일으키는 유기체들의 먹이가 되기도 한다. 일반적으로 물의 탁도가 높으면 물을 마시는 사람들이 위장 질환에 걸릴 위험이 높아진다. 뉴욕에서는 수십 년 전부터 이런 문제가 발생하기 시작했다. 개발업자들이 캣츠킬 인근을 개간하고 지표면을 포장하고 도로를 건설하면서 저수장으로 흘러드는 개울과 하천에 침전물이 부식되어 쌓이는 속도가 더 빨라졌다. 기후 변화로 인해 강력한 태풍이 잦아지면서 물은 더욱 탁해졌다.

환경보호국에서는 어느 달에 채취한 샘플이건 95퍼센트의 신뢰도로 탁도가 1NTU를 넘지 않아야 한다고 말하지만, 몇몇 연구자들은 기준치가 너무 높다고 말한다. 사람들은 탁도가 훨씬 낮은 물에서도 병을 얻는다는 것이다. 90년대 초반 필라델피아에서 진행된 한 연구에서는 시에서 공급하는 여과수의 탁도가 (현 연방 정부의 기준을 만족하는 선에서) 유의미하게 증가할 경우, 위장 질환으로 응급실을 찾거나 병원에 입원하는 어린이가 10퍼센트 가까이 증가한다는 결과가 나왔다. 또한 탁도가 정점에 달하고 열흘 정도가 지나면 위장 질환으로 병원에 입원하는 노인층이 9퍼센트 증가했다.

각 시에서는 미립자 수치가 증가하는 데 대한 대응으로 물에 황산 알루미늄이나 명반을 뿌린다. 이것은 입자를 응집시켜 가라앉히는 작용을 한다. 그러나 명반은 만병통치약이 아니다. 명반을 많이 사용하면 물이 산성화되고, 이렇게 산성화된 물은 배수관을 부식시킬 수 있다. 지난 몇 년 간 뉴욕 시의 웨스트체스터 카운티에 있는 켄시코Kensico

저수장 바닥에는 명반이 너무 많이 쌓여서 이제는 수생 생물들을 질식시키고 있다. 뉴욕 시는 환경보호국에서 여과 면제 승인을 갱신해 줄 것인지를 두고 지난 몇 달을 초조하게 보냈다(뉴욕은 지난 5년간 무사히 승인을 받았다). 시 환경관리국에서 이 침전물들을 처리하지 못할 경우—아마도 댐과 둑을 새롭게 정비하여 물이 고여 있는 시간을 늘리는 등의 방법으로—뉴욕 시는 풋볼 경기장 15개가 들어가고도 남을 거대한 규모의 여과 시설을 지어야 할 것이다.

캣츠킬과 델라웨어에서 흘러오는 물을 여과하게 되면 뉴요커들의 물에 대한 자신감은 크게 손상되겠지만, 수원지를 둘러싼 환경법 전반을 담당하고 있는 뉴욕 주 부장검사인 제임스 티어니James Tierney 씨는 그 경제적 효과가 '폭발적으로 상승하게 될 것'이라고 말한다. 이 시설을 짓는 데만 60억 달러 이상이 들고, 직원 운영과 시설 운영 및 관리, 채무금 상환에 드는 돈만 연간 1백억 달러에 달할 것이다. 환경보호국은 뉴욕 시의 상수원 보호 계획을 검토하고 주민들의 의견을 들은 후 면제 승인을 내주었다. 시 감사관은 분명 '휴' 하고 한숨을 내쉬었으리라.

염소가 대장균에 치명적 영향을 미친다는 내용으로 뉴욕의 수도 체계에 관한 글을 하나 기고한 뒤, 나는 캘리포니아에 있는 한 남자로부터 긴 음성 메시지를 받았다. 프랭크 페카리치Frank Pecarich 씨였다. 그의 요점은 염소가 모든 박테리아를 죽이지는 못한다는 것이다. 그는 0157:H7이라는 이름의 치명적 대장균 변종이 가장 엄격한 하수처리 과정에서도 살아남았고 표준 검출에서도 발견되지 않았다고 보고한 미국 농무부 산하 농업연구소Agricultural Research Service의 연구 결과를 알려주었다.

"이 대장균은 잠복기를 가지도록 진화했습니다."

페카리치 씨는 통화하는 동안 이렇게 말했다. 그는 전직 미국 농무부 소속 토양학자로 은퇴 후에는 캘리포니아 주의 몬터레이 카운티Monterey County에서 주로 이루어지고 있는, 정수 처리된 하수를 농업에 사용하는 방식에 반대하는 일에 전력을 쏟고 있다.

"그것들은 파이프에 세균막을 형성합니다. 이 대장균은 물속의 박테리아를 먹고 계속해서 더욱 강해지죠."

'세균막biofilm'이라는 말을 처음 만들어낸 서던캘리포니아 대학교University of Southern California의 미생물학자 빌 코스터턴Bill Costerton은 이것을 공생하면서 끈적한 점액을 분비하여 표면(체내 삽입관, 흙 분자, 배수관 파이프 등의)에 붙어 있는, 정교하게 구조화된 박테리아 세포의 조직으로 묘사하고 있다.

페카리치 씨는 소의 반추위에서 자라는 0157:H7 균이 병을 일으키는 데는 10개체 정도면 충분하다고 말한다. 이 변종이 분비하는 베로톡신verotoxin이라는 강력한 독은 출혈을 동반한 설사, 신장 기능 장애를 일으키고 심할 경우 사망에까지 이르게 한다. 제3 하수처리까지 거친 물은 99.7퍼센트 정도까지 정화되지만 페카리치 씨는 "병원균의 수가 워낙 많아서 0.3퍼센트만으로도 사람이 죽음에 이를 수 있다"고 말한다. 병약한 경우에 해당하는 사람들, 즉 아이, 노인, 혹은 면역 체계 이상이 있는 사람들이라면 말이다. 2000년 5월 캐나다 온타리오 주 워커턴Walkerton에서는 약 2천 명이 지역에서 공급되는 물을 마시고 0157:H7 균에 감염되어 그 가운데 일곱 명이 사망했다. 2006년에는 정수 처리된 하수를 이용하여 경작한 시금치를 통해 미국 전역에 0157:H7 균이 퍼지면서 최소 세 명 이상이 죽고 2백 명 이상이 병에 걸렸다. 또한 같은 해에 타코 벨(Taco Bell, 패스트푸드 체인점)에서 음식을 먹은 뒤 150명 이상이 이 병균에 감염되기도 했다.

페카리치 씨의 전화를 끊고 나서 나는 소에서 소비자까지, 변기 물에서 수돗물까지의 흐름을 머릿속에 그려보았다. 곡물을 먹고 자라는 소의 창자 속에서 0157:H7 균이 자란다(대부분의 박테리아는 소의 위산에 있는 산 성분에 의해 죽지만, 이 0157:H7 변종은 강산에도 살아남는다. 소에게 자연식인 건초와 꼴을 먹이면 이 병원균의 발생률이 현저하게 떨어진다). 이 병균은 도살장을 거쳐 햄버거까지 도달한다(1993년 잭 인 더 박스Jack in the Box라는 햄버거 체인점에서는 오염된 고기를 먹고 7백 명 이상이 병에 걸리고 어린이 네 명이 죽었다. 2007년 톱스 정육회사Topps Meat Company는 0157:H7에 감염된 이 회사의 햄버거용 고기를 먹고 8개 주에서 40명이 병에 걸린 뒤, 간 쇠고기 2,170만 파운드를 전량 회수하기도 했다). 병에 걸린 사람들이 화장실을 이용하면 이 병원균은 다시 하수처리 시설로 흘러들어간다. 그곳에서 정수처리된 물은 관개용 배수관으로 들어가 울창한 자연으로 돌아간다. 그렇지 않으면 시의 식수용 상수도 시설로 가게 될 수도 있다.

막말로 물이 똥만큼 더럽다고 치자. 그렇더라도 나는 그 사실에 적당히 타협해야 할 것이다(그렇지만 곡물을 먹인 소와는 아마도 그럴 수 없을 것 같다). 나는 그다지 위험군에 속하는 편도 아니고, 물속에 있는 박테리아의 수도 극히 적고 다 죽어 있으니 말이다(0157:H7 균은 예외일 수도 있다). 하지만 중금속처럼 수돗물에서 늘 검출되는 다른 오염원들은 어떻게 해야 할까?

비소는 잘 알려진 발암성 물질이다. 이 금속 성분에 대한 미국 환경보호국의 목표치는 0ppb이지만, 식수에 대한 지금의 관리 체계에서 이 목표를 달성하기는 요원해 보인다. 이 기준은 실현될 수가 없다. 오늘날 비소 최대허용치는 10ppb이지만, 5천6백만이 넘는 미국인들이 이 허용치를 넘긴 물을 마시고 있다. 비소는 바위나 흙 속에서 자연적으로 발생한 침전물에서 물로 녹아든다(기억하시라. 물은 무엇이든 용해시킨다. 물이 어디로 흐르든지 주변에 있는 것들—금속 성분이나 광물—을 녹인다). 공장이나 농지에서도 비소가 나온다(비소는 가금류의 먹이를 구성하는 성분 가운데 하나이다). 이 성분은 목재 방부제나 페인트, 염색제, 금속, 약, 비누, 반도체에도 사용된다. 이것들은 모두 주기적으로 매립지에 묻히고, 여기서 또다시 비소에 오염된 침출수가 발생한다. 비소는 또한 비료와 곰팡이 제거제, 살충제, 쥐약의 원료가 되어 곧바로 지하수를 오염시킨다.

비소는 물에 녹으면 아무 향이나 맛도 나지 않기 때문에, 물에 비소가 들어 있는지 알아볼 수 있는 방법은 검사를 해보는 것밖에 없다. 아니면 비소 섭취로 인한 결과를 기다리는 방법도 있다. 비소를 다량 섭취하면 단기적으로는 피부 농화 및 변색, 복통, 메스꺼움, 구토, 설사를 일으킨다. 장기적으로는 손발에 감각이 없어지고, 부분적으로 마비를 일으키거나 실명을 초래할 수도 있다. 비소는 방광암, 폐암, 피부암, 신장암, 비강암, 간암, 전립선암 등과도 연관이 있는 것으로 나타났다. 이 물질은 고의적인 독살을 다루는 문학에도 독보적으로 자주 등장한다. 2온스가 채 안 되는 비소만 있어도 70킬로그램의 사람 한 명을 죽일 수 있다. 2×6×12피트 규모의 상자에 압축시킨 비소를 태워 그 재를 사람들에게 뿌리면 성인 2백 명을 죽이고도 남는다.

위험한 정도의 비소에 노출되었는지를 어떻게 아느냐고? 그것은 차라리 쉽다. 머리카락이나 손톱, 발톱 샘플을 채취하여 실험실에 가져다주는 것이다. 그렇지만 그런다고 무엇이 달라지겠는가? 그런 검사는 당신이 암에 걸렸는지를 말해주지도 않고, 이미 비소에 노출되었다고 해도 그저 병세를 완화시키는 정도만 가능할 뿐 치료법은 없다.

2006년 1월 미국 환경보호국은 비소 기준을 50ppb에서 10ppb로 낮추었다(올림픽 경기용 수영장에 잉크를 열 방울 떨어뜨리거나 40피트짜리 사일로에 옥수수 열 알을 넣는 정도라고 생각하면 된다). 이 기준을 초과한 지역 수도 시설과 개인 우물은 폐쇄되었다. 오염원을 없앨 수 없는 곳에 대해서는 수원지를 바꾸거나, 다른 곳에서 물을 운반해 오거나, 주민들에게 생수를 공급하라는 지시가 내려졌다. 개인 우물의 물을 마시는 사람들은 물론 수질을 검사하는 일(얼마나 많은 검사를 하는가에 따라 비용이 1백 달러 이상 들기도 한다)에서부터 그 결과에 따라 조치를 취하기까지 모든 책임을 자신이 져야 한다.

물에서 비소를 제거할 수는 있다. 자연여과 방식(브리타Brita나 퓌르PUR 같은)으로는 안 되지만, 미국 NSF(공공 보건과 안전에 관한 기준 및 검증 방식을 개발하는 비영리기구)의 인증을 받은 역삼투압 필터로는 이 금속 성분을 제거할 수 있다는 주장이 있지만 아직 확실하지는 않다. 가능성이 보이는 또 다른 방법이 있기는 하지만 아마도 시 수도 시설 단위로 사용이 확대되지는 않을 것이다. 바로 프테리스 비타타Pteris Vittata를 이용하는 방법이다. 흙이나 물에서 자라는 양치류의 일종인 이 식물이 뿌리를 통해 비소 성분을 빨아들여 잎에 저장한다는 발표가 이어지고 있다. 그렇지만 독을 머금은 이 잎은 어떻게 처리할 것인가?

양치류에 관한 특허를 가지고 버지니아 주를 기반으로 상업적 판매를 하고 있는 에덴스페이스Edenspace 사에서는 이 잎을 진공 용기에 밀봉하거나 유해 폐기물 처리 시설에 버려야 한다고 말한다. 우리가 바랄 수 있는 것이라고는 오로지 이 시설에서 지하수나 우물로 유해 성분이 흘러들지 않는 것뿐이다.

모든 사람이 연방 정부에서 정한 비소 기준에 만족하는 것은 아니지만 그래도 비소에 대해서는 최소한 기준이라도 있다. 로켓 연료의 원료로도 쓰이는 과염소산염perchlorate이 건강에 미치는 영향을 둘러싼 논쟁은 매우 정치적이어서, 환경보호국에서는 아직 식수에 들어 있는 이 화학물질에 대한 허용기준조차 정하지 못했다. 그러나 이것은 분명 존재한다.

과염소산염은 주로 미국 국방부Department of Defense가 무기와 로켓 연료를 만드는 지역에서 발생하여 1천1백만에서 2천만 명이 이용하는 물의 수원지를 오염시키고 있다. 네바다 주의 헨더슨Henderson 지역에 있는 커맥기Kerr-McGee 사 공장에서는 1998년 생산이 중단되기 전까지 매달 3만 톤의 화학약품을 생산했다. 콜로라도 강에서 과염소산염이 검출되고 나서 이 회사는 1억 달러짜리 정화 프로그램을 출범했다. 이 프로그램은 2005년 4월까지 펌프와 여과기를 사용해 지하수에서 3백만 파운드가 넘는 과염소산염을 제거했지만, 이 화학물질은 아직도 매일 강물에 유입되어 네바다, 애리조나, 캘리포니아 주민들의 식수를 오염시키고 있다.

"이것은 그야말로 물 사업 사상 가장 심각한 오염 문제 가운데 하나입니다."

이 정화 프로그램에 참여하고 있던 남부 캘리포니아 대도시수자원
지구Metropolitan Water District of Southern California의 티모시 브릭Timothy Brick 씨가
〈하이 컨트리 뉴스Hi Country News〉와 가진 인터뷰에서 한 말이다.

과염소산염은 성장과 소화를 제어하는 호르몬을 생성하는 갑상선
기능을 방해하여 태아와 신생아의 정상적 뇌 성장을 교란시킨다(이
물질이 갑상선 항진제로도 사용되는 것은 놀랄 일이 아니다). 일부 연
구에서는 이 물질이 성인의 갑상선에도 염증을 일으킬 수 있다고 하
지만, 반드시 과염소산염이 모두 제거된 물을 마셔야 하는 사람들은
임산부와 신생아―쉽게 예상할 수 있는 대로―이다. 환경보호국의 전
문 과학자뿐 아니라 관련 단체, 그리고 캘리포니아의 힐다 솔리스Hilda
L. Solis 하원의원도 부시 정부를 상대로 태아와 신생아를 보호하기 위해
연방 차원의 식수 기준을 세워야 한다는 압력을 가해왔다. 아직까지
좋은 소식은 없다. 일을 진행하던 중 정치의 수렁에 빠져 별 진전 없
이 허우적거리고 있는 모양이다. 한편에서는 로켓 연료가 식수에 들
어 있다는 것이 건강에 위협이 된다는 충분한 증거를 제시하고, 다른
한편에는 정수 처리에 수십억을 쏟아 붓는 것을 겁내지 않는 막강한
항공 우주 산업과 군수 산업이 자리 잡고 있다(비소와 마찬가지로 역
삼투압 방식을 거치면 수돗물에서 과염소산염을 제거할 수 있지만,
탄소식 필터로는 되지 않는다).

훨씬 동쪽에서는, 장기 손상을 일으킨다고 알려진 화합물인 퍼플
루오로계 화학물질PFC: perfluorochemicals이 미니애폴리스 근처의 우물을 오
염시키고 있다. 연방 정부의 규제를 받지 않고 있는 PFC는 뉴저지, 웨
스트버지니아, 노스캐롤라이나에서도 발견되었다.

미국 지질조사소는 24개 주의 지하수에서 흔히 MTBE로 알려진 메

틸부틸에테르를 검출해냈다. 자동차 가스에서 발생하는 일산화탄소와 오존 수치를 낮추는 역할을 하는 이 휘발유 첨가제는 지하 저장 탱크(업계에서는 이 탱크를 LUST라고 부른다)에서 새어 나오거나 연결관이 터지는 경우에 방류되며, 호수나 저수지의 모터보트에서도 흘러 나온다. 쥐의 경우 MTBE 섭취량이 많으면 암에 걸리는 것으로 나타났다. 우리가 이 성분을 마실 수도 있다고 걱정을 해야 하느냐고? 그것은 확실하지 않다. 환경보호국에서는 규제에 따르는 비용과 이익을 알아보기 위해 특별 배심원을 소집한 적이 있다. 현재 이 화학물질은 이 기관의 오염원 등록 대기명단Contaminant Candidate List에 계류 중이다. MTBE에 오염된 토양과 물을 정화하는 데 드는 비용은 전국적으로 3백억 달러 이상이 될 것이다.

2005년 12월 환경실무그룹은 2년 반 동안의 조사 결과를 모은 보고서를 내고, 42개 주의 수돗물이 정부가 안전 기준조차 세우지 못한 141개의 화학물질에 오염되어 있다는 결과를 발표했다. 이 141개의 오염원은 이미 검사 대상이 된 114개의 오염원을 제외한 것이다(일부에서는 규제 대상이 아닌 오염원은 셀 수도 없이 많다고 주장한다. 기업에서는 규제 기관이 검사하는 것보다 더 빠른 속도로 새로운 오염원을 배출한다). 규제를 받지 않는 이 오염원들은 암을 유발하고 생식 및 발달에 치명적인 영향을 미치며 면역 체계에 손상을 입힌다. 이 물질들은 산업(가소제, 용매, 추진제), 농업(비료와 살충제의 재료), 개발 과정(자동차 매연과 잔디에 뿌리는 화학약품에 오염된 빗물, 하수처리 시설에서 나오는 폐수), 혹은 정수 과정 자체에서 발생한다. 그렇다. 미생물에 의한 질병을 줄이기 위해 물을 정수하는 과정—염소, 클로라민, 오존, 또는 다른 화학약품을 사용하여—이 그 자체로 문제를 일으킬 수도 있고, 경우에 따라서는 발암 위험과 발달 및 생식 관련 장애를 일으킬 위험을 증가시키기도 한다. 이 정도면 수돗물을 사랑하는 사람들을 울리기에 충분하다.

그러나 뉴욕 시 식수 수질관리 프로그램을 총괄했던 아서 애선도프Arthur Ashendorf 씨는 환경실무그룹의 보고서를 '미쳤다'고 치부한다. 그는 이렇게 덧붙였다.

"항상 뭔가 잘못된 것만 찾으려는 사람들이 있죠."

미국 환경보호국의 지하수 및 식수 담당국장인 신시아 도허티Cynthia Dougherty 씨도 수원지의 물을 더 많이 보호해야 한다는 데는 동의하지만, 이 보고서는 "우려의 필요성을 과장하고" 있는 데다 "불필요한 경각심을 부추기고 있다"고 평가한다. 자유주의를 표방하는 기업경쟁력연구소Competitive Enterprise Institute에서는 이 보고서를 '과대광고'일 뿐이라고 말한다. "이 오염원들은 어쩌다 아주 낮은 수치로 나타나는 하찮은 것"이기 때문이란다.

그러나 불행히도 그렇지가 않다. 학자들은 아무리 적은 양의 화학약품도 그냥 지나칠 수 없다는 사실을 깨닫고 있다. 부적절한 시기—예를 들어 생명이 걸린 중요한 시기 혹은 유아의 발달기 같은—에 부적절한 화학약품에 극소량이라도 노출될 경우 평생 많은 양에 노출되는 것보다 더 치명적일 수 있다. 게다가 이 오염원들은 물잔에 커피가루 하나가 떠 있는 것처럼 하나만 있는 것이 아니다. 42개 주에서 사람들은 한 번에 적어도 열 가지의 다른 오염원이 들어 있는 수돗물을 마신다. 종래에는 이런 화학약품의 복합체가 면역 체계 및 생식 체계에 이상을 일으키고 신경, 인지, 행동에 영향을 미치는 것을 보면서,

연구자들은 화학약품이 섞이면 한 가지일 때보다 훨씬 적은 양으로도 영향을 미치며, 적은 수치에 노출되더라도 단일 오염원에 대해 그보다 많은 수치에 노출되었을 때는 발견되지 않은 영향을 보인다는 결과를 내놓고 있다.

학자들이 우리가 마시는 물에 잠재적인 문제가 있다는 것을 알고 있다면, 왜 정부에서는 무슨 조치를 취하지 않는 것인가? 사실 환경 보호국에는 규제를 고려 중인 미생물과 화학 성분 51개의 목록이 있다. 그러나 이것들을 오염원으로 규정짓고, 검출하고, 건강에 대한 영향을 평가하고 물에서 제거하는 데는 많은 돈이 든다. 뭐든 바꾸기 위해서는 장기간에 걸친 대규모 사업이 필요하다(현재 주에서 정한 기준을 만족하기에도 급급한 식수 시설 관리자들은 의원 출신 상관에게 이런 사업을 제안하기를 꺼린다. 게다가 결국 비용을 지불해야 하는 사람들은 아무리 식수가 좋게 발전해도 알아주지 않는다. 한마디로 개선을 위해서는 필요한 것이 한두 가지가 아니다).

90년대의 끝자락부터 미국 지질조사소는 미국의 하천을 대상으로 전에는 생각도 해본 적이 없는 물질을 검사하기 위해 아주 까다로운 분석을 하기 시작했다. 그것은 바로 약품 성분이다. 2002년 이 기관에서는 천연 호르몬 및 인공 호르몬, 항생제, 항고혈압제, 진통제, 항우울제 등의 성분을 포함한 82가지 종류의 오염원을 발견했다고 발표했다. 연구진은 또한 카페인과 니코틴, 샴푸, 자외선 차단제, 살충제 같은 개인 위생용품의 잔류물도 발견했다. 이런 물질들은 시골과 도시 근교에서 우물, 지표수, 지하수 할 것 없이 도처에서 나왔다. 약품 성분은 정화조에서 새어 나오거나(우리가 약을 먹을 때마다 배설물을 통해 그 대사산물이 배설된다), 동물 사육장에서 흘러오거나 하수처리 시설에서 강으로 흘려보내는 물을 통해 유입된다.

식수에서 발견되는 약물 성분의 수치는 ppb(10억 분의 1 단위)에서 ppt(1조 분의 1 단위) 정도로 극히 미미하다. 그러나 이 성분들은 지속적으로 식수에 흘러들고 있다. 최근에 학자들은 물에 녹아든 호르몬과 물고기의 이상 현상 사이에 연관 관계가 있다는 것을 밝혀냈다. 수컷 물고기에서 암컷에서만 나타나는 조직이 발견된 것이다. 대부분의 약물 성분과 마찬가지로 호르몬류는 쉽게 분해되지 않는다. 이 성분은 적은 양이라도 꾸준히 노출될 경우 인체에 영향을 미치게 되어 있고, 그 가운데 일부만이 물에 녹는다.

국제화학관련총연합회IUPAC: International Union of Pure and Applied Chemistry와 전 세계 과학자 및 과학 관련 기관들의 네트워크인 환경문제관련과학위원회SCOPE: Scientific Committee on Problems of the Environment에서 발간한 보고서에 따르면, 2백 종이 넘는 생물—물에 사는 생물과 땅에 사는 생물을 포함한—이 에스트로겐 등의 내분비 교란 화학물질endocrine disrupter과 그것을 본떠 만든 물질들에 대한 반작용을 나타내는 것으로 밝혀졌거나 또 그럴 것이라 짐작하게 한다. 그러면 이런 물질이 사람에게는 어떤 영향을 끼치는가?

영국에서는 환경 호르몬이 정자 수 감소와 남성의 유방 이상비대증과 관련이 있다는 연구 결과가 나왔다. 양성 질환인 유방 이상비대증은 미국에서도 증가 추세에 있다. 남성의 유방암—이 질병은 남녀 모두에게 있는 에스트로겐과 관련이 있다—은 1973년에서 1998년 사이에 26퍼센트 증가했다. 미국을 비롯한 다른 나라들에서는 음경에 생기는 선천성 기형인 요도하열도 증가했다. 학자들은 이런 상황이 내분비 교란 화학물질에 치명적으로 노출되었기 때문에 발생한다는 사실을 밝혀냈다. 북극 근처에서는 여자아이가 남자아이보다 두 배 가까이 많이 태어난다. 북극 모니터링 평가 프로그램Arctic Monitoring and Assessment Programme의 학자들은 성비가 이렇게 한쪽으로 치우치게 나타나는 것이, 어머니가 음식을 통해 이런 내분비 교란 화학물질을 섭취한 해마, 바다표범, 북극곰 등을 먹은 것과 관련이 있다고 보고 있다.

내분비 체계를 교란시키는 화학물질을 연구 중인 미국 환경보호국에서 만약 이런 화학물질들이 인간의 건강에 심각한 위협을 초래한다는 결과를 내놓으면 어떻게 될까? 하수처리장은 항우울제, 진통제, 샴푸나 다른 병에서 나오는 가소제의 잔여물은 말할 것도 없고, 호르몬을 제거할 수 있도록 설계되지 않았다. 그러나 그렇다고 해서 할 수 없다는 말은 아니다. 각 지방자치단체의 공영 하수처리장 운영자를 대변하는 단체인 수자원환경연합회Water Environment Federation의 전 회장 린 오팬Lynn Orphan 씨는 이미 관련 기술이 나와 있다고 말한다.

"활성화 탄소나 미세한 구멍이 뚫린 얇은 막으로 된 필터를 사용할 수도 있죠. 역삼투 방식의 여과법도 있고 오존이나 자외선에 노출시킬 수도 있고요. 가끔은 저수탱크에 어느 정도 두기만 해도 걸러집니다."

그러나 이런 기술들이 저렴한 것은 아니다. 특히 도시 전체에서 매일 사용하는 물에까지 규모를 확대 적용할 경우에는 더욱 그렇다. 환경보호국에서 물과 관련된 문제를 다루고 있는 선임 정책분석관 휴 코프먼Hugh Kaufman 씨는 이렇게 말했다.

"자리를 잡고 운영하는 데 드는 비용은 천문학적입니다. 시설이 운영되는 동안 수억 달러가 들어갑니다."

캔자스시티의 마이크 클렌더 씨도 다른 상수도 시설 운영자와 마찬가지로 약물 성분에 대해서는 별말이 없다. 정부에서도 그에게 이 성분들에 대해 주의하거나 통제하라는 요구를 하지 않고, 그도 그저 내버려둔다.

당신이 마시는 물이 천연 그대로라고 치자. 소독 부산물도 없고 비료나 살충제 잔여물도, 산업 폐수도 없고, 아연이나 비소, 칼륨, 라돈 같은 자연적으로 발생하는 요소들도 적은 양만 들어 있다고 하자. 어쩌면 이 글을 읽고 있는 당신이, 마을의 수도관에서 나오는 물이 폴란드 스프링 사에서 트럭으로 싣고 가는 물과 매우 유사한 메인 주의 프라이버그에 살고 있을지도 모르겠다. 캔자스시티에 살고 있는 사람도 있을 것이다. 그렇다 하더라도 집까지 연결된 수도관 상태가 끔찍하기 이를 데 없다면 그 물을 마시고 싶지 않을 것이다.

수도 시설에서 당신의 가정까지 배달되는 물의 상태를 책임지고는 있지만, 당신이 사용하는 수도꼭지에 연결된 송수관과 건물 안의 물 저장 시스템은 건물주의 책임하에 있다. 1940년대까지는 시에서 운영하는 급수 본관에서 거주용 건물들까지 납 송수관을 연결하는 경우가 많았다. 80년대 중반에 금지될 때까지는 송수관 연결을 위해 납땜이 사용되었다(물론 법률을 지키지 않는 배관공들은 아직도 납땜을 하고 있을지 모른다). 아침에 5분간 물을 틀어놓으면 납 성분은 모두 빠져나가겠지만, 이 방법은 물을 절약하자는 공익 광고에도 어긋나고, 아침에 마실 커피 한 잔을 만드는 일을 너무나 번거롭게 만든다.

거의 매주 어떤 마을이나 학교나 사무실 건물의 식수에서 다량의 납 성분이 검출된다. 주민들은 송수관이 교체될 때까지 다른 물—생수를 포함한―을 이용할 것을 권유받는다(물을 끓여도 납 함량이 낮아지지는 않는다). 다른 광물―칼슘, 마그네슘, 구리, 철 등의―이나 금속 성분들이 송수관을 부식시키거나, '결절'이라는 구조물을 형성하여 송수관을 막음으로써 미생물이 지나가는 것을 방해하기도 한다. 여기저기 막힌 결핵 환자의 폐에 갖가지 색 물감을 집어넣고 사진을 찍는다고 상상해보시라. 역겨울 것이다. 이 이미지는 혁신적으로 수도관의 때를 제거하고 코팅을 할 수 있는 체계가 있다고 외치고 다니는 한 신사를 만나는 동안 떠오른 것이다.

"찐득찐득한 오물이 꽉 차 있는 파이프도 봤습니다. 넓이가 겨우 0.25인치―원래 지름의 10분의 1―정도밖에 안 되더군요."

"수돗물을 드시나요?"

내가 물었다.

"누굴 놀리십니까? 지난번에는 우리 집 지붕에 있는 물탱크를 청소하던 사람들이 그 안에서 죽은 비둘기 몇 마리를 발견했다더군요."

죽은 동물은 그다지 좋지 않지만 대부분의 박테리아는 나쁜 것이 아니다. 물론 물을 관리하는 기반 시설에 그것들이 증식한다는 이야기를 들으면 물을 마시고 싶은 생각이 싹 달아난다. 세균막을 연구하는 학자인 빌 코스터턴 씨는 2000년 9월 어느 강연에서 이렇게 경고했다.

"절대 우물에 연결된 파이프를 보지 마십시오. 여러분은 끈적끈적한 각종 섬유조직 등등이 가득 차 떠다니는 역겹게 생긴 덩어리를 거쳐 온 물을 마셔왔기 때문입니다. 아직까지는 세균막을 잘 유지하는 것이 최선입니다. 벗겨내지 말고, 꾸준히 영양분을 공급하면서, 그것을 없애기 위한 노력 같은 것도 하지 말고, 염소 성분에 노출시키지 않는 겁니다. 하지만 생각해보면 이것은 신중을 요하는 문제입니다. 저 아래 뭔가가 살고 있는데 그 비위를 맞춰주지 않으면 여러분에게 해를 끼친다는 것이죠."

맥아더 상을 수상하기도 한 버지니아 공대의 토목기사 마크 에드워즈Marc Edwards 씨에 따르면, '저 아래' 세균막 속에는 악성 폐렴의 일종인 레지오넬라Legionella 병을 일으키는 레지오넬라 균과, 결핵과 유사한 폐렴 증세를 일으킬 수 있는 비결핵성 마이코박테리움mycobacterium, 그리고 다른 병원균이 살고 있을 수도 있다. 에드워즈 씨는 "이런 박테리아들은 온수 저장 탱크와 샤워기 꼭지에서 증식한다"고 썼다.

주 북쪽으로부터 오는 물은 뉴욕 시의 저장 탱크로 가기까지 두 개의 커다란 터널을 통과한다. 환경관리국 소속 화학자들이 이 수로터널에서 세균막을 발견했을 때 상부에서는 보고를 하지 못하도록 했다.

"그래서 그 화학자들은 이 보고서를 우리에게 주었습니다."

리버키퍼Riverkeeper라는 환경보호 단체에서 일하는 수자원 분석가 빌 웨그너Bill Wegner 씨의 말이다. 웨그너 씨는 결국 이 세균막에 대한 어떤 조치가 필요할 것이라고 말한다.

"세균막은 벗겨지거나, 수도 자체를 막을 겁니다."

다행히도 뉴욕 시는 1970년부터 다이너마이트를 터뜨리면서 시작한, 규모도 크고(길이가 60마일이 넘는다) 비용도 많이 들어간(5억 5천만~6억 달러 정도) 세 번째 수로터널 공사가 거의 막바지 단계에 이르고 있다. 2012년에 이 수로터널이 개통되면 1917년과 1935년에 각각 개통된 나머지 터널들은 개통 이래 최초로 검사를 받고 정비도 할 수 있게 될 것이다.

긴 주말을 보내고 집에 돌아와 보니 1갤런의 물을 담고 냉장고 위에 놓여 있는 우리 집 브리타 울트라맥스Brita UltraMax 정수기에 갈색 비슷한 층이 얇게 진 것이 보였다. 나는 몇 년 전에 그 정수기를 산 뒤로 겁이 나서가 아니라(최소한 최근까지도 내 태도는 '내가 뭐가 겁이 나서?' 하는 식이었다) 물에서 나는 염소 맛을 없애주기 때문에 그걸 쓰고 있다. 환경관리국에서 발간한 소비자 신뢰 보고서에는 이것이 배수관에서 나오는 산화철 성분으로, 수도 체계에 갑작스러운 변화—예를 들어, 소화전이 열렸다든가 하는—가 생기면 침전물이 휘저어지면서 일시적인 변색이 있을 수 있다고 쓰여 있다. 그러나 우리 집 물은 며칠이 지나도 침전물이 보여서 항상 그 상태인 게 아닐까 생각될 정도였지만 판단은 미루기로 했다(환경관리국에서는 우리 집에서 나오는 물이 법정치보다 철 함량이 적다고 했다). 그렇지만 브리타 정수기는 왜 그것을 거르지 못하는 것일까?

"그런 경우는 보지 못했습니다만, 저희가 철 성분을 제거한다는 말씀을 드린 적은 없습니다."

전화를 걸자 브리타 사의 연구개발 팀장인 실비 샤반Sylvie Chavanne 씨가 말했다.

그런가 하면 탱크의 마개도 문제다. 나는 한두 번 탱크 입구에서 작은 식물성 이끼가 자라나는 것을 본 적 있다. 내가 자체적으로 수도관 정화장치를 사야 하는 것일까? 우리 집 필터의 '슈무츠데케' 가 너무 더러워졌나? 생각날 때마다 작은 솔로 플라스틱 마개를 청소하기는 하지만, 다사니, 아쿠아피나, 폴란드 스프링의 스테인리스 파이프가 점점 더 좋아 보이기 시작한다. 어쩌면 내가 마시는 물에 대해 개인적으로 책임을 지겠다는 것은 그렇게 좋은 생각이 아닐지도 모르겠다.

가정의 수도관이 잘못되는 경우도 꽤 있지만, 거리에서는 그런 일이 훨씬 더 많다. 미국 수도협회에 따르면, 매년 25만에서 30만 개의 수도본관이 부서진다. 어떤 때는 파이프가 얼거나 금이 가서 손상을 입기도 하고, 공사 인부들의 잘못으로 그렇게 되기도 한다. 파열된 파이프에서는 간헐적으로 하늘을 향해 오물이 뿜어져 나오고, 길을 따라 하얀 물이 흐르고, 수도가 마른다. 파이프가 망가질 때마다 수압은 떨어지고 물을 관리하는 사람들은 오염원이 수도에 침투할 가능성을 따져보게 된다. 홍수도 수도 체계를 엉망으로 만들고 오염시킬 수 있다. 2006년이 막바지에 접어들 무렵, 심한 폭풍우가 밴쿠버 저수지에 가라앉아 있던 침전물을 휘저어 일으키는 바람에 시에서는 일주일 이상 물을 끓여먹으라는 경고를 발령했다. 가게에서는 생수를 두고 싸움이 일어났고, 스타벅스Starbucks 커피전문점에서는 물로 만드는 음료 제공을 중단했으며, 호텔에서는 물에 갈색빛이 돌지 않도록 변기 물을 내리기 위해 직원들이 빈 방을 돌아다니고 세탁물에 침전물이 끼지 않도록 염소 사용을 늘렸다. 이런 불편함에 대한 반응이 지역 신문의 지면을 연달아 채웠다(그동안 개발도상국에서는 수도가 개통되어 물을 마실 수 있게 되었다는 것이 큰 뉴스거리였다).

더 기가 막힌 것은 땅에 거대한 구멍이 패면서 수리용 트럭이며 무고한 시민들과 그들의 집을 삼켜버리는 경우이다. 이 문제는 북동부 지역과 1900년대 초반 설치된 주철 수도관에 의지해온 오래된 산업 도시들에서 특히 심각하게 나타났다. 지구 온난화가 심해지면서 지구상의 습한 지역에서는 기록도 깨고 파이프도 깨는 이런 폭풍우가 더욱 많아질 전망이다.

환경보호국은 각 도시에서 상하수도 체계를 수리하고 교체하는 데 더 많은 투자를 하지 않으면 2020년에는 절반 가량의 도시가 물이 아예 없거나 '위태로운' 상태가 될 것이라고 경고한다. 미국 토목학회 American Society of Civil Engineers에 따르면, 식수 공급을 관리하고 하수를 없애는 데 드는 비용은 3천9백억 달러에 달할 것이다.

이 돈이 어디에서 나올까? 식수와 하수처리를 위한 연방 재정은 10년째 바닥을 치고 있다. 2001년에서 2006년 사이에 배정된 예산은 13억 달러에서 9천만 달러 이하로 줄었다.

"부시 행정부에서는 물에 대한 연방 정부 회전기금을 단계적으로 폐지하고 싶어 합니다. 그들은 이것이 주와 지역 차원의 문제라고 생각하고 있는 거죠."

천연자원보호위원회의 깨끗한 물 프로젝트Clean Water Project를 이끌고 있는 낸시 스토너Nancy Stoner 씨의 말이다. 2003년 환경보호국에서는 향후 20년 동안 전국의 배수 체계를 평균치대로 유지하려면 약 2,770억 달러가 들 것이라고 예측했다.

연방 정부는 지역 시설에서 물에 대한 세금을 충분히 매기고 있지 않다고 본다. 정부의 요점은 미국의 수도세가 1천 갤런당 2.5달러로 선진국 중 가장 낮다는 것이다. 물론 눈과 비는 공짜로 내리지만 그것을 저장하고 처리 과정을 거쳐 배수하는 일에는 앞에서도 설명했듯 적지 않은 비용이 들어간다. 일부 주에서는 생수나 화장실용 휴지에 세금을 매기거나(플로리다 주에서는 한 롤당 2센트의 세금을 걷는 방안이 발의되었다) 물을 오염시키는 사람들과 깨끗한 물에 의존해야 하는 기업들의 지원을 받아 신탁 기금을 조성하는 방안을 제안하고 있지만, 정부에서는 '모든 원가를 고려하는' 쪽을 희망한다. 다시 말해 세율을 인상하겠다는 것이다.

수돗물에 대한 비판은 쉽게 들을 수 있다. 환경 단체, 학계, 생수와 정수필터를 파는 회사, 심지어 수자원을 보호해야 할 규제 기관에서도 수돗물을 비판한다. 어떤 동네에서 물을 끓여먹으라는 경보를 발령할 때마다, 우물물을 마시는 사람이 자비를 들여 수질 검사를 한 결과 비위생적인 성분이 검출될 때마다, 어느 전문가의 보고서가 변칙적인 것으로 밝혀지거나 수자원 조사관의 데이터 날조가 적발될 때마다(이런 일은 범죄 행위이지만 실제로 일어난다. 뉴욕 시를 비롯하여 필라델피아, 보스턴, 프로비던스, 그리고 오리건 주의 포틀랜드에서도 일어났던 일이다) 수돗물을 마시던 사람들은 점점 더 수도 체계에 대한 신뢰를 잃는다.

"물을 끓여 먹으라는 경고나 박테리아에 대한 경고는 뉴스나 우편 안내물에 항상 등장합니다. 오랜 시간 동안 이런 일이 더 많이 일어나면서 사람들은 점차 그들이 믿던 물을 떠나 생수를 신뢰하게 되죠."

미시시피 주 잭슨Jackson에 있는 엑셀Exell 수자원회사의 공동소유주인 크리스 도커리Chris Dockery 씨가 〈클라리온레저Clarion-Ledger〉 지와의 인터뷰에서 한 말이다.

수돗물과 관련하여 잘못될 수 있는 일들을 다 알고 나니 어떻게 생각해야 할지, 무엇을 마셔야 할지 모르겠다. 내가 분명하게 위험군에 속해 있는 상황이라면 좀 더 쉬울 것이다. 그렇다면 나는 최상급의 필터를 사서 마이크 클렌더 씨가 자랑스러워 할 방식을 유지하며 살 것이다. 생수로 바꾸는 방안에 대해서는 아직 고려하고 싶지 않다. 비싸고 가지고 다니기도 무거운 데다 그 병을 만들고 버리는 것이 이 지구에 좋을 리가 없다. 게다가 나는 깨끗한 물과 공기를 포함한 공공재가 희소해지거나 위협을 받을수록 정부 관계자들이 그것을 관리해야 하고, 그러기 위해서는 우리의 경제적, 도덕적 지지가 필요하다는 사실을 점차 깨달아가고 있다. 개인적 목적을 위해 공공 용수를 빼내는 것은 지역 내 물 공급을 보존하거나 향상시키는 데 도움을 주지 않을 것이다. 우리는 물을 보호해야만 한다. 물을 사 먹을 능력조차 안 되는 사람들도 너무 많다.

물론 내가 이 결정에 대해 진정으로 안심하기 위해서는 우리 집 수도꼭지에서 무엇이 나오는지 더 알아봐야 한다. 연간 보고서에 실린 내용 이상의 정보를 알아야 한다. 하지만 수질 검사 약속을 잡기 전, 나는 생수에 관해 뭔가 이상한 일이 일어나고 있다는 이야기를 들었다. 전 세계적으로 사람들이 이것이 정말 좋은 생각인지 묻기 시작한 것이다.

반발

반발

2007년 봄 엄청난 폭풍우가 텍사스 주 중부를 강타하면서 수천 명
이 깨끗한 물을 얻을 수 없게 되었다. 그해 6월과 7월은 영국 차례였
다. 계속 이어진 폭풍으로 글로스터셔Gloucestershire와 그 일대 주민 35만
명은 위생 서비스나 식수를 얻지 못한 채로 지내야 했다. 지역 주민들
은 그렇지 않아도 안 좋던 날씨가 더 나빠졌다고 말했다. 다음 순서는
남부 아시아로, 비가 줄기차게 내리면서―네팔이나 인도, 파키스탄에
서조차 흔치 않은 집중호우였다―수백만 명이 물과 다른 생필품을 구
하지 못하게 되었다. 공무원들은 물을 끓여 먹으라는 경보를 발령했
고, 생수를 구할 수 있는―그리고 생수를 살 돈이 있는―복 받은 사람
들은 상점의 생수 코너를 싹쓸이했다.

그러는 동안에도 음료회사들은 계속해서 희망적인 소식을 보도했
다. 미국인들은 2006년 한 해 110억 달러 규모의 생수를 샀고, 2007년

의 판매고는 10퍼센트 증가할 것으로 보았다. 유럽연합, 남아메리카, 아시아에서의 전망도 이와 비슷하게 밝다. 기후가 나쁜 곳에서 생수 판매가 잘 된다는 것은 별로 놀랄 일이 아니다.

그러나 생수에 대해서도 불평의 소리는 있고, 지금 불평을 하는 사람들은 수녀님들이나 지역주의자들이 아니다. 지난 3월 '내 고장 식품먹기 운동local-foods movement'의 대모격인 앨리스 워터스Alice Waters 씨는 그녀 소유의 식당 셰 파니스Chez Panisse의 메뉴에서 생수를 빼기로 했다.

"우리는 여기로 생수를 가져오고 또 가져갈 때 그 에너지와 쓰레기가 어디로 가는지를 따져보았습니다. 별로 어려운 결정은 아니었어요."

식당의 지배인인 마이크 코사리엔지Mike Kossa-Rienzi 씨의 말이다.

곧 미국 동서부의 많은 식당들이 방침을 바꾸었다. 이미 식품이 농장에서 식탁까지 이동하는 거리에 대한 강박관념을 가지고 있는 런던에서는 녹색당이 중심이 되어 시민들에게 수돗물을 주문하라고 권유하고 있다. 프랑스에서는 생수를 사랑하는 국민들이 수돗물(이 물에는 63개의 샘에서 나오는 지하수와 센Seine, 우아즈Oise, 마른Marne 강의 지표수가 섞여 있다)을 마시게 되기를 바라는 마음에 패션 디자이너 피에르 가르댕이 직접 디자인한 유리로 된 물병을 파리의 식당 3만 곳에 무료로 나누어준 일도 있다.

환경보호국의 승인을 받은 헤치 헤치Hetch Hetchy 저수지 물을 여과 없이 그대로 마시고 있는 샌프란시스코의 가빈 뉴솜Gavin Newsom 시장은 더 이상 납세자들의 세금을 생수에 쓰지 않겠노라고 선언했다. 이렇게 되면 빈 병을 운반하는 비용을 빼더라도 매년 50만 달러가 절약된다. 솔트레이크시티Salt Lake City, 앤아버Ann Arbor, 로스앤젤레스, 샌타바버라Santa Barbara, 샌타페이Santa Fe, 미니애폴리스의 단체장들도 곧 이 결정을 따랐다. 뉴욕 시에서는 수돗물 사용을 권장하는 70만 달러 규모의 광고 캠페인을 벌였고, 시카고에서는 생수에 대한 5퍼센트 징세안이 통과되어 시의 세수가 연간 1천만 달러 이상 늘고 쓰레기 운반 비용도 줄어들 것으로 기대하고 있다(이 법안에 화가 난 소매상들이나 미국 내 162개 생수회사를 대표하는 국제생수협회International Bottled Water Association에 의해 법안이 뒤집히지 않는다면 말이다).

생수는 갑자기 큰 뉴스거리가 되었다. 신문, 잡지, 인터넷 창을 열 때마다 생수가 인체에 무해하다는 것은 말도 안 된다는 기사가 나온다. 이런 종류의 글들을 보고 있으려니 나는 거의 생태비평의 물결에 익사할 지경이었다. 나는 걱정—이 공격이 어디까지 갈까, 이 반발이 그저 일시적인 것은 아닐까 하는—에 가득 차서 기자들이 학계와 환경단체의 통계를 이용하여 생수회사들을 향해 맹공을 퍼붓는 것을 지켜보았다. 그러나 흥미롭게도 처음 그들의 관심은 물이 아니라 석유였다.

구체적으로 말하면, 미국 시장에 팔기 위한 물병을 만드는 데는 매년 1천7백만 배럴(석유 1배럴은 158.9리터)의 석유가 든다(플라스틱을 만드는 과정에서는 니켈, 에틸벤젠, 에틸렌 옥사이드, 벤젠 등도 배출되지만, 지금은 환경성 발암물질이 아닌 지구 온난화에 관한 운동이 한창이기 때문에 이것은 그렇게 중요한 부분이 되지 못한다). 이것은 130만 대의 차를 1년간 움직일 수 있는 양이다.

1천7백만 배럴이 많은 것인가? 그렇기도 하고 아니기도 하다. 미국 전체의 하루 석유 소비량은 2천만 배럴이다. 그러나 폴리에틸렌테레프탈레이트Polyethyleneterephthalate: PET에 들어가는 이 적은 양의 석유는 물병을 채우거나 소비자에게 운반하는 데 드는 에너지는 포함하지 않은 것이다. 매주 10억 병의 물이 수만 대의 트럭이나 기차, 배에 실려 온 나라를 꿈틀거리며 지나간다(2007년 한 해 동안 폴란드 스프링 사에서만 디젤 연료 928,226갤런을 썼다). 뿐만 아니라 냉장고에서 물을 차게 식히는 데 드는 에너지, 빈 병을 매립지로 운반하는 데 드는 에너지도 있다. 그것들도 다 합쳐진다.

태평양연구소의 피터 글레익 씨는 생수 한 병을 만들어서 운반하고 버리는 데 드는 총 에너지는 평균적으로 그 병 용량의 4분의 1만큼의 기름량과 비슷할 것이라고 추측한다. 나는 이 결과에 대해 생수회사에서 아무런 반론을 제기하지 않고 있다는 것에도 놀랐다(물론 케첩 병과 같이 두꺼운 플라스틱 병에는 더 많은 석유가 들어가겠지만, 평균적인 미국인들은 1년에 케첩을 20갤런 이상 소비하지 않는다). 잘 알려져 있듯이 석유는 재생이 불가능한 자원으로 대부분이 수입된다. 석유를 많이 쓰는 것은 정치적으로도 위험하고, 무서울 정도로 비싸고, 또 환경을 파괴한다.

그런가 하면 물 자체도 문제이다. 우리가 이른바 '후기 물 부족 시대'에 들어서면서 물은 갈수록 중요해지고 있다. 생수병을 생산하고 채우는 데는 궁극적으로 병에 담기는 물의 두 배에 달하는 물이 쓰이게 되는데, 그중 일부는 병을 만들어내는 기계를 식히는 데 쓰인다. 역삼투압 방식을 이용하여 수돗물을 정화하는 공장에서는 최종적으로 판매대에 올라갈 여과된 물 1갤런을 만들기 위해 3~9갤런의 물을 버린다(이 수치는 필터가 얼마나 신식인가, 무엇을 제거하는가에 따라 다르다). 생수 공장을 청소하는 데도 엄청난 양의 물이 드는데, 특히 최종 생산물에 맛이 첨가되는 경우는 더욱 그렇다. 평균적으로 생수 공장에서 사용하는 물의 60~70퍼센트만이 슈퍼마켓의 진열대에 도달한다. 나머지는 버려지는 폐수이다.

물론 이 비용들―물, 에너지, 석유―은 생수에만 한정된 것이 아니다. 맥주 1갤런을 만드는 데는 48갤런의 물이 필요하고, 탄산음료 1갤런을 만드는 데는 물 4갤런이 든다. 소조차도 우유 1갤런을 생산하기 위해 4갤런의 물을 마시면서 물에 '발자국'을 남긴다. 그러나 이런 다른 음료들은 칼로리가 없는(카페인, 색소, 화학약품도 없다) 수돗물에 대해 이러쿵저러쿵 말하지 않는다. 그것이 중요한 차이이다.

각 대학이 여름 방학을 맞으면서, 활동적 압력단체인 국제기업책임 CAI: Corporate Accountability International 의 젊은 자원봉사자들은 미국 곳곳의 광장에 현수막을 내걸기 시작했다. 그들은 플라스틱 컵에 수돗물을 따라 지나가는 사람들에게 맛을 보라고 권했다. 물을 마신 사람들은 대부분 생수와 수돗물을 구분하지 못했다. 이것이 이 단체가 미국인들을 생수에서 유리시키기 위해 벌이는 캠페인의 첫 단계이다. 그러나 나는 맛이 전부가 아니라는 것을 알게 되었다. 건강 문제도 걸려 있는 것이다.

브라이언트 공원에서 마이클 마스카 씨와 헤어지고 나서, 나는 가져갔던 싱가포르산 뉴워터의 뚜껑을 닫아서 집에 가져와 남은 몇 온스를 수질 검사 실험실에 보냈다. 모든 테스트를 다 할 수 있을 정도로 양이 충분하지는 않았지만, 나는 특히 질산염 수치를 알고 싶었다. 기억하시는지 모르겠지만 질산염은 무색 무취에 아무 맛도 나지 않는다. 이 물질은 비료나 동물과 사람의 배출물을 통해 식수에 유입된다. 물론 뉴워터는 거의 하수로만 만들어진 물이다.

클리블랜드의 실험실에서 일하는 로즈Rose 씨는 내가 가져온 물의 출처에 대해서는 별로 개의치 않았지만, 기술적으로 이 샘플은 쓸 수 없는 것이라고 설명했다. 일주일 이상이 지났고 박테리아의 활동을 억제하는 얼음 속에 보관되지도 않았기 때문이다. 나는 그녀에게 그것이 내가 가진 뉴워터의 전부라고 말하고 내 신용카드 번호를 불러주었다. 2주 후 결과가 도착했을 때 나는 놀랍고도 기분이 좋았다. 금속 성분과 소독 부산물 등을 포함한 휘발성 유기화합물 수치가 안전범위 이내로 나왔다. 질산염은 겨우 2.8ppm이었다. 18ppm인 페리에(혹은 환경보호국 기준인 10ppm)보다 훨씬 낮은 수치였다. 나는 마스카 씨에게 의기양양하게 전화를 걸고 싶은 것을 겨우 참았다.

이따금씩 학자들이나 환경단체, 뭔가를 밝혀내야 하는 지방자치단체에서는, 깨끗하고 건강에 좋다고 자랑하면서(뉴워터의 경우에는 그 명백한 지속가능성을 자랑하고 있다) 매를 자처하는 생수의 수질을 검사한다. 검사를 하는 입장에서는 반드시 흠을 찾아내게 되어 있다(흠을 찾아내지 못하면 뉴스에 나오지도 않는다. 그것은 개가 사람을 문 것만큼이나 당연한 일이기 때문이다).

언론의 주목도로 보더라도 생수 검사 가운데 최고라 불릴 만한 검사는 1998년 천연자원보호위원회에서 실시한 것으로, 103가지 각기 다른 브랜드의 생수 샘플 1천 개를 검사했다. 그중 3분의 1에서 비소, 브롬, 대장균성 박테리아 같은 오염원이 검출되었다. 일부 샘플의 비소 수치나 발암성 화학 복합물(다시 말해 소독 부산물) 수치는 주 기준이나 업계 기준을 초과했다. 다른 샘플에서도 이런 오염원들이 검출되기는 했지만 경보를 울려야 할 정도는 아니었다(생수업계의 지원을 받고 있는 식수연구재단Drinking Water Research Foundation에서는 천연자원보호위원회 보고서의 주장 가운데 많은 부분을 반박하고 있다). 생수를 식품으로 규정하고 있는 미국 식품의약국에서는 2004년 자체적으로 검사를 벌여 두 개의 천연생수 샘플에서 각각 0.45ppb와 0.56ppb의 과염소산염을 검출했다. 이 수치는 과염소산염에 대한 기준이 있는 일부 주의 기준에 미치는 양은 아니지만(연방 단위의 기준은 없다), 천연생수를 마시는 소비자들은 자기가 마시는 물에 아주 적은 양이라도 로켓 연료가 들어 있을 것이라고는 생각하지 않을 것이다.

비소는 사정이 또 다르다. 미국 식품의약국은 아르메니아산 생수 제르무크Jermuk에서 454~674ppb의 비소가 검출되자 수입을 중지했다(환경보호국과 식품의약국의 기준은 10ppb이다). 이 브랜드를 좋아했던 완고한 아르마니아계 미국인들은 "우리는 그 물을 평생 마셔왔다. 그것은 우리 집의 한 부분이다"라며 분개했다.

1994년 캔자스 주 보건환경국Kansas Department of Health and Environment은 80개 제품의 생수를 검사하여 그중 최소 15퍼센트에 플라스틱에 쓰이는 연화제인 탈산염 성분이 연방 정부 기준 이상으로 들어 있다는 사실을 밝혀냈다. 또 절반 이상의 생수에 소독 부산물인 클로로포름이 들어 있었고, 반이 조금 못 되는 제품에 브로모디클로로메탄bromodichloromethane이 들어 있었다(이것 역시 소독 부산물이다). 25개 제품에는 비소가 들어 있었고, 15개 제품에서는 납이 검출되었다. 19개 생수에는 다른 것과 마찬가지로 다량을 섭취할 경우에는 독이 되지만 소량은 오히려 건강에 좋은 미세 광물인 셀레늄이 들어 있었다. 이 화학 성분 가운데 어느 것도 건강에 치명적일 정도로 많이 들어 있지는 않았다.

2000년 학술지에 실린 한 대학의 연구에서는 57개의 생수 샘플과 클리블랜드의 수돗물을 비교하여 그중 12개가 넘는 생수가 수돗물에서 발견된 것보다 10배 이상의 박테리아 수치를 나타낸다는 사실을 밝혔다(원래 수치는 이보다 낮았으나 밀폐된 용기 안의 따뜻한 공기 속에서 미생물이 마음껏 증식하면서 수치가 높아졌을 수도 있기는 하다). 2000년 소비자조합Consumers Union에서 실시한 연구도 일부 브랜드의 생수에 박테리아가 많이 서식한다는 천연자원보호위원회의 연구 결과를 확증해주었다. 미국 미생물학회American Society of Microbiology에서는 2004년 68종의 광천수를 검사하여 그중 40퍼센트에 박테리아나 곰팡이가 들어 있다는 것을 발견했다. 21종은 실험실 환경에서 박테리아가 증식했을 수 있다는 주장에 부합하기는 했다. 이 박테리아가 위험한 것들이었는가 하면 꼭 그렇지는 않다. 이 샘플들은 모두 정부 기준에 따르면 마시기에 안전한 물이었다. 건강하다면 말이다. 어린아이, 노인, 기타 연약한 사람들은 이런 위험을 피하라는 경고를 받고 있다.

수질 검사를 하는 사람들의 메시지는 크고 명확하다. 대부분의 생수는 정부 기준에 비추어볼 때 안전하다는 것이다. 미국 식품의약국에서는 거의 항상 화학 성분과 미생물, 방사능 물질 오염원에 대해 환경보호국만큼이나 엄격한 기준을 정한다. 좋은 소리로 들리지만, 천연 그대로의 샘에서 나오는 순수한 천연수를 사 먹고 있다고 생각했다면—생수병의 예쁜 그림과 당신이 지불하는 돈을 생각한다면 왜 그렇지 않겠는가?—식품의약국에서 생수의 소독 부산물, 살충제, 중금속, 방사능 물질 함유 허용치를 환경보호국이 수돗물에 허용하는 기준에 맞추어 적용하고 있다는 사실에 실망할지도 모르겠다. 한 가지 차이가 있다면, 공공 수도 시설은 매년 연례 보고서를 통해 이런 정보를 알려야 하지만 생수회사들은 이런 정보들을 라벨에 넣지 않기 위해 열심히 로비를 하고, 이 정보들을 감추는 데 수백만 달러를 쓴다는 것이다.

최근까지 생수에는 불소가 들어가지 않았다—당시는 많은 소비자들이 이 화합물에 대해 조심스러워 했다. 그러나 요즘의 치과의사들은 생수만 마시는 아이들이 충치에 걸릴 위험에 노출될까 걱정하고 있다. 이에 대한 대응으로 몇몇 생수업체에서는 제품에 불소를 넣어 아이들에게 판매하기 시작했다. 전국적으로 인구의 67퍼센트가 불소가 들어 있는 물을 마시지만 이것이 효과를 거두고 있는 것 같지는 않다(대부분의 유럽 국가에서는 물에 불소가 들어 있지 않지만, 충치는 급속히 감소하고 있다). 어떤 사람들은 불소화를 대규모 의료화 과정으로 보고 이 화합물을 독이라고 생각한다(수돗물을 통해 제공되는 정도보다 훨씬 많은 양을 섭취할 경우 불소는 실제로 독이 된다). 미국 치과의사협회American Dental Association에서는 사람들에게 불소 사용을 권장하지만(2세 미만이 아니라면), 치약, 구강 청정제, 불소 보충제를 통해서나 일 년에 두 번 불소 치료를 받는 것으로 불소를 충분히 섭취할 수 있다는 사실도 인정하고 있다.

생수와 수돗물 사이에는 또 다른 차이가 있다. 환경보호국에서는 공공 수도 시설에 와포자충, 지아디아giardia 균 등의 병균에 대한 소독과 검사를 요구하고 있다. 그러나 지하에 있는 수원에서 끌어올리는 물에는 이런 유기체가 살 것이라고 예상하지 않기 때문에, 식품의약국에서는 생수업체들에 이런 검사를 요구하지 않는다('정화수'는 물론 수돗물로 만들기 때문에 이미 환경보호국의 기준을 만족한 것으로 여긴다). 그러나 생수회사가 최신식의 여과 장비를 갖추고 있다는 것이 그것을 잘 유지한다는 뜻은 아니다. 더러운 필터는 오물을 제거하는 대신 오히려 물에 오물을 넣을 수도 있다.

수도 시설에서 매년 수십만 번씩 수돗물을 검사하고 그 결과를 주 정부 및 연방 정부에 보고하는 동안 생수 공장에서는 자체적인 검사를 벌이고(네슬레는 하루에 1백 번을 검사한다고 주장한다. 미국에서 가장 큰 가정용/사무용 물 배달 업체인 디에스 워터스DS Waters 사는 1년에 네 번 수질 검사를 한다), 가끔 한 번씩 식품의약국 조사관이 방문한다. 당국의 말로 이 회사의 신용 기록이 좋기 때문에 상대적으로 자주 방문하지 않는다고 한다. 조사관이 가더라도 샘플을 채취하는 이유에 따라 몇 가지 선택적인 오염원에 대한 검사만 이루어진다. 2007년 7월 미국 에너지통상위원회House Energy and Commerce Committee에서 발표한 일반 식품 안전에 관한 보고서는, "식품의약국은 검사, 기록 유지, 식품 생산, 품질 보증 및 관리, 혹은 식품을 다루는 회사에서 자발적으로 유지하게 되어 있는 기록을 볼 권리 등을 관리할 조항이 없다"고 꼬집고 있다. 전직 식품의약국 부사무관 윌리엄 허버드William K. Hubbard 씨에 따르면 미국에서 대부분의 공장은 5~10년에 한 번 조사를 받는다고 한다.

그런가 하면 이런 문제도 있다. 생수가 생산되는 주 안에서 판매되는 경우에는 식품의약국의 규제에서 제외된다. 그러나 국제생수협회의 회장 조지프 도스Joseph Doss 씨는 그러려면 "병, 라벨, 뚜껑이 모두 같은 주에서 공급되어야 하기 때문에" 그런 경우는 거의 없다고 말한다. 그는 어떤 생수가 이 범주에 들어가는지는 말하지 않았다. 한 생수회사가 식품의약국의 조사대상에서 제외되면, 이 회사는 엄격함과 적용 범위가 천차만별인 각 주의 기준을 따르게 된다. 대략 다섯 개 중 한 주는 생수에 관한 기준을 전혀 가지고 있지 않다. 다행히 국제생수협회는 회원사에 비정기적 연간 조사와 보다 강화된 건강 기준을 적용하도록 하고 있다. 예를 들어 국제생수협회는(식품의약국과 달리) 배설물에서 나오는 대장균을 전혀 허용하지 않는다. 그러나 불행히도 이 기준은 법적 효력이나 강제력이 없고, 모든 생수회사가 이 협회에 가입한 것도 아니다(네슬레는 이 협회에 가입되어 있지만, 코카콜라나 펩시콜라는 아니다). 또한 소비자들은 조사 결과를 알 방법이 없다.

수돗물을 마시고 많은 사람이 병에 걸리면 그 소식은 대중에게 전달된다. 생수에 대한 보도 체계는 이에 비해 빈틈이 많다. 미국에서는 확실히 생수를 마시고 병에 걸렸다는 사례가 없다(미국에서도 생수가 전량 리콜된 경우는 많았고 아프리카, 아시아, 유럽에서는 생수와 관련된 질병에 관한 보도가 많은데도 말이다). 여기서는 이런 일이 일어나지 않았든지, 대중에 보도되지 않았든지, 아니면 발병하긴 했지만 그 원인이 명확하게 밝혀지지 않은 것이리라. 리콜이 되는 경우가 있어도 그 소식은 대체로 늦게 전해진다. 월드워치 연구소Worldwatch Institute의 보고서에는 다음과 같이 쓰여 있다.

"대부분의 경우 문제의 물이 생산되어 배급, 판매되고 나서 최대 15개월이 지난 후에야 리콜이 이루어진다."

문제가 있는 물을 마셨다고 해서 꼭 소화기내과로 달려가야 한다거나 화장실로 가게 되지는 않는다. 그러나 장기적으로 봤을 때 그 결과는 더 나쁠 수도 있다. 2006년 뉴욕 주 서부에서 생산되어 판매된 천연생수에서는 환경보호국 기준보다 2.5배 높은 수치인 25ppb의 발암성 브롬산염이 발견되었다(브롬산염은 자연적으로 발생하는 무해 성분인 브롬화물이 정수 과정에서 오존과 결합하면서 형성된다). 업계에서는 이로 인한 리콜이 이루어진 것이 관련 체계가 작동하는 증거라고 말한다. 하지만 위험 수준의 브롬산염을 한 달 이상 마셔온 사람들의 생각은 아마 다를 것이다.

메인 주의 홀리스에 있는 폴란드 스프링 생수 공장에서는 1년에 358일 동안 매일 5백만에서 6백만 갤런의 생수병을 채운다. 시장 동향을 이끌고 있는 이곳은 북미 지역에서 가장 큰 생수 공장이다. 톰 브레넌 과장과 이 공장의 공장장인 빌 메이플스 씨는 공장을 한번 둘러보도록 나를 불렀다. 그 전에 나는 머리에 쓰는 그물망과 보안경, 귀마개를 착용해야 했다. 그러고 나니 나 역시 외계인 같아 보였다.

생산구역으로 향하는 이중문을 들어서자 상황을 파악하기까지 약간의 시간이 걸렸다. 거의 모든 것이 움직이고 있는 것 같았다. 머리 위 '에어베이어airveyor' 벨트를 따라 프리폼preform이라고 불리는 작은 플라스틱 튜브가 날아다니고 있었다. 센 공기를 불어넣자 이 튜브들은 0.5리터짜리 병이 되어 가공처리 공장에 걸린 닭고기처럼 매달려 있다. 세 줄로 늘어서 있는 빈 병들은 움직이면서 하나로 합쳐진다.

"전부 공기로 움직이는 겁니다."

메이플스 씨는 굉음을 뚫고 자랑스럽게 소리쳤다.

유리벽에 둘러싸인 양압 상태의 작은 방 안에서는, 분당 1천2백 병의 속도로 기계 한 대는 물병을 채우고 다른 한 대는 뚜껑을 닫는다. 모퉁이를 돌자 플라스틱이 녹는 냄새가 났다. "레이저로 바코드를 새기는 냄새입니다"라고 메이플스 씨가 말했다. 기계들은 눈에 보이지 않을 정도의 속도로 그 유명한 녹색 라벨을 붙이고, 병을 상자에 넣고, 그 상자를 다시 폴리에틸렌 필름으로 감싼다. 여기서 이 상자들을 5피트 높이까지 쌓는 것은 사람이 한다.

잠시 이 모든 상황을 받아들이고 나서 나는 메이플스 씨에게 지금 보고 있는 병이 몇 병쯤 되는지 물었다.

"2천5백만 병입니다."

그는 손으로 이 공장 바닥 6에이커를 덮고 있는 계곡물 쪽을 가리키며 대답했다. 이 물은 일주일도 안 되어 바닥이 나고, 그 물로 2천5백만 병의 생수가 더 만들어질 것이다.

떠나기 전 나는 실험실 안을 얼핏 들여다보았다. 전문가들이 1년 내내 생산 라인을 따라 다양한 지점에서 추출한 샘플을 계속 검사하고, 매시간 완성품 샘플을 채취하여 2백 가지 이상의 오염원이 들어 있는지 여부를 검사하는 곳이다. 네슬레에서는 이 정보를 모두 자사 웹사이트에 올리고 있다지만, 이것은 자체적인 보고서일 뿐이고 내가 체크했을 당시의 정보는 1년 전 것이었다. 물론 이 회사에서 이런 시도를 하고 있다는 점은 높이 살 만하다.

가끔씩 생산된 지 최대 2년이 지난 생수에 대한 정밀 검사를 실시하는 경우, 회사에서 자체적으로 실시한 분석에서는 미검출(말 그대로 검출되지 않았거나 보고해야 하는 최소기준치에 미달하는 경우) 판정을 받았던 오염원이 발견되기도 한다. 이 오염원들은 물 자체와는 아무 관련이 없다. 플라스틱 포장재에서 나오는 것이다.

대부분의 생수병은 석유에서 추출한 화합물인 PET에 유연성, 색감, 강도를 높이기 위한 첨가물을 넣어 만들어진다. 나는 플라스틱을 유연하게 만드는 연화제인 프탈레이트phthalate에 관한 이야기를 계속 들어왔다. 이 성분이 성장과 발달에 매우 중요한 부분인 내분비계를 교란시키는 것으로 알려져 있다는 이야기도 수없이 들었다. 2005년 유럽연합에서는 장난감과 아동용품에 대해 여섯 가지 종류의 프탈레이트 사용을 금지했다. 2007년에는 캘리포니아 주에서도 이 같은 조치를 따랐다. PET나 폴리프로필렌으로 만들어진 병뚜껑에는 프탈레이트 성분이 들어 있지 않지만, 고밀도폴리에틸렌HDPE으로 만들어진 반투명한 흰색 물병—마개가 일체형으로 생긴 큰 병이나 1갤런짜리 병—에는 이 성분이 들어 있다. 환경보호국에서는 수돗물의 프탈레이트를 규제하고 있지만, 생수업체들의 로비를 받고 있는 식품의약국에서는 90년대 후반까지 규제를 하려고 하지 않았다. 국제생수협회의 프탈레이트 기준은 환경보호국과 같기는 하지만, 이 기구는 공장에서의 수치만 측정할 뿐 몇 달 혹은 몇 년간 보관된 물의 수치는 측정하지 않는다.

플라스틱 병에 들어가는 다른 원료들은 어떤가? 2006년 하이델베르크 대학교의 지구화학자인 윌리엄 쇼틱William Shotyk 씨는 PET 제조시 용매로 쓰는 안티몬antimony 성분이 생수에 스며들어 있는 것을 발견했다. 안티몬 성분은 소량 섭취할 경우에는 어지럼증과 신체기능 저하를 유발하고, 많은 양을 섭취하게 되면 메스꺼움과 구토를 일으켜 심한 경우 사망에까지 이를 수 있다. 쇼틱 씨가 발견한 양은 정부 기준에는 훨씬 못 미쳤지만 물이 PET병에 담겨 있는 시간이 길수록 그 수치가 올라갔다. 제조한 지 얼마 안 된 샘플들에서는 160ppt(미국은 수돗물을 기준으로 6ppb, 즉 6,000ppt를 허용하고 있다)가 검출되었던 안티몬은 3개월 후 두 배가 되었고, 3개월이 더 지난 후에는 다시 두 배 가까이 뛰었다. 그러나 이는 여전히 연방 기준에는 미치지 않는 수치이다.

극심한 온도 변화는 생수병에 어떤 영향을 미칠까? 인터넷에는 물을 얼리면 다이옥신 같은 무서운 화학 성분이 물에 녹아든다는 소문이 떠돌고 있지만, 이것은 사실이 아니다. 얼리기 때문에 나타나는 효과가 있다면, 온도가 낮아져서 화학 성분의 이동을 둔화시키는 것 정도이다. 게다가 PET에는 다이옥신이 없다. 이 발암물질은 370도가 넘는 온도에서만 생성된다. 이는 8월에 데스밸리Death Valley 계곡에 창문을 꼭 꼭 닫은 채로 차를 세워두어도 도달하기 힘들 정도로 높은 온도이다.

식품의약국은 일반적인 조건하에서는 PET 플라스틱을 식품에 사용해도 안전하다고 주장한다(다만 전자레인지에 넣고 돌려서는 안 된다). 그러나 화학 성분이 음식이나 물에 스며들지 않는다고 말하는 어리석은 행동은 더 이상 하지 않는다. 대신 PET 병에서 나오는 화학 성분 수치가 "기관에서 파악한 정보에 따르면 충분히 안전한 범위 내에 있다"고 말한다. 이는 명확한 승인이라고 볼 수 없다. 특히 생수를 만드는 사람들이 식품의약국에 이 정보를 제공하는 한 더욱 그렇다. 학계에서는 일상적으로 사용하는 데 문제가 없다고 승인받은 것보다 적은 양의 화학 성분도 건강에 나쁜 영향을 끼친다는 증거를 계속 찾아내고 있다.

홀리스 공장을 나선 후, 나는 폴란드에 있는 이 회사의 프리저베이션 공원Preservation Park 안에 위치한 폴란드 스프링 박물관을 향해 차를 몰았다. 나는 이제는 위풍당당한 안내 센터가 들어선 최초의 생수 공장 자리에서 혼자 과학에 관련된 전시물들과 폴란드 스프링 사의 기록을 보며 어슬렁거렸다. 디오라마관 안에서는 실험복을 입은 마네킹―두꺼운 모발의 어두운색 가발을 쓰고, 잘 정돈된 콧수염을 달고, 철사 테두리로 된 안경을 쓰고 있는 마네킹은 조지 해리슨George Harrison 을 닮았다―이 19세기의 수질검사 기구를 정성스레 들여다보고 있다. 나는 마네킹을 보면서 아직 염소를 사용하지 않았던 시대에 물을 그냥 마시면 죽을 수도 있다는 두려움 속에서 산다는 것은 어떤 기분이었을까 상상해보려고 애썼다(오늘날 선진국에 사는 수십억의 사람들은 물을 그냥 마신다). 이 회사의 연표를 보고 있으려니 이 물은 두려움에서 유행으로, 이곳을 찾아오는 고위층을 위한 치료법에서 사회적 지위 상승을 이룬 사람들의 상징으로, TV 드라마에 등장하는 간접광고 제품으로 변화했구나 하는 생각이 들었다. 나는 폴란드 스프링 박물관이 생수에 대한 최근의 회의적 분위기에 대처하고 있는지, 하고 있다면 어떻게 하는지를 알아볼 참이다.

수돗물에 대해 알아보고 난 뒤로 나는 천연생수에 대해 제기하는 주장에 대해 완전히 나몰라라 할 수는 없었다. 대형 브랜드의 생수들은 잘 보호된 상수원에서 나오는 물로 만들어지고, 염소 부산물도 없고, 어느 정도는 천연제품이라고 봐야 한다. 대도시에서 공급하는 수돗물과는 천양지차이다. 앨 고어Al Gore 전 부통령은 《불편한 진실An Inconvenient Truth》을 들고 여행하는 동안 천연생수를 찾았다(그가 찾은 물은 '에비앙이 아닌' 그 지역에서 나온 생수였다). 그는 아카데미 시상식에 갔을 때는 오스카의 공식 생수인 바이오타Biota를 마셨다. 이 물은 옥수수를 재료로 만든 병에 담겨 있다. 콜로라도 주의 유레이Ouray에 있는 샘에서 물을 끌어오는 이 회사는 반짝 뜨는가 싶더니 곧 부도 신청을 냈다. 이름대로 생물군biota―물에 사는 동식물의 수를 말한다―이 너무 많았던 것이다.

물이 첨벙거리는 소리에 이끌려 황홀경에 빠진 나는 이 회사의 제품이 가득 차 있는 냉장고 쪽으로 발길을 향했다. 작은 안내판에는 '물병을 리필하지 마십시오' 라고 쓰여 있었다. 김이 샌 데다 네슬레의 탐욕스러움에 기분이 빠진 나는 수도꼭지에서 나오는 물로 늘 가지고 다니는 물병을 채웠다. PET 병에 물을 다시 채우는 것이 위험한 일일까? 아니면 단순히 더 많은 물을 사라고 생수회사가 우리 등을 떠미는 것일까? 나는 PET 병에 물을 다시 채우는 것은 그 안에서 해로운 박테리아가 자라는 경우에만 위험하다고 알고 있다. 따뜻한 비눗물로 물병을 씻을 시간과 의지가 있는 사람이라면(물병용 솔도 유용하다) 건투를 빈다. 나는 입구가 넓은 내 날진 병을 계속 가지고 다닐 것이다.

그렇지만 완벽하게 자신 있지는 않다. 바닥에 합성수지 번호 7번이라고 쓰여 있는 이 딱딱한 폴리카보네이트 병은 몇 번이고 재활용할 수 있을 것처럼 보인다. 씻기도 편하고 쉽게 깨지지도 않는다. 그러나 최근 폴리카보네이트에서 에스트로겐과 비슷한 화학 성분인 비스페놀bisphenol A 성분이 나온다는 것이 밝혀졌다(물병에 흠집이 많을수록 더 많이 나온다). 질병통제예방센터에서 실시한 연구에서는 검사자 가운데 95퍼센트 이상의 체내에서 동물 실험시 실험체의 발달에 영향을 주었던 정도 혹은 그 이상의 비스페놀 A 성분을 검출했다. 이들은 전부 적은 양의 비스페놀 A에 오랜 시간 노출되어 있었던 것으로 보인다. 비스페놀 A는 가정이나 사무실에 배달되는 5갤런짜리 생수통이나 아기 젖병, 음식용 캔 안쪽이나 치과용 방수제, 일부 와인 양조통, 에폭시 수지로 내벽 처리된 수도관이나 물탱크에서 발생한다.

1백 개가 넘는 정부 보고서에서 적은 양의 비스페놀 A도 실험 동물의 유전자 변형을 일으켜 전립선 암, 남성 호르몬 감소, 정자 수 감소 및 여성성 2차 성징의 초기 징후를 일으킨다고 밝히고 있다. 이 화학 물질의 영향을 받는 유전자 기제는 모든 동물에서 비슷하게 나타난다. 인간도 마찬가지다. 미국 국립보건원National Institute of Health에서도 재검토 결과 비스페놀 A는 최소한으로 규정된 양만 섭취하더라도 신생아와 어린이의 건강에 위험을 끼칠 수 있다는 결론을 내렸다. 비스페놀 A를 만들고 사용하는 사람들은 이 화학 성분이 인체에 무해하다고 말하지만, 그들이 제시하는 연구는 섭취량이 많은 경우만 다루고 있다(직관적으로는 그렇지 않을 것 같지만, 소량을 섭취할 때 나타나는 부정적 영향이라고 해서 반드시 다량을 섭취하는 경우에 나타나지는 않는다). 국제생수협회는 비스페놀 A에 대해서는 신경을 쓰지 않고, 관련 검사도 하지 않는다.

비스페놀 A와 인체의 질병 사이의 직접적인 관련성은 아직 밝혀지지 않았다. 그러나 케이스웨스턴리저브 대학교Case Western Reserve University에서 이 화학 성분에 대해 거의 10년 동안 연구해온 분자생물학자인 퍼트리샤 헌트Patricia Hunt 씨의 말은 다르다.

"인간에 대해 동물 실험 데이터와 비교할 만한 데이터가 나오기를 기다리다가는 인류 자체가 멸망하게 될 겁니다."

이 정도면 충분하다. 나는 낡은 날진 병을 던져버리고, 알루미늄으로 만들고 아직 아무런 유해 화학 성분이 밝혀진 바 없는 수성 기반의 무독성 합성수지로 내벽 처리된 지그Sigg 물병 두 개를 샀다. 마침내 현대 세계로부터 나와 내 가족을 보호할 수 있는 명쾌한 방법을 찾은 것이다. 아직도 경우에 따라 수돗물에도 무언가 들어갈 수 있다는 것을 알게 된 충격에서는 벗어나지 못했지만(비록 그것이 정부에서 허용하는 범위 이내라 하더라도 말이다), 염소 소독 덕에 최소한 박테리아가 증식하지는 못한다. 선반에 몇 달씩 놓여 있는 물과 달리 플라스틱에서 나오는 부산물이 들어 있지도 않다. 정밀 모니터링도 이루어지고, 이산화탄소 발생량도 상대적으로 적다. 물을 배달시키느라 민영기업에 터무니없는 액수의 돈을 주지 않아도 된다.

여름이 계속되는 동안 국제기업책임의 자원봉사자들은 맛 테스트를 진행하고, 미디어에서는 계속해서 생수와 지구 온난화를 연결지어 보도했다. 피지 워터가 다른 어느 업체보다도 탄소 발생량이 많았다. 에비앙에 이어 미국에서 두 번째로 많이 수입되는 생수인 피지 워터는 비티레부Viti Levu에 있는 '천연 그대로의' 우림지대 지하 대수층에서 퍼 올려져 미국 등지로 수출된다. 롤 인터내셔널Roll International 소유의 이 회사는 산업 시설과 오염원으로부터 멀리 떨어져 있다는 이점을 활용하여 장사를 하고 있다. 멀리 떨어져 있기 때문에 물이 '더욱 순수하고' '다른 생수보다 더 건강에 좋다'는 것이다. 그러나 이 거리─이곳은 물을 트럭에 옮겨 싣고 서부 끝에서 동부 끝까지 각처로 배송하는 기점이 되는 샌프란시스코에서도 5천 마일이나 떨어져 있다─를 다른 차원에서 볼 필요가 있다. 천연자원보호위원회에 따르면, 피지에서 뉴욕까지 물 1백만 갤런을 운반하는 동안 190톤의 이산화탄소가 배출된다(미국인들은 1년에 평균 20톤 이상의 이산화탄소를 배출한다).

피지 워터가 부담해야 할 환경 비용은 또 있다. 이 생수 공장에서는 안정적 전원이 필요하기 때문에 24시간 내내 디젤 엔진 세 대를 돌린다. 찰스 피시먼Charles Fishman 씨는 《패스트 컴퍼니Fast Company》라는 잡지에 이런 글을 실었다.

"이 물은 라벨에 쓰인 대로 '지구상에 마지막으로 남은 천연 그대로의 자연에서 가져온 것'일지는 몰라도, 이 공장 뒷마당에서는 천연 그대로의 자연이 디젤 연기에 뒤덮인 채 훼손되고 있다."

이 우림지대를 벗어나 있는 피지의 도시 지역은 만성적으로 물 때문에 시달리고 있다. 물이 없어서가 아니라, 물을 운반하고 지키기 위한 기반 시설이 충분하지 못하기 때문이다.

"인구는 증가하고 있는데, 그에 걸맞는 계획이나 펌프 시설이 없으니까요."

뉴욕에 있는 피지 대사관의 한 공무원이 나에게 한 말이다(이 대사관 직원들은 수돗물도 피지 워터도 아닌 정수기에서 나오는 폴란드 스프링 물을 마시고 있다). 2007년 이 나라의 국민 절반은 깨끗한 물을 얻지 못했다. 우기에 발생한 돌발적인 홍수로 인해 장티푸스, 렙토스피라증, 뎅기열이 발생했다. 그동안 피지 국민들은 물을 끓여 마시거나 생수를 마실 것을 권고 받았다.

생수에 반대하는 사람들에게는 솔깃한 이야기이다. 수원지 지역 주민들이 목말라 하는 동안, 정작 그 물은 수천 마일을 건너 이미 깨끗하고 싼 물이 나오는 곳에 있는 사람들(우리 미국인들)에게로 왔다. 그렇다면 피지 워터를 사 마시지 않는다고 해서 피지 사람들을 도울 수 있을까? 그렇지는 않다. 사실, 오히려 그들을 더 어렵게 만들 것이라는 근거도 있다. 롤 인터내셔널 사에서는 2004년부터 이 사업과 섬에 이익금을 재투자해왔다. 그들은 노동자들의 자녀가 다닐 학교를 짓기도 하고, 물에 관련한 기반 시설을 짓기 위한 신탁 기금에 돈을 쾌척하고 있다. 또한 3백 명이 넘는 피지 현지인들을 고용하여 비공식적으로 정해져 있는 최저 임금의 두 배에 해당하는 봉급을 준다. 피지 워터를 사지 않으면 공장 주변―피지 워터의 배와 트럭이 닿는 곳은 어디든 마찬가지이다―의 공기는 좋아질지 몰라도 이제 막 성장하고 있는 지역 경제는 꺾일 것이다. 프라이버그와 마찬가지로 피지에서도 무엇 하나 간단하지가 않다.

2007년 여름 생수회사와 계약을 취소한 도시의 시장은 환경에 관해서 신임을 쌓았지만, 그들의 일차적인 동기는 재정적인 것이었을지도 모르겠다. 물을 사 먹는 것은 비싸다. 빈 병을 수거해서 쓰레기장까지 운반하는 것도 마찬가지이다. 미국에서는 대부분의 지역에서 빈 병을 재활용할 수 있지만, 생수를 마시는 곳―길거리, 극장, 공원, 골목길 등―은 대부분 재활용 분리수거통이 없는 상황이고, 생수병이 재활용되는 비율은 겨우 15퍼센트로 민망할 정도로 낮다. 대부분의 일회용 생수병은 매립지에 묻히거나 소각장에서 태워지고, 기차역 아래나 동굴, 길가, 철길 주변, 해변가, 바다 한가운데 등등 지구 여기저기에서 굴러다닌다. 해양 생물들은 바다 한가운데를 떠다니는 부서진 병 조각들을 음식으로 착각하기도 한다.

석유와 천연가스 가격이 올라가면서 플라스틱은 더욱 귀해졌다. 미국의 가공업자들은 더 많은 PET를 확보하기 위해 안달이다. 2007년 한 해 재활용업자들은 플라스틱을 파운드당 46~54센트에 팔았다. 중국의 실수요자들은 더 높은 가격도 기꺼이 제시하고 있어서, 미국에서 재활용을 위해 수집되는 플라스틱의 40퍼센트는 해외로 팔려나가고 있다.

어디서건 이 생수병들은 작은 조각으로 잘려 콩알만 하게 뭉쳐진 후 옷이나 카펫, 노끈 등의 상품을 만들기 위한 섬유로 압출 성형된다. 병을 재활용하는 것은 매립지 공간에 대한 수요를 줄일 수 있기 때문에 그냥 버리는 것보다는 낫지만, 이로 인해 생수업체들의 석유 수요가 줄지는 않는다. 그들은 재활용된 병을 사용하지 않기 때문이다.

"여기에는 물맛에 관한 문제가 걸려 있습니다."

네슬레 생수회사의 환경담당 론 다이어Ron Dyer 과장의 말이다.

"재활용 병을 충분히 확보하는 것이 문제입니다."

뉴욕 주 퀸스에 있는 다사니 공장의 공장장 스테판 마하비르Stephan

Mahabir 씨는 이렇게 말한다. 무엇이 맞는 말일까? 용기재활용연구소 CRI:Container Recycling Institute의 베티 매클로플린Betty McLaughlin 소장에게 전화를 걸었더니 그녀는 이렇게 말했다.

"생수회사들은 자신들이 포장재에 재활용품을 상당 수준 사용하기 시작하면 재활용 프로그램을 운영하는 데 드는 비용을 대야 할까 봐 눈치를 보고 있을 겁니다."

그녀는 또한 순수한 PET가 재활용 PET보다 더 싸다고 했다.

매클로플린 씨가 이끄는 단체에서는 음료수 용기에 대해 소비자들이 일종의 반환보증금을 내게 하는 방식의 공병세 징세 방안을 추진 중이다. 탄산음료와 맥주에 대해서는 11개 주에서 이 법을 적용하고 있지만, 이 법을 물에 적용하는 주는 세 곳뿐이다(2009년 1월에는 오리건 주가 네 번째로 동참하게 된다). 공병세가 효과가 있느냐고? 그렇다. 전국적으로 공병세를 걷지 않는 주의 평균 재활용 비율은 23퍼센트인 것에 비해 공병세를 걷는 주에서는 음료수 병의 60~90퍼센트가 재활용된다. 내가 살고 있는 뉴욕에서는 입구가 좁은 플라스틱 병은 길가에 있는 분리수거통에서 수거하고, 탄산음료에 대해서는 공병세를 적용하고 있다. 만약 주에서 이 세금을 물에도 적용하고 보증금을 5센트에서 10센트로 늘렸더라도 거리나 공원이 여전히 빈 생수병으로 꽉 찼을지 의문이다.

놀랄 일은 아니지만 생수회사들은 이런 세금을 반기지 않는다. 용기재활용연구소의 말로는 이 프로그램을 시행하면 생수회사 측에서 병당 1~2센트를 내야 하고, 그 빈 병을 처리해야 하는 상점 주인들에게도 이것이 골칫거리라는 것이다. 새로운 공병세 법안이 상정되거나 현재 세법의 대상을 확대하는 내용의 개정안이 의회에 올라올 때마다 코카콜라나 펩시콜라, 기타 생수회사들은 로비스트를 고용하고 이를 막기 위한 광고 캠페인을 벌인다. 그리고 대체로 성공한다.

　매립지에서 중장비들이 생수병을 찌그러뜨리기는 하지만, 그래도 여전히 생수병은 매립지의 공간을 차지한다. 얼마나 오래 그 공간을 차지할지는 아무도 모른다. 이제 PET는 겨우 24년쯤 되었을 뿐이다. PET의 예상 수명은 최대 1천 년이다. 이 생수병들이 그 안에서 독성 물질을 배출할까? 고밀도폴리에틸렌 병에서 프탈레이트 성분이 나올 수도 있고, 다른 종류의 플라스틱에서 벤젠이나 니켈, 에틸렌이 나올 수도 있다. 아무도 매립지에서 나오는 침출수에 섞여 나오는 오염원의 출처를 따지는 것에 재정 지원을 하고 있지 않기 때문에 확언하기는 어렵다.

　소각장에서 PET 병은 1파운드당 약 1만 1천 BTU(1BTU는 252칼로리)의 열량을 배출한다. 소각을 통해 에너지를 얻는 사람들에게는 좋은 소식이다. 그러나 PET 1파운드를 생산하기 위해서는 4만 9천 BTU가 필요하기 때문에, 이것을 연료로 사용하기 위해 태운다는 것은 바보 같은 짓이다. PET를 소각하면 다방향족 탄화수소 polycyclicaromatic hydrocarbons : PAHs를 형성한다. 그럴싸하게 들리지만 사실 이 물질은 생물 농축성 발암물질이다(다시 말해 살아 있는 유기체의 조직에 쌓인다는 말이다). 소각장에서 발생한 다방향족 탄화수소 성분은 나머지 물질에서 나오는 가스(이 가스는 제트 기류를 타고 흘러간다)와 바닥에 남은 재, 미세한 집진기로 모은 각종 잔류물에 남는다. 중금속 성분인 안티몬도 마찬가지이다. 그렇다면 이 버려진 오염원들은 결국 어디로 가게 될까? 답은 매립지이다.

가장 잘 팔리는 물인 아쿠아피나를 생산하는 펩시콜라보다 더 많은 플라스틱 생수병을 사용하는 업체는 없을 것이다. 그러나 우리 집 근처에는 이 생수 공장이 없어서, 나는 두 번째로 잘 팔리는 여과수인 다사니를 생산하는 퀸스의 공장에 전화를 걸었다. 견학 약속을 잡기까지는 네 달이 걸렸지만, 마침내 나는 코카콜라의 다단계 여과 과정과 어디에 생수 공장을 설립할 것인가를 결정하는 데 수질이 가장 덜 중요한 문제라는 사실을 알게 되었다.

"모든 공장에서 나오는 최종 생산물은 다 똑같습니다. 진흙을 가져다 놔도 다사니를 만들 수 있습니다."

스테판 마하비르 씨가 공장 회의실 탁자 맞은편에 앉아서 말했다. 뒤편으로 롱아일랜드 고속도로가 보였다.

내 옆에 앉아 있던 지역 사무소 관계자는 마하비르 씨를 향해 날카로운 눈총을 쏘았다.

"선생님은 완성된 제품의 물맛을 어떻게 표현하시겠어요?"

내가 이렇게 묻자 코카콜라의 전사 세 명은 한목소리로 "상쾌하고 산뜻한 맛이죠"라고 읊었다.

나는 샤워캡 같은 모자와 귀마개를 착용하고 마하비르 씨를 따라 생수 공장을 뛰어다니며 물탱크와 수도관, 파이프들을 둘러보았다. 그는 한외여과(ultrafilteration, 보통의 여과법으로 분리하기 어려운 입자를 투석을 써서 압력을 가하여 거르는 방법)와 탄소여과(작은 유기물 및 무기물 분자를 거르는 역할을 한다), 자외선(와포자충의 활성화를 막는다), 역삼투 필터(각종 광물과 염분을 제거한다)를 거치도록 물을 운반하는 기계들을 가리켰다. 물에 다시금 광물과 염분을 집어넣어 다사니만의 독특한 맛을 만드는 기계와, 최종 생산물에 소독용 오존을 쏘는 신기한 기계도 보았다.

주어진 시간이 다 끝나고서도 아직 궁금한 것이 더 있었다. 나는 그 다음 주부터 지역 담당자에게 전화를 걸고 이메일을 쓴 끝에, 결국 애틀랜타 주에 있는 본부에 전화하라는 답변을 들었다. 그러나 전화와 이메일을 통해 물어본 질문들—물의 사용과 재활용, 공병세에 관한— 은 다음 단계의 수문장 근처에서 블랙홀에 빠지고 말았다.

몇 달째 질문을 반복하고 있던 차에 갑자기 코카콜라 쪽에서 입을 열었다. 나에게가 아니라 세계에 대고 말하기 시작한 것이다. 그들은 절수와 재사용을 통해 물 사용을 줄이고 있다고 발표했다(2006년 코카콜라에서는 1,140억 갤런의 음료를 생산하기 위해 2,900억 갤런의 물을 사용했다). 그들은 다사니 병의 무게를 18.2그램에서 13.8그램으로 줄일 계획이고, 사우스캐롤라이나 주의 스파턴버그Spartanburg에 공장을 지어 연간 20억 병에 달하는 생수병을 재활용하여 식품에 사용할 수 있는 재활용 PET를 매년 1억 파운드 정도 생산할 예정이다(2006년 한 해 약 40억 파운드의 PET가 버려졌다. 이는 생수병으로 약 720억 병에 해당하는 양이다). 이 PET를 자사 생수병에 사용할지는 두고 볼 일이다.

나는 이 회사에 이런 행동을 취하도록 영향을 끼쳤다는 공로를 인정받고 싶었지만, 담당자들은 절대 내 전화에 대한 답변을 주지 않았다. 만약 그들이 전화를 했더라면, 쓰레기 줄이기 운동을 하는 사람들은 2005년까지 10퍼센트의 재활용 성분을 사용하겠다고 했던 2003년의 서약을 지키지 않았다는 이유로 여전히 코카콜라를 불신하고 있다는 이야기를 해줄 수 있었을 텐데 말이다(〈플라스틱 뉴스Plastic News〉라는 업계지에 따르면, 2006년 코카콜라는 탄산음료 병에 3.8퍼센트의 재활용 성분을 사용했다. 펩시콜라는 2005년 한 해 탄산음료 병에 재활용 성분을 10퍼센트 사용했다). 재활용 공장을 세우는 것은 좋지만, 이 회사가 아직도 건강에 좋지 않은 음료(탄산음료)를 팔아 막대한 이익을 거두고 있다는 사실을 상쇄시키기는 힘들 것이라는 말도 할 수 있었을 터였다. 재활용은 고결한 일이긴 하지만, 병을 다시 사용하고 빈 병을 리필하는 것에 비하면 환경적으로 덜 좋은 방법이라는 말도 덧붙였을 것이다.

코카콜라에서만 환경에 미치는 영향에 대해 철저하게 따지는 것은 아니다. 경제적 유인과(쓰레기를 버리는 것도 비용이 많이 든다) 활동가들(기업의 무절제한 행위를 꾸짖고 나선 전문가들)의 압력을 받은 다른 생수회사들도 변화를 추진하겠다는 계획을 발표하기 시작했다. 네슬레는 판지 포장을 줄이고, 물병의 무게를 15그램에서 12.5그램으로 줄이고, 라벨 크기도 30퍼센트 줄이며, 뉴욕 마라톤에서 재활용 프로그램을 시작하고(이 행사에서는 선수들에게 7만 5천 병의 폴란드 스프링 생수가 공급된다), 업계 최저 수준으로 물 사용을 줄이고, 24시간 운행하는 물탱크 트럭의 연료를 동물성 지방과 콩 성분으로 만든 바이오디젤 혼합물로 바꾸겠다고 한다. 이렇게 되면 이 트럭 부대가 배출하는 탄소는 연간 180만 파운드 이상 줄어들게 될 것이다.

"저희가 분명 최고 등급일 것이라고 생각합니다. 이런 시도가 더 많은 업체로 확대될지 함께 지켜봅시다."

북미 네슬레 생수회사의 킴 제프리 사장이 포장을 줄이는 것에 관해 〈뉴욕 타임스New York Times〉와의 인터뷰에서 한 말이다.

네슬레는 여전히 아이슬란딕 글레이셜과 치열한 경쟁을 벌이고 있다. 2007년 6월 이 회사는 탄소 중립을 선언했다. 솔락쇼픈Thorlakshofn에 있는 공장은 수력 발전 전기로 가동하고, 선박 운송(트럭 운송은 포함되지 않는다)으로 인한 온실 효과를 되갚는 뜻에서 탄소 상쇄물carbon offset을 사들이고 있다. 천연자원보호위원회의 앨런 허시코위츠Allen Hershkowitz 씨는 "사실은 생수를 만드느라 지구 온난화가 가속화되어 만년설과 빙하가 녹고 있는 마당에" 생수병에 눈 덮인 산과 빙하를 그려 넣는 것은 모순이라고 지적한다.

몇 달 후 피지 워터에서도 공장 가동을 위한 풍력발전 시설을 설치하고, 트럭에 바이오디젤을 비롯한 대안 연료를 사용하고, 도저히 줄일 수 없는 탄소 배출량만큼 탄소 상쇄물을 사들이는 등의 '탄소 절감'을 선언하면서 다시 관심을 채갔다.

생수 산업을 비판하던 사람들이 거둔 가장 큰 승리라면 국제기업 책임의 압력으로 펩시콜라가 아쿠아피나 라벨에 '수돗물만 사용하여 만듭니다' 라는 문구를 넣기로 결정한 것이리라(대신 산 그림은 그대로 두기로 했다).

"이것은 브랜드 생수로 하여금 수돗물에 대한 신뢰를 손상시키지 못하게 하는 커다란 첫발이었습니다."

이 단체의 선임연구원인 마크 헤이스Mark Hays 씨의 말이다. 각종 온라인 커뮤니티와 인쇄 매체에서 수돗물을 가지고 막대한 이익을 냈다는 이유로 펩시콜라를 무자비하게 공격하자, 펩시는 7단계 정수 과정을 크게 홍보하는 내용의 광고로 대처했다.

코카콜라나 펩시콜라의 엄격한 여과 과정에 대해 들을 때마다 나는 점차 더 깊은 공포감에 빠져든다. 왜 수돗물에 없애야 할 것이 그렇게나 많단 말인가? 나는 그럴 때마다 스스로에게 우리가 파이프와 수도관을 방치해두었기 때문이라고 상기시킨다. 우리가 우리 강물에 약품과 각종 공업이며 농업에서 나오는 오염원들을 씻겨 보냈다. 우리가 도시가 팽창하는 것을 용인하면서 박테리아가 번성하는 무대가 되는 하수를 저수지에 흘려보냈다. 그리고 그것을 소독하려는 노력은 때때로 일을 더 그르쳤다.

생수라는 대안은 또 다른 논쟁을 일으킨다. 생수를 생산하고 운반하는 데 드는 석유는 지구 온난화에 영향을 끼치고, 생수 그 자체로도 화학 약품이 녹아들어 우리 건강을 해칠 수 있다. 우리가 미래로 달려가는 동안 식수에 관해 해온 선택들은 전부 문제가 있어 보인다. 지난날 우리가 자원을 좀 더 잘 보살폈더라면 오늘날 이런 난국에 들어서지 않았을 것이다. 본능적으로 농업과 산업에, 그리고 개발자들에게 규제를 풀어준 정부를 탓하고 싶겠지만, 그렇게 한 것도 결국 우리 자신이라는 사실을 인정해야만 한다. 우리가 그렇게 살아왔다. 편안함과 싼 음식, 각종 상황에 맞는 약, 더 큰 집, 더 빠른 가전제품들을 원했다. 여분의 집을 짓건 고기, 잡지, 오토바이를 생산하건, 결국 전부 그 대가로 물이 필요한 것이다.

생수에 대한 반발은 전 세계적인 물 기근과 그로 인한 인류의 재앙에 대한 끔찍한 예언과 결합하면서 물 관련 봉사단체들로 하여금 나무를 심는 것이 아닌 다른 형태의 봉사활동을 하도록 했다. 이런 단체들이 내는 전면광고에는, 돈을 주면 목마른 사람들을 위해 우물을 파고 파이프를 놓겠다는 말이 실려 있다. 마돈나(그녀는 아무것도 모르던 시절 에비앙의 판매에 큰 공헌을 했다)를 포함한 각계각층의 명사들이 이들에게 물을 제공하기 위해 탭 프로젝트The Tap Project, 블루 플래닛 런Blue Planet Run, 글로벌 그린Global Green, 에이치투오 아프리카H2O Africa와 같은 곳에 그들의 이름과 이미지를 빌려주고 있다(이런 소동에는 아랑곳없이 제니퍼 애니스톤Jennifer Aniston은 스마트워터Smartwater와의 계약서에 서명하면서 다른 길을 갔다. 그녀는 몇몇 광고에서 벗은 채로 나오고, 어떤 광고에서는 일회용기에 대한 불신이 이렇게 높은 때에 크리스털 잔 한가운데에 있는 플라스틱 생수병이 허섭스레기처럼 보이는 우아한 고급 식당에 앉아 있다).

이런 물 공급 프로젝트는 가치 있는 일일까? 데버러 코프먼Deborah Kaufman, 마이클 폭스Michael Fox와 함께 《목마름: 우리 물을 훔쳐가는 기업과 맞서 싸우기Thirst: Fighting the Corporate Theft of Our Water》를 쓴 앨런 스니토 Alan Snitow 씨는 나에게 이런 편지를 보냈다.

"옛날부터 좋은 일을 하는 것과 변화를 만드는 것은 구분을 지었습니다. 후자는 정책, 조직, 권리의 문제이지만, 전자는 보통 받는 사람의 장기적 상황을 변화시키기보다는 주는 사람의 이익(과 이미지)에 일조하는, 돈과 퍼주기의 문제이지요."

제한적인 소비자를 두고 엄청난 경쟁이 벌어지는 와중에 일부 생수업체가 이 경쟁의 빈틈을 뚫고 들어가기 시작했다. 그들은 건강에 호소하는 것은 의도적으로 피하는 대신 사회적 의식에 승부를 걸고 있다. '우리 제품을 고르면, 수익의 일정 부분을 수질 개선에 쓰겠다' 는 것이다. 이 게임은 스타벅스가 가장 먼저 시작했다. 이 회사는 '한 병 한 병이 차이를 만듭니다' 라는 문구를 내세워 에토스Ethos 생수를 0.5리터 한 병당 1.80달러에 팔고 있다. 그 차이라는 게 얼마나 될까? 5년이 넘는 시간 동안 한 병당 1센트씩 모인 돈이 1천만 달러가 되면, 이 돈은 물 운송과 하수도 및 위생을 주로 다루는 비영리기구에 기부된다. 1천만 달러라는 목표액을 달성하려면 스타벅스에서는 매년 4천 병의 물(이 물은 캘리포니아 주 백스터Baxter와 펜실베이니아 주 헤이즐턴Hazleton 지역에서 가져온다)을 팔아야 하고, 이렇게 되면 회사에는 3천5백만 달러의 이윤이 남을 것이다.

양심적인 캐나다인들은 에드먼턴Edmonton 시의 물로 만드는 어스Earth 생수를 마시고, UN의 수도계획을 지지한다. 미국 동부에는 로버트 케네디 주니어Robert F. Kennedy Jr.와 지속가능한 사업을 추구하는 기업가 크리스 바틀Chris Bartle이 함께 설립한 키퍼 스프링스Keeper Springs라는 생수 회사가 있다. 키퍼 스프링스는 버몬트 주에서 생산되어 뉴욕과 뉴잉 글랜드 지역에 소량으로 공급되고 있으며, 세금을 제외한 모든 이익 금은 환경운동 모임인 워터키퍼 얼라이언스Waterkeeper Alliance에 돌아간 다(돌아간 금액은 많지 않다. 2006년 한 해 이 회사는 생수 13만 병을 팔았다. 이는 폴란드 스프링의 홀리스 공장에서 하루에 생산하는 양 보다도 5만 5천 병 적은 양이다).

나는 바틀 씨에게 왜 공공 수도와 지방자치단체의 수원지를 보호 하겠다는 단체에서 민영 생수의 판매를 권장하는지 물어보았다.

"저도 웹사이트에 그 이야기를 올리고 싶습니다. 우리는 우리 제품 을 사지 말라고 충고합니다. 수돗물을 마시라고 조언하죠."

하지만 그는 편의를 추구하는 사람들이 이 말을 들을 것이라고 생 각하지 않는다(우리의 대화 이후 그들의 웹사이트는 수돗물을 지지 하는 그의 생각을 반영하는 방향으로 바뀌었다). '생수를 마셔야만 한다면, 우리 제품을 사십시오. 그러면 수질 보호에 최소한의 도움은 됩니다.' 이것이 바틀 씨가 하고 싶은 말이다.

이것은 윤리를 내세우는 모든 물 전문가들이 하는 말이다.

영국의 경우, 사회적인 의식이 있는 사람들은 서스티 플래닛Thirsty Planet이나 벨루Belu를 마시면 된다. 이들 회사는 급수 봉사단체를 통해 아프리카에 기금을 지원하고 있다. 두 회사 모두 물의 형평성에 관한 인식을 바탕으로 사업을 벌이고 있지만, 벨루는 환경적인 측면까지 고려한다. 이 회사는 풍력 에너지를 사용하고, 청정에너지 프로젝트에 대한 재정 지원을 통해 이산화탄소 배출에 대한 책임을 지고, 미국에서 옥수수로 만든 생수병을 사용한다.

(옥수수로 만든 플라스틱에 관해 몇 마디만 하자. 이 플라스틱을 만드는 과정은 석유로 플라스틱을 만들 때에 비해 온실 가스를 적게 배출하고, 물론 옥수수는 화석연료와 달리 다시 사용할 수 있는 자원이다. 그러나 미국에서 경작하는 방식대로라면 옥수수가 지속가능하다고 보기는 어렵다. 기업 규모로 이루어지는 옥수수 농사에는 어마어마한 양의 제초제와 비료가 들어간다. 비가 많이 오면 이 성분들은 수로로 흘러들어가 식수를 오염시킨다. 옥수수로 만든 플라스틱은 퇴비로 쓸 수 있지만, 이는 상업적인 공정을 통해서만 가능하다. 어지간한 일반 가정의 쓰레기통이나 퇴비더미에서는 적당한 시간 안에 분해가 일어날 만큼 충분한 열을 낼 수 없다. 지역 단위로 퇴비를 만들기 위해 생수병을 수거하지 않는다면, 이것들은 결국 매립지로 가게 되기 쉽다. 재활용업자들도 옥수수 플라스틱을 별로 좋아하지 않는다. 기존 것들과 잘 섞이지 않기 때문이다. 이 병을 따로 걸러내기 위해서는 돈을 지불해야 하고, 버리는 데도 따로 돈을 내야 한다).

좋은 일에 쓰이는 물은 소비자들로 하여금 생수를 사면서 만족감을 얻게 하지만, 여기에는 방심할 수 없는 부작용이 있다. 이 물은 수돗물에 대한 신뢰를 깨뜨려 수돗물을 지키고 개선하는 데 정말 중요한 대중적 지지를 무너뜨릴 수 있다. 그들은 소비자들이 생수를 먼저 집게 만드는 문제 자체를 해결하기 위해 아무런 노력을 하지 않는다.

그들은 물이 상품이라는 생각을 유지하고 있다. 이를 통해 스타벅스나 다른 음식점의 계산대 뒤에 아주 좋은 수도꼭지가 있다는 사실을 교묘하게 잊어버리게 만드는 것이다.

하지만 이 물이나 파이프가 완벽하게 좋은 것은 아니라면 어떻게 할까? 여기에도 장사가 될 기회가 숨어 있다. 생수와 수돗물 간의 전쟁 한 가운데에 있는 정수필터가 바로 그것이다. 2007년까지 미국 가정의 약 60퍼센트가 어떤 형태로든 정수 시스템을 갖추게 되었다. 이는 2000년에는 40퍼센트였던 비율이 상승한 것이다. 냉장고 광고에서는 일체형 정수필터를 선전하고 있고, 언더싱크 정수기는 갑자기 부동산 광고에 등장하는 '최신 설비'의 한 부분이 되었다. 2006년 주거용 하수 시설 시장은 대략 15억 달러 규모로 추산되며, 매년 9~11퍼센트의 비율로 성장하고 있다.

나도 한 몫을 담당하고 있다. 나는 냉장고 위에 브리타 울트라맥스 정수기를 올려놓고 캣츠킬과 델라웨어에서 나오는 엄선된 물을 걸러 마신다. '자연여과' 시장을 이끌고 있는 회사인 브리타에서 나오는 탄소 필터가 내장된 이 하얀 뚜껑의 물통은 미국 가정의 35퍼센트가 사용하고 있다. 2002년에서 2007년 사이 이 정수기 판매는 꾸준히 연간 3억대를 유지해왔다.

브리타(이 이름은 독일인 발명가의 딸 이름에서 따온 것이다)로서는 상황이 더 좋아질 것으로 보인다. 생수에 대한 반발과 가정용 파이프에 무엇이 숨어 있는가에 대한 '더 이상은 잠재적이지 않은' 공포가 어우러지면서 이 회사의 매출은 쑥쑥 올라가고 있다.

"비난 여론이 우리 회사에는 좋게 작용한 셈입니다."

이 회사의 대변인 드루 맥고원Drew McGowan 씨가 해준 말이다. 1분기만에 판매고는 11퍼센트나 뛰었다.

"우리가 왜 생수에 돈을 낭비하겠습니까? 수돗물도 충분히 좋은데 말이죠."

나는 맥고원 씨에게 가장 최근인 2006년까지도 브리타가 캐나다 지역에 광고를 했고, 그 전에도 지역 단위의 물 공급에 대해 혹평을 퍼붓던 미국에 광고를 내보내지 않았느냐고 반문했다. 그는 이렇게 대답했다.

"그것은 분명 현재의 마케팅 방향은 아닙니다."

최근 브리타의 마케팅 방향은 건강과 웰빙에 초점을 맞추고, 요가 자세를 취하고 있는 아름다운 여성의 모습으로 대변되는 생수 마케팅의 방식을 거의 되풀이하고 있다. 브리타는 웹사이트를 통해 물을 충분히 마시면 치과에 갈 일도 적어지고, 피부에서도 빛이 나고 잠도 더 잘 올 것이라고 말한다.

맥고원 씨와 통화하고 일주일이 지나, 브리타에서는 윤리적인 방침을 들고 나왔다. 자사 정수기와 날진 물병을 사면 이 두 회사에서 수익의 일부를 블루 플래닛 런 재단에 보내겠다는 것이다. 자본주의에서의 완벽한 교훈이다. 똑똑한 마케팅은 처음에는 우리에게 생수를 사게 만들더니, 이제 그 생수가 문제가 되자 우리에게 다른 것을 구매함으로써 그 문제를 해결하라고 말하고 있다.

나는 그대로 했다. 지그 물병을 사지 않았는가. 다른 많은 사람들도 마찬가지였다. 5월에서 8월 사이, 이 스위스 회사의 판매고는 2백 퍼센트나 치솟았다. 지그 사의 미국 지사장인 스티브 워식Steve Wasik 씨는 이 물병―최근에는 '사랑이 땅에 묻히게 하지 마세요' 같은 슬로건과 함께 매혹적인 디자인으로 나온다―이 '휴대폰이나 아이팟 같은 액세서리'라고 말한다.

마케팅 측면에서 보면 이 비유가 완벽하게 맞는 말이지만, 리필이 가능한 물병을 사는 것은 개인용 전화나 뮤직 플레이어를 사는 등의 철저한 개인주의적 행동과는 완전히 반대이다. 물을 다시 채울 수 있다는 것은 공공수를 마시겠다는 의지를 드러내는 것으로, 앤드루 스자츠Andrew Szasz의 《안전해질 방법을 삽니다: 우리는 어떻게 환경 보호에서 자기 보호로 방향을 틀었나Shopping Our Way to Safety: How We Changed from Protecting the Environment to Protecting Ourselves》에서 '전도된 고립'이라고 부르는 행위와는 완전히 거리가 멀다. 전도된 고립이란 미국인들이 정치적 조직화를 통해 해결책을 찾으려 애쓰는 대신, 물건(지하대피소, 교외의 집, 유기농 식품, 생수)을 삼으로써 환경 문제로부터 발을 빼는 것을 말한다. 우리는 90년대에 수돗물로부터 자신을 보호하기 위해(또한 대중으로부터 자신을 구별짓기 위해) 생수를 사 먹기 시작했다. 요즘은 환경에 대한 의식이 고양된 덕분에 일부 사람들이 다른 방향으로 향하고 있다. 어차피 새로운 것—필터든 생수든—을 사는 것이 소비에 파묻힌 대중의 입맛에 더 맞는다면, 그렇게 가자!

자연여과 방식의 필터를 쓰는 것은 생수를 사는 것보다 10~20배는 더 싸다. 하지만 이 기구가 실제로 어떤 역할을 할까? 브리타의 연구개발팀장 실비 샤반 씨는 필터에는 코코넛 껍질을 태운 재나 석탄에서 추출한 숯 성분과 석유에서 추출한 이온교환수지가 들어 있다고 설명해주었다.

"숯 조각이 벌어지면서 작은 구멍을 만듭니다. 그럼 분자가 달라붙을 공간이 생기죠."

예를 들어 염소 분자 같은 것 말이다. 브리타는 그런 것들을 전부

제거한다. 이온교환수지는 납 성분을 비롯한 구리나 카드뮴, 수은, 벤젠 등의 금속 성분과 결합하여 이 성분들을 제거하도록 만들어졌다.

샤반 씨는 브리타가 식수의 수질—특히 그 맛과 향—을 향상시키면서도 치명적인 상황은 초래하지 않는다는 점을 강조한다. 브리타가 약품 성분도 제거할까? 샤반 씨는 그렇지 않다고 대답했다. 과염소산염은? 안 된단다.

"실제 검사를 거치지 않고서는 제거한다고 말씀드릴 수가 없는데, 환경보호국의 기준이 있지 않은 한 관련 검사를 하지 않습니다."

소독 부산물은 어떨까?

"자연여과 필터로는 벤젠만 거를 수 있지만, 수도에 설치하는 방식의 필터로는 트리할로메탄과 각종 휘발성 유기 화합물들을 제거합니다."

인이나 질산염, 질소는? 안 된단다. 불소? 안 된다. 황? 안 된다. 비소? 안 된다. 철은?

"이온교환수지가 붙잡아두기는 하지만 제거할 수 있다고 단언할 수는 없습니다."

그녀는 내가 이산화철이라고 결론내린 우리 집 브리타 탱크 바닥에 깔린 희뿌연 갈색 성분에 대해서는 설명하지 않았다.

박테리아나 포낭류는 어떤가? 안 된다. 최소한 자연여과 필터의 경우 이것들은 너무 작아서 숯 사이를 빠져 나간다.

"수도에 설치하는 모델은 탄소층이 포낭류를 제거할 만큼 촘촘합니다. 자연여과 필터의 탄소층이 그 정도로 촘촘하다면 중력만으로는 물이 통과할 수 없을 겁니다."('주름형 미세필터'를 자랑하는 퓌르플러스PUR Plus 필터는 와포자충 및 지아디아 균의 포낭을 제거한다고 주장한다. 일반적인 필터는 브리타와 비슷하거나 조금 못한 정도로 오염원을 걸러낸다.)

비위에 거슬리는 염소 맛이야말로 많은 사람들이 생수를 미친 듯이 마시는 이유이다. 그러나 염소를 제거하는 데는 많은 장비가 들지 않는다. 그저 물병에 물을 담아 뚜껑을 열어놓고 몇 시간 정도 놔두기만 하면 그만이다.

"브리타 정수기의 뚜껑을 꽉 닫아두는 것이 염소 배출을 막지는 않나요?"

나는 샤반 씨에게 물어보았다. 그녀는 생각에 잠겨 대답했다.

"글쎄요. 정수기에 물을 채우면 6분 만에 물이 자연여과됩니다. 그러면 탄소가 염소를 제거하겠죠."

"물에 염소 성분이 없으면, 박테리아가 다시 자랄 수도 있나요?"

"네. 여과된 물을 햇빛이 있는 곳에 며칠간 방치해두면 미생물이 나타나는 것이 보일 겁니다. 그렇지만 그것은 브리타를 거치지 않은 물도 마찬가지입니다. 공기나 입술, 손에도 이런 유기 미생물들이 있으니까요. 우물물을 먹는다고 해도 그 안에 무엇이 있을지는 아무도 모르는 거죠."

"그렇다면 개인적으로 우물물을 쓰는 사람도 너무 의존하면 안 되는 거군요. 그……."

숯 필터라는 말을 꺼내려는 찰나에 샤반 씨가 내 말을 가로막았다.

"개인 우물이라고요!"

알고 보니 그녀는 우물물 자체에 반대하는 것은 아니지만, 우물을 가지고 있는 사람들에게 수질 검사를 해볼 것을 강력히 권고하는 입장이다(미생물 기본 검사를 하려면 약 65달러가 든다. 살충제와 제초제 성분 검사까지 하면 이 액수는 족히 4백 달러까지도 올라갈 수 있다. 가능한 모든 오염원을 검사할 경우 검사에 드는 액수는 2천 달러를 넘기도 한다).

"브리타 필터는 재활용이 되나요?"

재빨리 계산을 해보니 미국인들은 2002년에서 2007년 사이 6천만 개 이상의 필터를 썼을 것이다.

"유럽에서는 다 쓴 필터를 소매점에 가져가면 그곳에서 수거한 필터를 브리타에 돌려줍니다."

그러면 회사에서는 탄소와 합성수지를 분리한 후 숯 성분은 도로 건설에 사용하도록 팔고, 합성수지 구슬은 물에서 걸러낸 금속 성분을 벗겨낸 뒤 재활용한다. 물론 미국에서는 다 쓴 제품을 생산자에게 돌려주는 문화가 이제 겨우 걸음마 단계이다. 브리타는 미국에서도 잠시 이 시스템을 도입했으나 숯을 사겠다는 사람이 없었다. 지금으로서는, 필터는 그냥 쓰레기통으로 향한다.

2007년이 끝날 무렵까지도 생수에 대한 반대는 여전히 치솟는 중이다. 가을에 접어들면서 생수 판매가 조금 줄었지만, 이것이 활동가들의 압력 때문인지, 선선해진 날씨 때문인지, 가격이 비싸졌기 때문인지(유가가 더 올랐다), 아니면 네슬레의 킴 제프리 사장 말마따나 왔다 하면 생수 수요를 늘리는 자연 재해가 없었기 때문인지는 알 수 없다. 수십억 병의 생수가 계속 슈퍼마켓으로 향하고, 수백만 병이 여기저기서 물을 뚝뚝 흘리고 있다.

"사람들이란 되돌아가는 법이 없습니다. 생수 맛에 일단 길들면 포기하려고 하지 않죠."

《생수 포켓 가이드The Pocket Guide to Bottled Water》의 저자이자 음료회사 컨설턴트로 일하고 있는 아르투르 폰 비젠베르거Arthur Von Wiesenberger 씨의 말이다. 시장 분석가들은 마지막 계수까지 다 치면 2007년의 생수 소비 및 매출이 최소한 2006년에 상응하는 정도는 될 것이라고 예측한다. 미국, 유럽, 인도, 캐나다에도 새로운 생수 공장이 문을 열었다. 기업가들은 많은 순수한 자연 중에서도 아마존의 물로 생수를 만들겠다는 계획을 발표했고, 네슬레에서는 계속해서 새로운 천연샘을 찾아 사들이고 있다.

여전히 어떤 사람들의 마음속에는 생수가 악마의 표식으로, 허머Hummer를 모는 것과 같은 도덕적 의미로 받아들여지고 있다. 더 이상 사회적으로 쓸모가 없어진 생수는 수돗물을 주문하는 것이 대유행이 된 많은 식당에서 퇴출당하고 있다. 대니얼 그로스Daniel Gross는 〈슬레이트Slate〉 지에 실은 글을 통해 이러한 새로운 속물근성이 충분히 예측되었던 것이라고 말한다.

"소수의 사람들만이 에비앙이나 페리에, 산 펠레그리노를 마실 때는 생수가 사회적 질환으로 인식되지 않았다. 이제 모두가 폴란드 스프링, 아쿠아피나, 다사니를 들고 다니게 되자 이것이 크게 문제시되고 있다."

생수를 민주화함으로써—가격을 낮추고 공략층을 넓혔다—상품으로서의 물은 모두를 위해 그 구별을 없앴다.

하지만 지금 일어나고 있는 반발의 원동력은 유행의 힘일까, 아니면 생수로 인한 환경 비용에 대한 인식의 고양일까? 나는 둘 다 결국 같은 것이라는 생각이 들었다. 처음에는 유행 때문에 사회의 일부 집단에서 생수를 환영했고, 이제는 유행(녹색의 유행이라고 하자)이 바로 그 집단으로 하여금 생수를 거부하게 하는 것일 수도 있다. 하지만 아직은 지구 온난화―반발의 가장 큰 이유가 되는―를 막아야 한다는 필요성만 반발의 원동력이 되고 있다. 일부 사람들에게는 맛이 없거나 건강에 나쁜 수돗물로부터 자신을 보호해야 할 필요나 편리성에 대한 단순한 이끌림이 세계에 대한 걱정에 우선할지도 모르지만 말이다.

국제생수협회는 이런 사람들에 기대고 있다. 이 단체는 요리조리 비평가들을 피해 다니느라 넋이 빠질 지경이다. 이 협회의 조지프 도스 회장은 전면 광고와 언론 인터뷰를 통해 생수는 전 세계 지하수의 0.02퍼센트를 쓸 뿐이라고 주장한다(맞는 말이다. 그렇지만 이 물은 일부 수원지에서 집중적으로 퍼 올려지고 있다). 다른 음료수들은 미국 전역과 세계를 누비고 있는데 생수만 비난하면서 제외시키는 것은 불공평하다는 것이다(맞는 말이다. 무게로만 보면 미국에 있는 와인 중 25~30퍼센트가 수입산인 데 비해, 생수는 10퍼센트 정도만 수입되고 있다. 그러나 우리는 1인당 연간 28갤런의 와인을 마시지는 않고, 애석하게도 수도에서 와인이 흘러나오지도 않는다).

국제생수협회는 생수가 고칼로리 음료에 대한 건강한 대안이라고 말한다. 생수는 수돗물이 아닌 탄산음료와 경쟁하고 있다. 도스 씨는 이렇게 말한다.

"물 소비를 줄이려는 노력은 대중의 관심사가 아닙니다."

(7년 사이에 얼마나 많은 변화가 일어났는지! 2000년, 곧 펩시 사와 합병될 예정이던 퀘이커 오츠Quaker Oats의 CEO 로버트 모리슨Robert S. Morrison은 당시 한 기자에게 "우리의 가장 큰 경쟁상대는 수돗물입니다"라고 말했다. 또한 펩시 소유의 게토레이Gatorade 마케팅 담당 부사장인

수잔 웰링턴Susan D. Wellington은 뉴욕의 분석가들에게 "우리 일이 완성되면 수돗물은 샤워와 설거지용으로 전락하게 될 것입니다"라고 말했다. 2006년 피지 워터는 "라벨에 '피지'라고 쓰여 있는 것은 클리블랜드의 물을 쓰지 않았기 때문입니다"라는 광고로 클리블랜드를 빈정거리기도 했다).

미국인들은 생수의 거의 두 배만큼 탄산음료를 마시기 때문에, 비타민워터Vitaminwater를 소유하고 있는 코크 사나 펩시 사에서 기반을 모두 장악하고 있는 것은 놀라운 일이 아니다. 이 회사들은 이제 마이클 폴란이 '정크 푸드를 또 다른 정크 푸드로 대체하는 원더 브레드Wonder bread식 전략'이라고 부르는 방식을 확대하여 비타민이 강화된 탄산음료를 제공하고 있다.

생수회사들도 긴급 카드를 꺼내들었다. 소비자들은 수돗물을 선택할 수 없을 때 생수를 생각해내는 법이다. 파이프가 파열되고 펌프가 고장날 때는 물론이고, 목이 마를 때도 마찬가지다.

"더운 날 3번가를 걸어가면서 수돗물 한 잔을 얻기란 쉬운 일이 아니지요."

업계 관련 잡지인 〈베버리지 다이제스트Beverage Digest〉의 편집장이자 발행인인 존 시처 주니어John D. Sicher Jr. 씨의 말이다. 5년 전에 비해 그나마 합성수지를 약 40퍼센트 정도 덜 쓰고 있긴 하지만 PET 병이 실제로 재활용되어야 한다는 데는 생수업자들도 전부 같은 생각이다(코카콜라에서 지속가능한 포장을 개발하는 작업을 총괄하고 있는 스콧 비터스Scott Vitters 소장은 "우리는 더 이상 우리 제품의 포장이 쓰레기로 보이지 않고 미래에 이용될 자원으로 보이기를 꿈꾸고 있습니다"라고 말하기도 했다).

그렇지만 그들은 암묵적으로, 재활용에 의존해야 한다고 주장하지 말고, 음료회사에서 재정을 대는 공병 보증금법 대신 아직까지는 세금에 의해 운영되고 있는 길가의 수거통을 증강하거나 차에서 빈 병을 버릴 수 있게 하는 프로그램 같은 다른 방법을 통해 병을 모으자고 말한다.

마지막으로 '미국인들의 선택권'에 관한 논란도 있다. 이는 사회적 비용이나 환경적 비용이 높은 제품이 공격을 받을 때마다 생산자 측에서 제기하는 주장이다. 이 주장은 애국적으로 들리고, 개인주의도 장려하면서 생산자들로 하여금 책임을 비껴가게 한다. 만약 생수를 마시는 것이 담배를 피우거나 SUV를 모는 것과 마찬가지로 개인의 선택이라면, 발암율이 높아지건 석유 대란이 일어나건 생수로 인한 부정적 영향에 대해 생산자들을 비난할 수는 없는 노릇이다.

환경운동가들이 생수의 외부 효과를 지나치게 걸고 넘어지는 것일까? 물론 다른 계급적인 소비재—예를 들어 최근의 아이팟 열풍과 같은—는 환경에나 그 생산으로 영향을 받는 사람들에게 더 안 좋다(그렇지만 아무도 매일 아이팟을 사지는 않는다). 우리의 물 전문가 마이클 마스카 씨는 이 주제에 대해 확고한 입장이다.

"저는 무엇을 마실 것인가에 대한 선택권을 갖고 싶을 뿐입니다. 저녁 식사에 따라 어울리는 대여섯 가지의 물 말입니다. 좋은 물은 사람에게 만족을 줍니다."

마스카 씨는 다사니—좋지 않은 물인—를 마시지는 않지만 여전히 이 문제에 개입하고 있고, 반대세력을 과소평가하지 않고는 못 배긴다.

"그 반발이라는 것은 환경운동이고 반세계화 운동이죠. 그 사람들은 물이 상품이 되어서는 안 된다고 말하지만, 왜 물이 공짜여야만 합니까? 왜 물이 마찬가지로 사는 데 필요한 음식이나 집과 다릅니까?"

반세계화에 관한 논의는 주류 환경단체가 아니라 '수돗물로 돌아가기' 서명 운동을 벌이기도 한 식품 및 물 감시단이라는 압력단체에서 시작된 것이고, 국제기업책임에 속한 반세계화 단체들도 한 가지 주제에 대한 사회운동이나 환경운동(예를 들어 노동 착취형 공장에서의 폭력이나 처녀림 벌목 억제)을 해본 이념적 뿌리를 가지고 있다. 최근 몇 년 간 이런 캠페인들의 힘이 모아져 주로 자유무역협정을 통해 환경을 해치고 인권과 지역 민주주의, 문화적 다양성을 제멋대로 침해해왔던 거대 초국적 기업의 정치력을 위협하고 있다.

국제기업책임은 그들이 '전 세계적으로 벌어지고 있는 무책임하고 위험한 기업 행위'라고 부르는 행위들에 반대하면서 많은 회사들 중에서도 네슬레, 제너럴 일렉트릭General Electric, 필립 모리스Philip Morris 사를 겨냥해왔다. 미국에서 벌어지고 있는 이 단체의 생수 캠페인—환경운동과 민영화 반대 운동을 동시에 아우르는—은 그 의제가 다층적이다. 우선 이 단체에서는 대부분의 사람이 생수와 수돗물을 구별할 수 없다는 사실을 보여주고자 한다. 다음으로, (엄밀히 말하자면 사실이 아니지만) 사람들에게 대부분의 생수는 '그저 수돗물'이라는 사실을 알린다. 자원봉사자들은 생수가 남기는 탄소 발자국과 피상적 규제, 혹은 수돗물과 비교한 가격을 강조한 뒤 개인과 지역 정부에 생수를 사지 말 것을 요구한다. 어떤 도시에서는 지역 공무원들에게 민영 생수업체에 공용수를 팔지 말 것을 요구하기도 한다.

이 단체는 또한 미국 내 생수회사들에게 수원지를 공개하고, 수질의 취약점을 밝히고(캘리포니아 주가 생수업체로 하여금 소비자에게 이런 정보를 제공하도록 하는 법안을 통과시키기는 했지만, 아직까지는 어느 생수업체도 이 요구를 수용하지 않고 있다), 펌프질과 생수 생산으로 지역 단위의 물 관리를 위협하지 말라는 압력을 가하고 있다. 이 가운데 공공 자원의 사유화에 반대하는 마지막 부분은 너무 과격해서 대부분의 주류 뉴스에는 나오지 않는다. 아마도 이것이 소유와 통제에 관한 번거로운 질문을 낳고, 많은 미국인들이 가지고 있는 자본주의 지상주의를 건드리기 때문일 것이다. 공공재에 대한 기업의 통제를 막겠다는 이들의 목표가 생수를 마시는 대부분의 사람들에게는 추상적일지 모른다. 그러나 샤스타 산Mount Shasta 근처의 매클라우드McCloud에 공장을 지으려는 네슬레의 노력에 저항하고 있는 캘리포니아 사람들이나, 네슬레가 생수로 만들기 전까지는 크리스털 스프링스Crystal Springs의 물에서 수영을 했던 플로리다 사람들, 네슬레가 뚫어놓은 시추공과 커다란 은색 트럭에 대해 여전히 반감을 가지고 있는 메인 주의 덴마크나 프라이버그 사람들에게는 그렇지 않다.

러브웰 연못의 운명은 구내매점에서 폴란드 스프링 한 병을 사기 위해 2달러를 내놓는 일반인의 흥미를 끌지는 않겠지만, 누가 물을 통제하는가—하워드 디어본 씨가 제기하는 궁극적인 문제인—하는 문제는 장기적으로 이 나라의 갈증을 채우기 위해 얼마나 많은 석유를 태워야 하는가보다 더 중요해질 수도 있다. 우리는 석유 없이는 살 수 있지만 물 없이는 살 수 없다.

시 회의

Bottlemania **8**

시 회의

프라이버그 시의 연례 시 회의는 메인 주 서부를 15인치나 되는 폭설로 뒤덮은 폭풍으로 인해 2주 연기되어 2007년 3월의 마지막 날 시작되었다. 78개의 입안 가운데 17번 물 조례 항은 가장 치열한 공방이 펼쳐질 전망이었다. 1년이 넘는 시간 동안 이 항의 존재와 의미는 이 도시를 분열시켰고, 이웃 간에 간극을 만들었으며, 플라스틱 생수병을 돌려 따는 것이 지니는 도덕적 의미에 대한 터무니없는 관심을 집중시켰다. 하워드 디어본 씨는 마침내 러브웰 연못에 관한 보고서를 발표하기로 되어 있었고, 그는 이 보고서가 시민들을 동요하게 해 조례를 부결시킬 것으로 기대하고 있었다. 1년 넘게 이 조례에 공을 들인 진 버고펜 씨는 디어본 씨가 실패하기를 바랐다.

3월의 메인 주 날씨치고는 따뜻한 날이었고, 회의가 길어질 것에 대비하여 주민들은 간식거리와 보온병을 들고 소방서 차고로 모여들었다. 해나 워런 씨는 뜨개질거리까지 들고 왔다. 접이식 의자가 줄지어 자리를 채웠고, 시 공무원들은 조용히 앞쪽 테이블에 앉아 있었다. 메인 주가 매사추세츠 주에서 떨어져 나오기 전부터 시 회의는 이 주의 가장 보편적인 지방자치 협의체였다. 뉴잉글랜드 지역에서는 어디서나 늦겨울 혹은 초봄에 주민들이 모여 향후 12개월 동안의 지역 운영에 필요한 운영 예산, 법안, 기타 사안들을 투표에 부친다. 시 회의는 친목을 도모하는 자리이기도 하고, 기나긴 겨울의 반가운 휴식이 되기도 한다. 회의는 하루 종일 진행되고, 보통은 각자 준비해온 음식을 나누어 먹는 저녁 식사로 마무리된다. 빌 매키벤은 《심도 깊은 경제: 지역 사회의 부와 튼튼한 미래Deep Economy: The Wealth of Communities and the Durable Future》에서 다음과 같이 쓰고 있다.

"이 방식은 시의 사업을 처리하는 데 가장 효율적인 방법은 아닐지도 모른다. 시장을 뽑아서 그에게 결정하게 하면 1년 동안 시정 참여에 드는 개인적인 시간을 줄일 수도 있다(로비스트가 돈을 받고 법안을 만들도록 허용하는 것이 가장 간단한 방법이다). 그러나 시 회의는 공공사업에 관해 주민들을 교육할 수 있는 학교이다. 그들을 시민으로 만드는 학교 말이다."

버몬트 대학교University of Vermont의 정치학자 프랭크 브라이언Frank Bryan 씨는 시 회의가 "시민 입법자로서 얼굴을 맞대고 민주주의를 실천하는" 장소가 된다고 말한다.

시 검사이자 헤이스팅스 법률 사무소(그 헤이스팅스 말이다)의 공동 대표인 피터 말리아Peter Malia 씨가 이날의 회의를 주재했다. 그는 저녁을 먹기 전에 다 읽어야 하는 두꺼운 법안이 마음에 들지 않는 듯, 빠른 속도로 높낮이의 변화도 없이 말을 이었다. 그가 처음 네 개의 조항—행정위원의 봉급, 시 재산 매각, 세금 선납, 스노모빌용 도로 유지에 관한—을 빠르게 읽어 내려간 후, 순서에 상관없이 17번 항을 먼저 처리하자는 움직임이 일었다.

"가결을 위해서는 3분의 2의 동의가 필요합니다."

말리아 씨가 냉정하게 말했다. 구두 투표 결과 그렇게 하기로 결정이 났고, 물 조례의 후원자인 진 버고펜 의장이 마이크를 잡았다.

"이 안건에 관해 참으로 많은 인신공격이 있었고, 그로 인해 사람들이 혼란에 빠지고 사람에 대한 신뢰나 일의 처리 과정에 대한 신뢰도 무너졌습니다."

바짝 면도를 하고 최근 머리도 새로 손질한 버고펜 의장의 구릿빛 피부는 겨울 날씨로 인해 멀게진 사람들 사이에서 더욱 건강해 보였다. 그는 17번 항에 대한 투표를 '차분하고 개인 감정이 섞이지 않은 초점'과 '객관성,' '좋은 학문'이 자리를 잡을 때까지 미루자고 제안했다.

말리아 씨는 자리에서 일어나는 것으로 이 문제를 표결하자는 의견을 표했다. 가까스로 3분의 1이 일어섰고, 프라이버그 시는 이 문제를 즉시 논의하기로 결정했다.

17번 조항의 문서는 총 18페이지에 달하고, 겨우 3주 동안만 공개되었다. 그러나 시 회의에 참석한 사람들 대부분은 실제로 읽지 않았더라도 그것이 기본적으로 무엇에 관한 것인지 알고 있었다. 이 물 조례를 통과시키면 다른 업체는 물을 퍼 올리지 못하지만, 폴란드 스프링은 워즈 브룩 대수층에서 계속 싼 값에 물을 무한정 살 수 있다. 이 조례는 '수원지 보호구역'을 설정하여 그 안에 있는 토지 소유주가 자신의 땅을 이용하여 할 수 있는 행동들을 제한할 것이다.

　이 조례는 시의 식수원인 워즈 브룩 대수층을 다층적으로 보호하려는 것처럼 보이지만, 많은 주민들은 이를 있는 그대로 믿지 않았다.

　"폴란드 스프링은 이게 커다란 대수층이라고 생각하죠."

　리버렌드 켄 털리Reverend Ken Turley 목사는 일전에 그의 집 주방에서 차를 마시면서 나에게 이런 말을 했다. 그는 뉴 예루살렘 교회의 담임목사로 이날 시 회의의 점심은 이 교회의 여성도들이 준비했다.

　"이 회사는 점차 다른 생수 공장이 필요해질 테고, 그러기 위해서는 누구보다도 돈을 많이 써야 할 겁니다. 그렇지만 일단 폴란드 스프링이 들어오면, 그들이 이익을 얻는 것을 누구도 막을 수 없습니다. 이 도시는 결국 폴란드 스프링의 물을 사 먹어야 합니다. 그들은 이익이 발생하는 순간 지역 수도 시설을 사들이려고 준비하고 있습니다. 독수리처럼 그저 기다리고 있는 거예요. 이대로 10년쯤 지나면 우리는 물을 얻기 위해 엄청난 돈을 지불하게 될 겁니다."

　폴란드 스프링이 물의 주도권을 틀어쥘 것이라는 털리 목사의 걱정이 터무니없는 것은 아니다. 세계화 관련 운동가들은 일단 시민들이 물에 더 많은 돈을 지불하는 데―수돗물을 마시는 대신 생수를 사 마시면서―익숙해지고 나면 물을 공급하고 있는 지역 사회나 주 정부나 심지어 국가도 아닌 민영 회사에 더 비싼 돈을 지불하는 것도 망설이지 않게 될 것이라고 염려한다. 이 기준은 이미 옮겨가고 있다. 미국 전역을 비롯한 전 세계의 민영 수도회사들은 낙후된 기반 시설과 엄청난 빚더미에 앉아 있는 공공 수도 시설을 상대로 거래를 해왔다 (일부 다국적 수도회사에서는 '민영화'라는 말이 일부에서 좋지 않게 인식되고 있다는 것을 알고 이런 제도를 '민관 협업체'라고―지역 소유의 수도회사와 혼동되는 것을 피하기 위해—부르기로 했다. 넓은 의미에서 보자면 지방자치단체가 계속 시설을 소유하되 민영 회사에서 그 가운데 일부 혹은 전체를 운영하고 관리하는 것이다).

《목마름》에서도 언급되었듯이 이 돈 많은 민영 회사들은 파이프를 수리하고 물을 운송하겠다고 제안하지만, 많은 지역 사회에서 결국 물세도 오르고 직원은 해고당하고 정보에 대한 접근성도 떨어지고 서비스도 하락했다. 공공 시설에서 세율을 높이면 그 인상분은 주주들을 위한 크리스마스 보너스가 아니라 시설 수리에 사용된다. 미국의 몇몇 도시들은 민영 회사로부터 수도 체계에 대한 통제권을 되찾기 위한 소송을 걸었다. 어떤 곳—인디애나 주의 게리Gary나 웨스트버지니아 주의 분 카운티Boon County에 속해 있는 물 부족 지역들도 그 가운데 하나이다—은 이런 식의 체계에 만족하고 있다.

"저 같은 입장에 있는 사람이 폴란드 스프링을 믿지 않는다고 말하면 이상하게 들리겠죠."

털리 목사는 차를 한 모금 마시면서 말을 이었다.

"그들은 가능한 한 많은 돈을 버는 것이 그들의 신성한 권리라도 되는 것처럼 주장합니다. 그들에게는 우리를 매수하는 것이 법정을 거치는 것보다 비용이 덜 들 겁니다."

그는 몸을 돌려 창밖의 눈 덮인 뜰을 내다보았다.

나는 그에게 폴란드 스프링이 어떻게 하면 좋겠는지 물었다.

"이익을 나누는 게 답이 될 수도 있겠죠."

이미 이 회사를 마을 밖으로 끌어내기에는 너무 늦었다는 것을 알고 있는 털리 목사는 이렇게 대답했다.

"그들은 이미 시에 돈을 지불하지 않았나요?"

"그렇습니다. 그렇지만 그 기부는 빤히 보이는 속임수인걸요."

"진정한 관대함은 어떤 모습일까요?"

털리 목사는 어깨를 으쓱해 보였다.

"저도 모르지요. 다만 좀 다른 느낌일 겁니다. 포르노그래피를 정의하는 것과 비슷하겠네요. 뭐라고 묘사는 못 해도 보면 알 수 있으니까요. 기부를 위한 재정을 쌓을 수도 있겠죠. 우리 지역의 '경제 생태계'에 관심을 가지고 있다는 것을 보여줄 수도 있을 테고요."

짐 윌퐁 씨는 메인 주에서 폴란드 스프링 사가 물을 빼내는 것에 대해 세금을 걷자고 이야기하면서 간간이 알래스카라는 단어를 집어넣었다. 사람들에게 알래스카 영구기금Alaska Permanent Fund을 떠올리게 하려고 미리 준비해둔 인용이었다. 주에서 운영하는 이 기금은 노스 슬로프North Slope에서 나는 기름을 팔아서 발생하는 배당금을 거의 모든 알래스카 주민의 주머니에 나누어주고 있다(2007년 이 배당금은 1,654달러였다). 이 언급은 석유와 물을 연관지으면서, 사람들로 하여금 메인 주의 천연자원도 석유나 마찬가지로 자연적으로 발생한다는 사실을 상기시켰다(사실 공통점은 이 정도가 전부이다. 지하에서 석유를 끌어올리고 처리공정을 거쳐 운반하는 것이 훨씬 비싸다는 사실에도 불구하고, 리터당 가격으로 보면 생수가 가솔린보다 더 비싸다).

주민들이 소방서에 설치된 단상으로 나와 물 조례에 관해 이야기하는 동안, 누군가는 이 조례를 쓴 사람들을 믿지 못하거나 물을 팔아 이익을 얻으려는 데 도덕적으로 반대하는 반면, 대체로 많은 사람들은 네슬레가 물 값으로 내는 돈(땅을 가지고 있거나 임대해놓은 곳에서는 한 푼도 내지 않는다)과 그 물을 팔아서 얻는 이익 사이에 엄청 난 불일치가 발생하는 데 관한 경제 정의의 문제를 걱정하고 있다는 것이 확실해졌다.

"사람들은 균형에 관해 이야기해왔습니다. 여기 농장을 운영하느라 애쓰고 계신 분도 와 계신데, (이 조례가 통과된다면) 이분이 하루에 1만 갤런 이상의 물을 쓰기 위해서는 돈을 내야 합니다. 그리고 이분은 시 회의에 제공하기 위해 물을 몇 단이나 쌓아 올려놓은 저 회사에 정면으로 맞닥뜨려 있습니다."

격자무늬 재킷을 입은 건장한 켄 브라운Ken Brown 씨가 말했다. 그는 몸을 돌려 폴란드 스프링 생수 상자가 쌓여 있는 소방서 벽 쪽을 가리켰다. 사람들이 그쪽으로 고개를 돌리더니 이내 고개를 끄덕였다.

프라이버그에서 농장이라는 카드는 쉽게 먹힌다. 농업이 이 지역 경제의 주춧돌이기 때문이다. 여기서는 콩, 옥수수, 잔디 농사를 짓고, 이곳으로 농촌 체험을 오는 관광객들도 있다. 이 주의 가장 큰 농업 축제에는 매년 20만 명의 사람들이 몰려든다. 브라운 씨는 누구도 농부에게 해를 끼치고 싶어 하지 않는다는 것을 알고 있다. 그가 말을 이었다.

"우리는 네슬레의 이익을 위해 그들에게 매일 60만 갤런의 물을 제공해주었습니다. 그럴 동안 여기 계신 이분은 물을 쓰기 위해 도시계획위원회에 가서 승낙을 받아야 했습니다. 죄송합니다. 저는 여기서 어디가 균형점인지 모르겠습니다."

그는 손바닥을 들어 저울질을 해 보였다.

개인적인 사용도 걱정거리이다. 인구도 늘고 기온이 오르면서 2005년 이곳에 닥쳤던 것과 같은 가뭄이 점점 더 잦아지는 상황에서,

이 시의 주민들이 양질의 물을 충분히 얻을 수 있을까? 포틀랜드와 프라이버그 사이에 철로를 다시 개설하자는 이야기도 있다. 그렇게 되면 물이 필요한 사업과 제조 공장이 더 많이 들어오게 될까? 산으로 올라가는 신비의 길이자 관광 수입을 올리는 강력한 엔진 역할을 하고 있는 사코 강은 어떻게 되나? 물을 퍼내는 것이 대수층에 영향을 미친다면 언젠가 강에도 영향을 주게 될 것이다. 물론 조례에 회의적인 사람들 모두가 해조류가 자라는 것이나 가족 농장이나 다른 사업체가 살아남는 것에 관해 고상한 생각을 갖고 있는 것은 아니다. 어떤 사람들은 그저 세금이 안정되기만 바라고 있다(이 도시의 수도세는 평균 정도이다. 2006년 프라이버그는 메인 주의 157개 수도 시설 중 95번째로 높은 세율을 적용했다).

"물을 팔 거라면, 그걸로 돈이라도 좀 법시다."

다른 누군가는 이렇게 말했다. 2006년 폴란드 스프링은 메인 주의 물 8억 4천3백만 갤런 어치를 팔았다.

"여기, 여기요."

중얼거리는 소리가 들렸다.

나는 얼마 전 이 주의 부대변인인 빌 블랙 씨에게 전화를 걸어 프라이버그 시의 수도세에 대해 물어보았다. 대략 계산해보니 만약 폴란드 스프링이 퓨어 마운틴 생수회사를 인수하면 프라이버그 수도회사는 중개인 없이 직접 폴란드 스프링에 물을 팔 수 있게 된다.

"그들이 퓨어 마운틴에 지불한 정도의 금액으로 물을 산다면, 2004년 퍼간 양을 기준으로 했을 때 사람들이 내야 할 세금은 0에 가까울 겁니다."

그는 잠시 말을 멈추고는 이렇게 말했다.

"사람들이 실제로 돈을 돌려받을 수도 있겠네요."

그럼 알래스카처럼 되는 것이다.

30분 정도 시민들의 담론이 인상적으로 이어진 후 하워드 디어본 씨의 차례가 되었다. 하얀색 테니스용 스웨터를 입은 그는 빈손으로 나가 떨리는 목소리로 말했다.

"제 이름은 하워드 디어본입니다. 저는 러브웰 연못가에 살고 있습니다. 저는 50년이 넘는 시간 동안 프라이버그에서 살아왔습니다. 또 무엇을 말씀드릴까요?"

그는 마일스 웨이트 씨에게 자신의 펌프에서 공기만 올라온다고 말할 때와 마찬가지로 무언가를 바라는 듯한 눈으로 방을 훑어보고는 말을 이었다.

"저는 계속 무시당하면서 거짓말쟁이라고 불렸습니다."

그는 잠시 말을 멈추었다.

"제가 만드는 신문 〈워터 웨이브Water Waves〉에 실린 정보는 사실입니다. 저는 러브웰 연못의 수질 검사에 3만 3천 달러를 썼습니다. 저는 러브웰 연못과 프라이버그를 살리기 위해 노력하고 있습니다."

그는 다시 자리로 돌아왔다. 그게 끝이었다. 웨이트 씨의 보고서가 연기가 모락모락 나는 총이라면, 디어본 씨는 그것을 권총집에 넣어 두고 있는 셈이었다.

짧은 은발에 손톱도 은색으로 칠한 한 여성이 앞으로 나왔다.

"3천 명이 사는 도시에 1조 달러짜리 기업이 들어온 겁니다."

관객들의 분위기가 순간 생기를 띠었다. 에밀리 플레처 씨는 야구공으로 유리창이라도 깬 사람처럼 눈을 아래로 내리깐 채 마치 네슬레 생수회사의 CEO가 자신의 눈앞에 서 있기라도 한 듯이 이야기를 시작했다.

"당신네가 법정에서는 이길 수 있을지 몰라도, 미국의 이 작은 마을에서 당신들이 옳다는 것을 증명해야 한다는 부담을 가져야 하는 것은 사람들의 신뢰를 얻기 위해서입니다. 그리고 저는 이 작은 글씨가 무슨 뜻인지, 무슨 말을 하고 싶은 건지를 모르기 때문에 당신들을 믿지 않습니다."

그녀는 지난 10월 도시계획위원회가 프라이버그 동쪽에 물탱크 적재소를 승인해준 것에 대해 언급했다. 그녀는 그것이 주민들을 법정으로 몰고, 주민들에게 수만 달러의 비용을 물리면서까지 그들보다 폴란드 스프링을 배려한 처사라고 말했다. 그녀는 이 말이 새겨지도록 잠시 시간을 두었다가 꾸짖는 듯한 말투로 말을 이었다.

"우리는 한 표를 행사할 수 있습니다. 우리는 이 조례가 우리의 이익을 가장 잘 대변하는 것인지를 알고 싶습니다. 대중은 그들 스스로를, 그들이 원하는 것을 대변해줄 사람을 원한다고 생각합니다."

이 대목에서 많은 주민들이 박수를 치기 시작했다. 플레처 씨는 사람들이 느끼는 좌절과 참정권에 대한 박탈감을 표현하고 있었다. 그녀를 좀 더 잘 보려고 고개를 빼는 사람들도 있다. 플레처 씨는 이 도시에서 명망을 얻고 있었다. 그녀는 시내 도서관의 사서이고, 이전 세대에 이 도시에서 활동했던 의사의 딸이자 톰 브레넌 과장과 마찬가지로 메인 주의 베이츠 대학Bates College 출신이다.

"저는 세금을 내는 사람들과 그들의 땅, 그들의 이익과 기회가 지금이나 앞으로도 존중될 것인지를 알고 싶은 겁니다. 그들이 먼저이고, 매일 드나드는 트럭들은 그 다음 문제라는 것을 확실히 하고 싶습니다."

다시 박수가 터져 나왔다.

플레처 씨가 약간 격앙된 표정으로 자리에 앉은 뒤 투표가 시작되었다.

물 관련 운동가들은 물을 둘러싼 싸움이 민주주의를 향한 싸움 그 자체라고 말한다. 물론 작은 마을에 거대 기업이 들어오는 것만큼 교양과 자기이해, 발언의 자유가 가질 수 있는 한계를 시험하는 것도 없다. 시 조례나 토지이용도를 한 번도 읽어본 적 없던 사람들이 사전을 꺼내들었고, 이웃 간에 서로 속이고 있으며, 시 의원과 공무원들은 압력을 받고 있다. 이런 패턴은 미국 전역의 어느 주에서나 똑같다. 네슬레가 와서 토지를 사고, 끝없는 회의를 통해 정보를 발표하고, 거대 조직을 돌릴 채비를 갖춘다. 이 과정에서 일부 주민들은 필연적으로 소외된 듯한 느낌을 받고, 서류도 제때에 볼 수 없고, 질문에 대한 답도 충분하지 않다고 생각하게 된다. 계획위원회는 비공개회의가 된다. 부패에 관한 소문이 떠다니고, 시민들은 절차를 중단시키기 위해 소송을 걸고, 강제 명령이 내려지고 나면 항소에 들어간다. 지치고 비용도 많이 드는 일이다.

생수에 반대하는 사람들은 네슬레가 메인 주를 비롯한 다른 곳의 도시들에 들어가기 전에 '스파이'를 심어둔다는―일을 원활히 진행하고 경쟁을 관망하면서 입법에 관련된 주요 공무원들을 구슬리기 위해―의심을 하고 있다. 그것이 사실이건 아니건 간에, 일부 사람들은 진 버고펜 의장이 프라이버그에서 그런 역할을 하고 있다고 믿는다. 그는 이 도시가 물을 두고 싸움을 시작하기 5년 전에 이곳으로 이사 왔다(그는 어렸을 때 이곳에서 여름을 보내곤 했다고 한다). 워싱턴에서 변호사로 활동한 그는 빨리 지역 조직에 섞여 들어가려고 애를 썼고, 이 지역의 자연보호단체 이사, 근처 병원의 이사장, 러브웰 연못 협회 회장도 지냈으며, 도시계획위원회 위원을 거쳐 마침내 의장 자리에 올랐다. 디어본 씨의 말로는 버고펜 의장이 "일을 망치는 대가로 네슬레에서 돈을 받고 있다"고 한다.

물론 버고펜 씨는 이 주장을 부정하면서, 비록 자신이 1989년에서 1997년까지 전국 민영트럭위원회National Private Truck Council의 CEO직을 맡으면서 민영 트럭의 이익을 대변하여 로비활동도 벌였고, 1천 명이 넘는 회원 중에는 북미 네슬레 생수회사도 있었지만, 현재는 네슬레와 아무 관련이 없다고 말한다. 버고펜 씨는 현재 메인웨이 서비스MaineWay Services의 사장으로 트럭 부대와 다른 고객들(네슬레는 포함되지 않는다)에게 적재 안전, 관리 및 트럭 수송 정책에 관한 상담을 해주고 있다.

소도시의 무고한 사람들이 부유하고 경험 많은 기업을 상대로 싸워야 하는 이 물 전쟁은 다윗과 골리앗의 싸움에 쉽게 비교된다. 네슬레의 공장이 있는 펜실베이니아 주 뉴 트리폴리New Tripoli 하류에 살고 있는 피터 크랩Peter Crabb 씨는 얼터넷AlterNet이라는 사이트에 올린 글에서 이 회사에 얽힌 자신의 경험을 이렇게 요약했다.

"이 스위스 기업은 작은 미국 시골 마을에 들어와 주민들을 괴롭히고, 공무원들을 매수해서 자신들이 우리의 식수원을 마음대로 하는 동안에도 눈감아주도록 만들었다."

현재는 디젤 트럭들이 좁은 길을 막고 있고, 하구의 수위가 낮아지면서 물고기가 떼죽음을 당하고 있다고 한다. 그렇게 만들어진 물은 디어 파크라는 라벨을 달고 팔린다.

네슬레는 아이스 마운틴이라는 라벨을 붙여 천연생수를 만들고 있는 미시간 주의 메코스타 카운티에서 생수 공장에 일자리를 마련하겠다고 약속했지만, 이 약속은 지켜지지 않았다. 네슬레 반대 운동을 벌이고 있는 활동가들은 이 회사가 비정규직 노동자를 고용했다가 아무런 보상이나 연금도 없이 퇴직시켰다고 한다.

인구가 약 1천8백 명 정도 되는 캘리포니아 주의 매클라우드 주민들은 2003년 가을 네슬레가 연간 5억 2천2백만 갤런의 지하수를 퍼다 애로헤드라는 이름으로 판매하려 한다는 사실을 알게 되었다. 1백만 제곱피트에 달하는 이 공장은 미국 전역에서 가장 큰 규모가 될 것이었다. 마운트 샤스타Mount Shasta에 있는 두 개의 빙하에서 나오는 물은 세계 최고의 송어 낚시터로 알려진 하천으로 흘러간다. 일부 주민들은 60개의 일자리를 보장해주겠다는 약속이 좋은 조건이라고 생각했다. 지역의 제재소는 최근 문을 닫았고, 학생들은 마운트 샤스타에 있는 고등학교로 전학을 가고, 시에서는 새 소방 트럭이 필요한 상황이었기 때문이다. 그러나 또 다른 주민들은 네슬레가 자신들을 속인다고 생각했다.

네슬레는 매클라우드에 매년 30만 달러를 주고―환산하면 물 1갤런 당 0.1센트 정도 된다―1백 년간의 계약에서 10년차부터는 이 금액을 40만 달러로 올려주겠다고 제안했다. 이제 이 회사는 시장 가격보다 훨씬 낮은 가격에 시추공을 무한정 파서 지하수를 얼마든 끌어다 쓸 수 있는 권리를 갖게 될 터였다. 매클라우드 수자원위원회McCloud Watershed Council가 지역 주민을 대상으로 벌인 설문조사 결과 주민 77퍼센트가 이 계약에 반대했다. 위원회 내에서도 환경평가 결과가 매우 부적절하고 트럭으로 인한 교통량도 파괴적이고 위험하다는 판단을 내렸다. 3천 마일이나 떨어진 곳에서 수돗물을 지키기 위해 애쓰는 중인 프라이버그 주민들에게 이 시나리오는 너무나 낯익은 이야기라 애처롭기까지 하다.

민영화에 반대하는 단체들의 말처럼 네슬레가 정말 민주주의를 파괴하고 있는 것일까? 이 회사는 설명회에도 참석하고 자료를 공유하고(전부는 아닐지 모르지만) 대수층과 트럭 동선, 교통량에 대한 연구도 끊임없이 하고 있다. 투표도 한다. 시민들은 점차 이 상황에 대항하여 들고일어났다. 그들도 정보를 공유하고 자체적인 자료를 모으고 전례 없이 많은 사람들이 설명회에 참여하고 있다. 이것이야말로 민주주의가 실현되고 있는 예이다.

하지만 이것도 어느 정도까지이다. 거대 기업이 개별 시민들에 맞서면—변호사, 홍보 전문가, 돈을 주고 사다시피 한 수리지질학 보고서들을 앞세워—공정한 경쟁이 되기 힘들다. 1백만 달러 단위의 기부를 해서—이는 완벽한 합법이다—연간 예산이 모자라는 도시에다 길이나 건물을 수리할 수 있게 하는 것쯤은 아무것도 아니다. 실업도 많고 세금을 걷을 기반도 약한 지역 사회에서는 돈이 특히 힘을 갖는다. 선거 운동에 기여하고, 지역 주민 수백 명을 고용하고, 주 세입을 보태고 있는 거대 기업들은 고위직 사람들과 친분이 있다. 그들은 고무 도장이 찍힌 허가서와 규제 면제를 받고, 활동가들에게는 더 이상 허용되지 않는 상전의 자리에 오른다.

2007년 봄 네슬레의 주주들이 연례 총회를 위해 스위스에 모여 있는 동안, 주주 중 하나인 미국의 자연보호 환경단체 시에라 클럽은 코네티컷 주 그린위치에 있는 이 회사 본부에서 물에 대해 걱정하는 시민들을 모아 회의를 가졌다. 시에라 클럽 내 물 민영화 대책본부Water

Privatization Task Force의 루스 캐플런Ruth Caplan 본부장은, 네슬레가 그동안 주민들의 물 수요를 채워주던 인근 수원지에서 생수 공정이 이루어지면서 영향을 받게 된 각 지역 사회들로부터 확실한 승낙을 얻는 데 계속 실패했다고 말한다. 그녀가 이끄는 단체는 네슬레에 "지역 사회가 그들의 물 사용을 민주적으로 통제할 권리를 존중하고", 네슬레의 활동에 대해 주민들이 투표를 하도록 하고, 그들의 결정에 영향을 미칠 수 있는 불균형적인 자원들을 활용하는 것을 멈추라고 요구했다.

활동가들은 미국에서 벌어지고 있는 네슬레에 대한 소도시들의 투쟁을 개발도상국에서 초국적 기업에 대항하여 벌이는 풀뿌리 운동과 계속해서 연관짓는다. 선(물 없이 살아가는 가난한 사람들)과 악(물을 사고파는 기업들)으로 묘사되는 이 갈등은 내가 보기에는 그 구별이 명확한 것 같다. 그러나 프라이버그에서의 상황은 그렇게 명명백백하지 않다. 만약 이 회사가 공장을 지어 이 도시에 일자리와 부를 창출할 수 있다면, 혹은 그저 지속적으로 시에 돈을 지불해야 하는 상황만 된다면, 이곳에서 일어나는 분열은 폴란드 스프링으로서는 좋은 일이다. 어떤 사람들은 서부 메인에서 물을 끌어올리는 것이 물에 대한 접근성을 차단한 바 없으며, 이 회사가 사람들로 하여금 녹색으로 포장된 생수를 사라고 강요한 적도 없다고 주장할 수도 있다. 이 주장에 대해 활동가들은 지금은 아닐지 모르지만 그런 날이 올 수도 있다고 받아친다. 이 지역—혹은 다른 지역—에 가뭄이 들어 수돗물이 나오지 않는 상황에서도 민영 기업의 물 운반 트럭은 멈추지 않고 지나다니는 상황이 닥칠 수도 있다. 기억하시라. 물은 생명 활동에 필수적이고, 물이 없는 지역 사회는 더 많은 물을 살 방법을 찾지 못하면 존재 자체가 사라진다. 그날이 되면 당신은 누구 손에 물을 맡기겠는가?

프라이버그 소방서에서 두 시간에 걸친 회의가 끝난 뒤, 물 조례는 찬성 53 대 반대 125로 부결되었다. 메인 주의 다윗이 스위스에서 온 거인을 물리친 것이다. 그러나 반응은 차분했다. 사람들은 조금 놀란 눈치였다. 피터 말리아 씨가 재빨리 다음 조항을 읽으면서 시 회의는 계속되었다.

나는 네슬레에 반대하던 사람들 사이에 안도감이 도는 것을 느낄 수 있었지만, 누구도 아직 눈에 띄게 기뻐하지는 않았다. 이 조례가 네슬레에 대한 투표가 되었는지는 몰라도, 이 회사는 여전히 프라이버그 시의 땅속에 뿌리를 내릴 다른 방법을 많이 가지고 있다. 그중에는 법적 소송을 걸거나 새로운 제안을 하는 방안도 있을 것이다. 시 관리자가 나중에 나에게 애처롭게 말한 것처럼, "이야기는 계속된다."

프라이버그 시 회의가 끝난 지 2주가 채 지나지 않은 2007년 4월 중순, 전원생활을 위한 메인 주 서부 거주민 그룹이라는 시민단체를 대표하는 스콧 앤더슨Scott Anderson 변호사와 북미 네슬레 생수회사를 대표하는 캐서린 코너스Catherine R. Connors 변호사가 함께 포틀랜드에 있는 메인 주 대법원 법정의 재판관 7명 앞에 섰다. 결론적으로 앤더슨 변호사는 프라이버그 동부의 물탱크 적재소는 교외 주거 구역에 '허가된 용도'가 아니라고 주장할 것이었다. 그는 또한 덴마크 지역의 지주들을 대신하여 대규모 채수에 대한 환경적, 상업적 기준을 만족시키지 못하는 땅에서 네슬레가 지하수를 퍼내도록 허용한 시 당국의 결정에 대해 반박할 예정이었다. 코너스 변호사는 채수와 트럭 운반을 옹호하기 위해 이 자리에 왔다.

해나 워런, 에밀리 플레처, 그리고 물탱크 적재소 설립지로 제안된 프라이버그 동부에 사는 공인회계사 스콧 갬웰Scott Gamwell 씨도 이 재판을 보기 위해 프라이버그에서 아침부터 차를 달려 왔다. 그들은 위풍당당한 원기둥이 서 있는 방 한쪽 가장자리에 자리를 잡고, 진 버고펜 씨가 미끄러지듯 들어와 네슬레의 홍보 전문가 두 명과 반대편 가장자리에 자리를 잡는 것을 놀란 정도는 아니지만 실망스러운 눈으로 바라보았다. 이 분야의 직설화법에 별로 익숙하지 않은 사람에게는 앞으로의 54분이 일종의 폭로전이 될 터였다.

덴마크 채수 문제에는 1987년에 발효된 대규모 물 운송법이 적용된다. 이 법은 (1) 물을 운송하는 것이 공중 보건과 안전, 복리에 위협을 가하지 않고 (2) 물이 운송되는 곳에서 자연적인 방법으로는 물을 취할 수 없으며 (3) 물을 운송하지 못할 경우 운송된 물을 받게 될 사람에게 실제적 고충이 발생하는 경우에 한해 상업적 목적으로 지역 밖으로 물을 운송할 수 있도록 하고 있다.

네슬레나 앤더슨 변호사에게 첫 번째나 두 번째 조항은 그렇게 중요하지 않다. 그러나 세 번째 조항은 크다. '실제적 고충'이라는 게 정확히 무슨 뜻인가?

"경제적 어려움입니다."

코너스 변호사가 이렇게 말하면서 이야기를 시작했다.

리 잉갤스 서플리Leigh Ingalls Saufley 대법관은 좀 더 명확하게 말할 것을 요구했다.

"더 많은 이익을 얻을 기회를 놓치게 된다는 말입니까?"

코너스 변호사는 그렇다고 대답했다.

"예상 수요뿐 아니라 현재 수요도 맞추지 못하게 될 것입니다. 공장이 있는 마을에 인구가 증가하면서, 폴란드 스프링에서 쓸 수 있는 물의 양이 줄었습니다."

"그것은 물이 한정된 자원이라는 말 아닌가요?"

서플리 판사가 되물었다.

"덴마크에 가서 물을 퍼 올려야 할 지경에 이르렀다면……."

그녀는 잠시 말끝을 흐렸다.

"시장 지분의 손실이 당신의 고객에게 이 주에서 계속 물을 퍼 나르도록 허가해주어야 할 실제적 고충을 충분히 보여준다는 당신의 주장을 우리가 왜 받아들여야 하죠?"

코너스 변호사는 몇 년 간 사람들이 붙잡았던 덕에 끝이 반질반질해진 나무 연설대를 잡고, 폴란드 스프링의 펌프 사용은 지속성이 있으며 대수층에는 다시 물이 찬다고 설명했다.

"덴마크에서 필요한 물의 양이 늘면, 저희가 다른 곳으로 갈 것입니다."

그녀의 목소리가 아주 미세하게 떨렸다.

"그건 역 피라미드 아닌가요? 물을 더 많이 뽑아서 가져가면 그 지역에서 쓸 수 있는 물이 줄 것이고, 그럼 다른 곳으로 가고, 다른 곳에서는 생수에 대한 수요가 더 생길 테고. 다시 말해 메인 주의 한정된 자원이 필요한 곳이 더 많아지지 않겠습니까? 시장 지분을 만족할 수 없다는 것이 실제적 고충이라면, 그 어려움은 끝이 없을 텐데요."

"하지만 물은 다시 찹니다."

코너스 변호사가 대답했다.

잠시 쉬고 나서 법정은 프라이버그 동부의 물탱크 적재소 문제로 넘어갔고—찬반론이 아니라 이 사안이 법정에서 논의될 만한 것인지를 보는 것이었다—그런 다음 재판은 휴정되었다. 결과는 몇 달 뒤에

나 나올 것이다. 대규모 채수 문제에 대한 상황이 폴란드 스프링 쪽에 좋을 것 같아 보이지는 않았다. 두 명의 판사만이 변호사들에게 질문을 했으나, 그들도 전원생활을 위한 메인 주 서부 거주민 그룹 편에서 있고, 네슬레 생수회사에 덴마크의 물이 필요하다는 데 대해서는 회의적인 것 같아 보였다.

갬웰 씨와 워런 씨, 플레처 씨가 판결을 기다리는 동안, 짐 월퐁 씨는 다른 각도에서 일하느라 바빴다. 몇 년 전 그가 이끄는 H2O for ME에서는 미국 최초로 생수세를 통과시키려고 했으나 실패했다. 그가 어떻게든 이 문제를 다시 표결에 부치겠다고 하자, 네슬레에서는 절충안에 동의했다. '실제적 고충' 문제가 어떻게 될지 조금 불안했던 모양이다. 주에서 임명한 대표와 네슬레 사, 월퐁 씨와 다른 주주들은 주 의사당에 모여 상업적 채수자들에게 엄격한 환경평가를 요구하는 내용의 법안을 가결시켰다. 이 평가에서는 전체 수원지에 대한 영향, 인가 신청에 관한 보다 심층적이고 공개적인 평가 과정, 향후 회사가 부담하는 지하수 모니터링에 대해 고려해야 한다. 이 협상은 주 대법원에서 판결을 발표하기 훨씬 전에 이루어졌다.

"이것은 민주주의의 진정한 승리입니다. 절대적 지배자에게서 한 몫을 떼낸 셈입니다."

월퐁 씨는 협약서에 사인을 하자마자 나에게 전화를 걸어 이렇게 말했다.

이제 지주들은 더 이상 원하는 대로 지하수를 퍼 올릴 수 없게 되었다.

네슬레는 이 법안에 대해 보다 소극적인 입장이다.

"저희로서는 크게 달라진 것이 없습니다."

톰 브레넌 과장은 네슬레에서는 이미 환경에 미치는 모든 영향을 고려하고 있다며 이렇게 말했다(월퐁 씨의 말로는, 물론 새로 짓는 공장에 대해서는 그렇게 하고 있지만, 각각의 채수용 시추공 전부에 해당하는 말은 아니라고 한다).

월퐁 씨는 이 법안이 지하수의 소유권을 분명하게 하는 데 도움이 될 것이라고 믿었다.

"이것은 큰 논쟁거리입니다. 메인 주에서뿐만 아니라 미국 전역, 전 세계적으로도 그래요. 깨끗한 물은 희소해지는데, 누가 그 물을 가지고 누가 통제할 겁니까? 이렇게 중요한 것을 다국적 기업에 넘기는 것은 미친 정책 아니겠습니까?"

그렇다면 프라이버그에서의 네슬레 이야기는 하워드 디어본 씨의 연못이나 스콧 캠웰 씨의 집 근처에 세워질 예정이라던 물탱크 적재소에서 나올 트럭 교통량의 문제만이 아니라는 것이다. 이 회사가 메인 주에 좋은 일자리를 많이 만드는가의 문제가 아니다. 프라이버그에서의 네슬레 문제는 그 나름의 독특한 방식으로 풀어낸 세계화에 관한 이야기이고, 이 마을에서 물의 소유권과 통제권에 대해 배운 내용들은 물 부족―월드워치 연구소에서 '전 세계적인 환경 위험 중 우리 시대에 가장 과소평가되고 있는 것'이라고 말하는―이 코앞에 닥칠 우리들에게도 영향을 줄 것이다.

스콧 앤더슨 변호사와 캐서린 코너스 변호사가 포틀랜드에서 설전을 벌인 지 석 달이 지난 후, 판결이 났다. 법정에서는 물탱크 트럭 적재소에 관한 프라이버그 건을 도시계획위원회에 반송하면서 시의 전반적인 계획에 들어가 있는 다른 범주들도 함께 고려하라고 명령했다. 덴마크 문제에 대해서는 폴란드 스프링이 생수 공장에서 쓸 충분한 물을 얻지 못한다면 정말 실제적 고충에 직면하게 될 것이라는 결정을 내렸다. 승인은 유지되었다.

자신이 충분히 잘했다고 생각했던 앤더슨 변호사로서는 한 방 맞은 셈이었다(그리고 몇 달 전 "그들은 최대한 많은 돈을 버는 것이 자신들의 신성한 권리라도 되는 듯 주장할 겁니다"라고 말했던 리버렌드 켄 털리 목사가 갑자기 예언자 같아 보였다).

"실제적 고충에 관한 질의 내용 중 소유권과 통제권이 언급되었는데, 그 문제들은 여기에 들어가 있지 않습니다."

다시 말해 법정이 이 부분을 날려버렸다는 것이다. 이제 이 회사가 물을 퍼내는 것이 기본적인 일정량을 건드리지 않는다는 것만 증명할 수 있으면—네슬레는 메인 주 어디건 가는 마을마다 이것을 증명해 보일 수 있는 회사다—그들은 물을 마음껏 퍼낼 수 있다.

앤더슨 변호사는 철학적인 자세로 이렇게 말했다.

"주 의회에서는 일자리와 경제적 이익을 보고 있습니다. 저도 이해하고 공감하는 부분입니다. 주 의회에서는 또 이것을 지역 문제로 보고 있습니다. 그들은 일이 커져서 문제가 생길 때까지 내버려둘 겁니다. 인구가 많아지면 정말 문제가 생기겠죠. 이미 서부에서 이런 과정을 보아왔고, 이제 여기서도 그런 문제가 일어날 것입니다."

초가을까지도 프라이버그는 여전히 들끓고 있었다. 네슬레는 워즈브룩 대수층 위 약 40에이커 가량 되는 베일리 소유의 땅을 꽉 쥔 채, 그 속에 묻혀 있던 연료 탱크를 파내기 시작했다. 그들은 생수 공장을 지을 작정일까? 확실히 말해주지는 않을 것이다. 제프 워커와 릭 이스트먼이 포터 로드 근처의 우물물을 퍼 올릴 작정으로 설립했던 WE 주식회사는 물을 살 사람을 찾지 못하고 시추공이 뚫린 땅을 시에 팔겠다고 제안했다.

덴마크 시의 결정을 뒤로 한 채 디어본 씨와 그 지지자들은 이제 곧 적재소 승인을 재검토하게 될 도시계획위원회 쪽에 총력을 기울였다. 이것이 정말 교외 주거 구역에 허용되는 다른 용도에 비교했을 때 환경적 영향이 적은 사업일까? 마을 사람들은 포틀랜드 가를 지나다니는 폴란드 스프링 트럭 소리가 지금도 충분히 시끄러워서 창문을 열어놓고는 거실에서 대화를 나눌 수 없을 정도라고 말한다.

뉴욕에서 트럭 소음을 피해 이곳으로 옮겨왔다는 영화감독 마이크 다나Mike Dana 씨는 이런 말을 했다.

"이것은 작은 마을이 감당하기에는 큰 문제입니다. 교외 주거 구역에 이런 시설을 세울 수 있다면 이는 나쁜 선례를 남기게 될 것입니다. 80퍼센트가 교외 주거 구역으로 지정되어 있는 프라이버그 어디든 그런 시설이 들어올 수 있게 되는 거죠."

수자원 운동가들은 진 버고펜 씨를 이번 투표에서 제외시키기를 바라고 있었다.

"그는 트럭 회사에 상담을 해주고 있습니다. 이해관계가 상충되는 겁니다."

스콧 갬웰 씨는 이렇게 말했다. 네슬레의 변호사들은 이 말에 동의하지 않았다. 그들은 시 검사에게 '이 사실은 자격을 박탈할 기준이 될 수 없을 뿐 아니라, 오히려 그렇기 때문에 더욱 투표에 포함시켜야 한다'는 내용의 편지를 썼다. 그동안 프라이버그 주민 150명은 보험 정책의 일환으로 교외 주거 구역에서의 '법안에 빠진 용도'에 대한 승인 집행 연기를 요구하는 탄원서에 서명했다. 기본적으로 물탱크 트럭들이 물을 채우는 것을 일단 중지시켜 달라는 것이다.

그러나 곧 그럴 필요가 없어졌다. 네슬레에서 보낸 대표 세 명과 속 기사가 참관하는 가운데 열린 10월 초 도시계획위원회에서 3 대 1로 버고펜 씨를 적재소에 관한 투표에서 제외시키기로 결정한 것이다. 버고펜 의장은 서류를 모아 성큼성큼 회의장을 빠져나가더니 30분 만에 사임했다. 11월의 감정적인 시 회의의 영향으로—적재소 부지가 미사일 발사기지에 비유되는가 하면 휴 헤이스팅스 씨는 폴란드 스프링이 마을 밖으로 나가면 수도세가 오를 것이라며 사람들을 협박하기도 했다—네 명의 도시계획위원회 위원 중 세 명이 적재소 설치에 반대했다.

네슬레 반대론자들은 그들의 승리(그들은 승인 유예를 통과시키고 버고펜 의장을 퇴임시키고, 그 결과 적재소 승인을 막았다)에 기뻐했지만, 이미 폴란드 스프링 사가 없어진다는 상상은 할 수 없을 정도로 너무 많은 것을 알고 있었다. 폴란드 스프링 사는 이 지역 땅의 상당 부분을 소유하고 있거나 임대중이고, 프라이버그에는 좋은 물이 많고, 폴란드 스프링의 시장은 계속해서 커지고만 있다.

러브웰 연못이나 워즈 브룩 대수층이 대규모 사막 관개사업을 벌였을 때의 아랄 해Aral Sea처럼 말라버릴 것이라고는 잘 상상이 되지 않지만, 그것은 50년 전 카자흐스탄에서도 마찬가지였다(겨우 1년 전 애틀랜타에서도 그랬다). 하천과 호수에 물을 공급하는 대수층은 눈에 보이지 않고, 사람들은 우리 환경에 일어나는 점진적인 변화에 일반적으로 둔감하다. 그래서 광부들이 카나리아를 데리고 다녔던 것이다. 그렇지만 위기는 일반적으로 사람들의 주목을 끈다. 엑손 밸디즈

Exxon Valdez 호의 기름유출 사고가 터진 후 이중바닥을 댄 배가 나오게 되었고, 쿠야호가 강Cuyahoga River의 대형 화재로 인해 수질보호법Clean Water Act이 만들어졌으며, 뉴올리언스 인근의 미시시피 강이 부패한 사건은 식수안전법Safe Drinking Water Act을 탄생시켰다.

나는 러브웰 연못의 상태를 알려주는 '카나리아'를 찾아갔다. 디어본 씨는 몇 달 전보다 마르고 창백해 보였지만 여전히 기운찬 모습이었다. 나는 그에게 시 우물 근처의 완충지대에 대해 물어보기 전부터 이 대화가 미국의 공해방지법에 관한 논쟁으로 이어질 것이라는 걸 알고 있었다. 나는 이 법이 더 강화되어야 한다고 생각하지만, 50년간 제조 공장을 운영해본 디어본 씨는 내 입장이 반기업적이라고 보았다. 그가 소리를 치는 통에 나는 화제를 돌렸다.

"요즘 호수 수위는 어떻습니까?"

"호수와 강 사이의 수위는 거의 제로에 가깝다오."

그가 불쾌한 듯 말했다.

"어떻게 아세요?"

나는 그의 꼼꼼함에 놀랐지만 어떻게 그런 결과에 도달했는지 알고 싶었다.

"나는 1인치 차이까지도 알고 있어요."

그의 목소리가 다시 커졌다.

"알겠습니다. 그렇지만 어떻게요?"

"이미 알고 있는 고도와 트랜싯을 이용해서 저기 무스 바위Moose Rock에 표시를 해두었으니까 알지요. 트랜싯이 뭔지는 아시오?"

디어본 씨는 전에 이야기할 때는 한 번도 들어보지 못한 말투로 나를 믿지 못하겠다는 듯 말했다. 나는 그 측량 기기의 모습을 머릿속에 그리며 고개를 끄덕였다.

"나는 저 바위를 50년 동안 봐왔어요. 그 수위가 거의 0에 가까워졌다는 것은, 물이 더 이상 연못에서 사코 강으로 흘러가거나 사코 강물이 이 연못으로 들어오지 않는다는 뜻입니다."

그는 잠시 말을 멈추고 매섭게 나를 쳐다보았다.

"내가 이 이야기를 꾸며내고 있다고 생각하시오? 나는 바보가 아닙니다."

나는 갑자기 눈물이 고여 눈을 깜빡이며 다시금 고개를 끄덕였다.

"이 호수에 대해서는 관심도 없지요? 한 번도 본 적이 없지 않소."

"봤었죠. 그 바위를 다시 보고 싶은데요."

나는 서둘러 이야기했다. 디어본 씨는 내가 지난번에 이곳에 왔던 것이며 그의 배를 타고 호수를 돌았던 일을 잊어버린 것일까?

"보여드리지요. 그렇지만 당신을 호수에 밀어 넣을지도 모릅니다."

그는 나에게 투덜거렸다.

디어본 씨가 진지하게 말했기 때문에 나는 긴장이 가시질 않았다. 그는 무섭게 미소를 지어 보였다. 그는 지금 나에게 화가 나 있었다. 내가 자신을 믿지 않거나 자신의 판단에 의심을 품고 있다고 생각하는 것이다. 불안해하며 상황이 점점 악화되는 것을 지켜보던 마이크다나 씨가 갑자기 일어섰다.

"제가 안내하죠."

모래밭에 다다르자 다나 씨는 연못 가장자리 바로 아래에 있는 색이 칠해진 바위를 가리켰다.

"죄송합니다. 왜 저러시는지 모르겠습니다. 이 일에 대해서는 워낙 열정적이라서요."

"아닙니다. 제가 죄송하죠. 화나시게 할 생각은 아니었습니다."

집 쪽으로 등을 돌리고 있어서 눈물을 훔치는 내 모습이 디어본 씨에게 보이지 않는다는 사실에 안도하며 내가 말했다.

"선생님 때문이 아닙니다. 사람들 전부가 그렇게 만든 거죠."

디어본 씨는 누구든 자신의 말에 즉시 동조하지 않거나 자신의 권위에 의구심을 품는 사람에게는 눈에 띄게 날카롭게 대했다. 리어왕 같은 그의 광분한 모습에 나는 몸이 떨렸지만, 그런 행동들이 디어본 씨의 상황이 얼마나 중요한가를 더욱 강조해주고 있었다. 그는 거인에 맞서 싸우고 있는 것이다. 또한 그는 선택의 여지도 시간도 다해간다고 느끼고 있었다. 다나 씨는 다시금 바위를 가리켰다.

"손가락으로 계속 저 바위를 가리키고 있어야 합니다. 저를 계속보고 계시거든요."

연못 수위는 낮았고―연못은 가을이면 늘 수위가 낮아진다―우리는 갈색 해조류가 깔린 호수 바닥에 그림자를 드리우고 있는 디어본씨의 선착장 위를 걸었다.

"예전에는 여기도 모래밭이었고, 물도 깨끗했습니다. 하워드 씨는 수상스키를 타러 오는 손님들도 받았죠."

다나 씨가 말했다. 스키 보트는 오른편에 묶여 있고, 왼쪽에는 디어본 씨가 만든 작은 보트가 까딱까딱 움직이고 있었다. 디어본 씨와 다나 씨는 워즈 브룩에서 물이 나와 이 연못의 지저분한 물을 흘려보냈더라면 해조류가 생기지 않았을 것이라고 믿고 있다. 웨이트 씨는 자신의 보고서에서 이 호수의 인 수치가 수초들이 급속히 자랄 정도로 높고, 과도한 채수로 인해 연못에 흘러드는 물의 양이 줄어들면서 안 그래도 낮은 물의 유속流速이 더 낮아졌을 뿐 아니라, 사코 강이 이 연 못의 수질에 미치는 영향을 더욱 지배적으로 만들었다는 결론을 내렸 다. 그는 사코 강의 인 수치가 이렇게 높은 상황에서 "이런 변화는 호 수에 나쁜 영향을 줄 수 있다"고 말했다.

가방을 가지러 안으로 들어가자 디어본 씨가 호통을 쳤다.

"이리 와봐요! 보여줄 것이 있소."

그는 완고한 태도로 자신의 뷰익Buick 스테이션 왜건으로 가더니, 그리 멀지 않은 디어본 정밀배관공사로 차를 몰았다. 가는 길에 디어 본 씨는 최근에는 물탱크 트럭이 적어진 것 같다고 했다.

"대수층인지 뭔지를 이미 망가뜨려놓은 것 같아요."

어쩌면 그럴지도 모른다. 지하에서 무슨 일이 일어나는지는 알 수 없다. 폴란드 스프링 사는 프라이버그의 시추공과 계량기를 매달 확 인하지만 시청에는 1년에 한 번씩만 자료를 제공한다.

안으로 들어간 디어본 씨는 "안녕하십니까, 하워드 씨" 하고 인사 하는 안내원을 지나쳐서는 열람실 모양의 공간을 지나, 차고같이 생 긴 작업장으로 걸어갔다.

"안녕하십니까, 디어본 씨."

작업복 차림의 열두 명쯤 되는 사람들이 소리쳤다. 우리는 전산화 된 평삭기平削機와 굴착기, 천공기 사이를 걸어갔다.

"우리는 이것들을 가지고 기다란 부품들에 구멍을 뚫는 것을 전문 으로 하고 있습니다."

디어본 씨가 말했다. 그는 옹이가 박힌 손으로 물을 만지듯 부드럽 게 튜브 부분을 안팎으로 만져보았다. 이곳에서 만들어진 제품 상당 수는 석유 탐사용 삭구나 원자력 발전소의 장비들과 센서를 고정하는 데 사용된다.

15분 전까지 나에게 그렇게 화를 내던 디어본 씨가 왜 나를 이곳에 데려온 것일까? 분명 그는 신뢰를 주고 싶은 것이다. 그는 맨손으로 시작해 2백 명의 직원을 거느린 이 공장을 만들어냈다. 또한 이곳에 있는 기계와 공정의 많은 부분을 발명했다. 그러므로 하워드 디어본 씨가 연못이 손상되었고 그의 펌프에서 공기만 올라오고 있으며 식물의 성장이 평소 같지 않다고 말한다면, 그것은 분명 사실일 것이다.

그렇지만 나는 여전히 왜 그런지가 궁금했다. 왜 그는 네슬레와 싸우느라 5년 동안 10만 달러나 쓰고 있는 것일까? 디어본 씨는 자신의 가게와 보트, 비행기, 스노모빌 근처에서 잔일이나 하면서 명예롭게 은퇴 생활을 즐길 수도 있었다. 그는 이렇게 말했다.

"나는 확고한 사람입니다. 시작을 했으니 끝을 보고 싶습니다."

하지만 나는 네슬레가 디어본 씨를 끝장낼까 걱정이다. 그는 건강도 좋지 않고, 그가 하고 있는 일을 물려받을 준비가 된 젊은이도 그렇게 많은 것 같지 않다. 누가 이런 일로 뉴스레터를 만들어서 발행하고, 변호사에게 돈을 줘 가면서 개인적으로 학자들을 동원하겠는가? 오하이오에 살고 있는 그의 아들은 이 집에 관심이 없고, 연못에 수초가 없다 해도 디어본 씨에게는 거기서 헤엄칠 손자가 없다.

차를 몰고 마을을 빠져나오면서 나는 디어본 씨가 50년 전 프라이버그에 도착했을 때 이야기가 기억났다.

"주거기준 담당 공무원이 여기까지 오지 않는 바람에 정화조도 설치하지 못했다오. 시내에서 철물을 살 수도 없었고, 전기 공사는 포틀랜드에서 사람을 불러와야 했지요."

왜 그랬을까?

"이방인이었으니까. 다른 차원의 사람인 거죠."

그는 소리를 쳤었다.

"나는 내 우물도 직접 파야 했습니다. 물을 얻는 데 1만 달러나 들었어요."

나는 그 우물에 대해 생각하다가, 프라이버그의 유능한 내부자인 휴 헤이스팅스 씨가 디어본 씨의 집 베란다에 서서 자신이 가진 땅을 가리키고, 디어본 씨가 그에게 길을 내주어 또 다른 우물을 파게 해준 것이 그렇게 오래된 일이 아니라는 사실을 깨달았다. 그 후 헤이스팅스 씨는 돌아서서 그 물을 퓨어 마운틴 생수회사에 팔았고, 이 회사는 그 물을 또 네슬레에 판 것이다. 숲 속으로 길을 내준 너무나 간단해 보이는 행동 하나가 종말의 시작으로 변모한 것이다.

마실 것을 드릴까요?

마실 것을 드릴까요?

내가 처음 러브웰 연못을 방문한 지 1년이 넘은 지금까지도 프라이 버그의 한구석에서는 여전히 네슬레에 대항해 싸우고 있다. 이 회사 는 마치 현실을 받아들이지 못하는 버림받은 연인처럼—혹은 〈차이 나타운〉의 형사 제이크 기티스처럼—순순히 떠나려고 하지 않았다. 폴란드 스프링 사는 프라이버그 시내에 작은 사무실을 열고, 12월 초 지역 주민들에게 사무실에 들러 톰 브레넌 씨에 이어 이 악명 높은 프 라이버그를 담당하게 된 마크 뒤부아^{Mark Dubois} 과장과 '직접 이야기를 나누라'고 광고했다(브레넌 씨는 천연자원 담당 부장으로 승진했고, 그의 담당 영역도 북동부에서 대서양 연안 중부지역을 지나 남부 주 까지로 확대되었다). 반응이 시원치 않자, 뒤부아 과장은 퀴즈를 맞히 는 선착순 50명에게 무료로 생수를 제공하겠다고 제안했다("'국가가 당신을 위해 무엇을 해줄 수 있는가를 묻지 말라'고 말한 사람은 누구인가?"가 문제였다).

이에 격분한 하워드 디어본 씨는 자신의 집에 와서 연못에 폴란드 스프링 생수를 던져버리는 선착순 50명에게 10달러씩을 주겠다는 현대판 보스턴 티 파티Boston Tea Party를 기획했다. 토요일 오후에 열린 이 행사에는 약 45명이 왔고(하원의원이자 대통령 경선 후보인 데니스 쿠시니치Dennis Kucinich도 이 항의성 운동을 지지하는 보도자료를 내어 정신적 지지를 보냈다), 그중에는 디어본 씨의 주장에 맞서는 정보를 퍼뜨리라고 네슬레에서 보낸 불청객 두 명도 들어 있었다. 몇몇 주민들이 그들에게 '들어올 수 없다'고 단호하게 말했지만 그들은 디어본 씨가 얼굴을 맞대고 그 한 사람의 어깨를 흔들면서 말하고 나서야 비로소 그곳을 떠났다. 디어본 씨는 엄격하게 말했다.

"내 땅에서 내가 물을 쏟아 붓는 거요. 당신들이 만든 물은 당신 땅에 가서 쏟으시오."

다음 주 월요일, 네슬레는 물탱크 트럭 적재소에 관한 도시계획위원회의 결정에 이의를 제기했다. 프라이버그의 구획이사회가 이 이의제기를 받아들이면, 사건은 다시 법정으로 가게 될 것이다.

"아직 끝나지 않았습니다."

마크 뒤부아 씨는 이렇게 말했다. 그는 덴마크 지하수원에서부터 시작된 수도관의 끝이 어디로 갈 것인가에 관해 이렇게 덧붙였다.

"나침반에는 극이 네 개입니다."

해석하자면, 네슬레는 파이프의 끝이 닿을 다른 땅을 통해서라도 물을 트럭에 실을 길을 찾을 것이라는 말이다.

워즈 브룩에서 퍼낸 물이 출렁거리고 있을 반짝이는 탱크 트럭들은 계속 도시 밖으로 빠져나가고 있다. 물을 쏟아버리는 행사를 치른

후, 하워드 디어본 씨는 이번에는 마이크 다나 씨를 옆에 두고 〈워터 웨이브〉 다음 호 준비에 착수했다. 도시계획위원회를 그만둔 진 버고 펜 씨는 수자원 관련 회의를 포함한 시 회의에 거의 나타나지 않고 있다. 해나 워런 씨는 여전히 이 일에 열정을 가지고 있기는 하지만, 최근 문을 연 자신의 빵집에 정신이 쏠려 있다. 짐 월퐁 씨는 채수에 관해 보다 엄격한 주 단위 법안을 통과시키는 것을 도운 후, 쿠시니치가 의장으로 있는 국회 감찰위원회 발표를 앞두고 생수 사업에 따른 지하수 채수의 영향에 대한 증언을 준비 중이다. 시 회의에서 매우 감정적으로 지역의 자율적 통제권을 간청했던 에밀리 플레처 씨는 계속 목소리를 높이면서도 누군가 유튜브YouTube에서 그녀의 연설 동영상을 봤다고 말할 때마다 움찔한다.

이러는 동안에도 미국 전역은 물론 전 세계적으로 기온이 오르고, 인구는 늘어나고, 가뭄, 오염, 개발이 증가하면서 수자원의 분포, 수량과 수질 등이 변하고 있다. 앞으로 물이 희소해지면 일자리와 주거, 사업의 성장을 저해하게 될 것이다. 물 전문가들은 물이 부족해지면 각 지역 사회와 주 정부 사이의 싸움이 늘고, 주의 권리와 국가적 이익 사이의 갈등과 빈부 갈등, 도농 갈등, 기업 대 개인의 갈등, 인간과 물을 놓고 인간과 경쟁을 벌여야 하는 다른 생물체들—새크라멘토Sacramento에서 악취를 내는 샌 호아킨 강San Joaquin River의 삼각주나, 물 배분에서 멸종 위기에 처한 동물을 우선시하면서 상류의 많은 소비자들이 분개하고 있는 조지아 주의 홍합이나 철갑상어 등—간의 갈등이 증가할 것이라고 예측한다. 물이 희소해지면 도시계획에서부터 고기를 얼마나 자주 먹을 것인가에 이르기까지 우리의 마음가짐도—그리고 행동도—달라질 수밖에 없을 것이다.

이미 미국 전역의 물 중 상당 부분이 학자들이 걱정하는 방향으로 변하고 있다. 전 세계의 신선한 지표수 중 약 20퍼센트에 해당하는 물을 담고 있는 슈피리어 호Lake Superior와 휴런 호Lake Huron, 미시간 호Lake Michigan의 물은 1990년대 후반부터 급격히 감소하고 있고, 눈이 녹은 물의 유입은 줄어들고 증발은 늘면서 수위가 정상치보다 낮아졌다. 주변 온도가 오르면서 호수 수온도 높아졌다(네슬레는 미시간 호에 물을 공급하는 지하수층에서 연간 1,140억 갤런의 물을 뽑아 올리고 있고, 최근 코크 사와 펩시 사는 디트로이트 시와 오대호의 물을 생수로 만들어 팔기 위한 계약을 체결했다).

타호 호Lake Tahoe는 개발로 인해 침전물과 오염이 증가하면서 해조류의 성장이 촉진되어 빛을 흡수하여 수온이 높아지고 있다. 1960년대에는 120피트 깊이에서도 세키판—마일스 웨이트 씨가 갑판에서 러브웰 연못에 던져보았던 흑백 원반과 같은 기구—을 볼 수 있었다. 2006년 이 호수의 가시거리는 67피트로 줄었다. 동남부 지역에서는 1백 년 만에 찾아온 최악의 가뭄으로 인해 앨라배마의 저수지 수위가 현저히 낮아져 펌프가 진흙만 퍼 올리다 마침내 멈추었다. 2007년이 끝나갈 즈음, 미국 육군공병단Army Corps of Engineers에서 멸종 위기 동물을 위한 방수량을 삭감하기 전까지 애틀랜타 주에는 식수가 고작 몇 달 정도 버틸 만큼만 남아 있었고, 조지아 주는 앨라배마와 플로리다 주와 물 배분을 놓고 다투고 있다. 동남부의 한 저수지에서 일하던 사람들은 이제 말라버린 그곳에서 잔디를 깎는다. 테네시 주에 있는 옴Orme 이라는 작은 도시에서는 하천과 샘이 모두 말라버려 물을 트럭째 수입한다. 주민들은 하루 세 번 물이 나오는 시간에 맞춰 집으로 달려가 빨래를 돌리고 음식을 만들고 샤워를 한다.

지구 온난화는 물의 양뿐 아니라 수질에도 영향을 줄 것이다. 물이 따뜻할수록 지표수에는 더 많은 미생물이 번식하게 된다. 그것들이 배수관으로 이동하게 된다면 수도 체계에 병원균을 포함한 세균막이 생길 수도 있다. 기후학자들은 지구 온난화로 인해 지구가 평균적으로 더 습해질 것이라는 데 동의하고 있다. 그렇지만 비나 눈은 양극 근처로 몰릴 것이고, 강수 형태도 조금씩 자주 오기보다는 산발적인 집중 호우 형태로 변할 것이다. 기온이 높아지면 홍수가 잦아지고, 그렇게 되면 상수도에 흘러드는 침전물과 오염된 유거수流去水의 양도 늘어날 것이다. 홍수는 깨끗한 물을 들여오고 지저분한 물을 빼내는 파이프에도 손상을 입힐 것이다. 얄궂게도 건조한 지역에서는 가뭄이 더 잦아질 것이다. 가정이나 산업, 농업에 쓸 물이 줄어드는 것은 물론이고, 오염원을 희석시키는 데 필요한 물도 얻기 힘들어질 것이다.

미래를 걱정하는 학자들Union of Concerned Scientists이라는 단체는 2007년 7월 내놓은 보고서에서 최악의 경우 사코 강 상류 유역을 포함한 뉴잉글랜드 지역의 화이트 산맥White Mountains 일대의 온도가 화씨 90도(섭씨 32.22도)를 넘는 날이 현재 연간 10일에서 66일로 늘 수도 있다고 예측했다. 개울과 대수층에 물을 공급하는 설원이 적어지고, 더운 날 지상에서 공기 중으로 이동하는 수분이 늘면 강도 마르게 될 것이다.

설상가상으로 날씨가 더워지면 우리는 물을 더 많이 쓴다. 영국 청량음료협회British Soft Drinks Association의 리처드 래밍Richard Lamming 씨는 그 상승폭을 다음과 같이 수량화했다.

"섭씨 14도를 기준으로 기온이 1도씩 오를 때마다 물 판매는 5.2퍼센트 상승합니다. 이는 섭씨 28도에서 물 판매가 두 배로 늘어난다는 말이 됩니다."

정부에서 기후에 관해 뭔가를 할 수 있을지도 모른다. 정부는 분명 상수원을 보호하고 크고 작은 도시에서 기반 시설을 유지할 수 있도록 도울 만한 힘을 가지고 있다. 그러나 불행히도 그런 일은 일어나지 않는다. 부시 행정부에서는 하천 수질을 낚시와 수영이 가능할 정도로 유지해주던 수질보호법 관련 규제를 축소했다. 1백 년 된 수도 본관을 정비하거나 신형으로 교체하는 공사 같은 기본적인 정비 사업에 대한 재정을 적절히 대지도 못했다. 부시 행정부의 감시하에 있는 환경보호국에서는 수십 가지의 산업 오염원에 관한 제한 기준 선정이나 관련 규제를 하지 않았다. 1995년 국회에서 공해 방지를 위한 대형 자금인 슈퍼펀드Superfund를 중단하면서, 환경보호국은 정화에 대한 오늘날의 수요에 대해 탄원하느라 애를 먹고 있다. 2006년 부시 대통령은 유해화학물질 배출량 보고제도Toxics Release Inventory를 이전 수준으로 되돌렸다. 이제 기업들은 전에 비해 환경에 배출하는 오염원에 관한 보고를 덜 자주 한다. 수돗물에 관한 예측들은 본질적인 변화가 없는 한 어두워 보인다. 그리고 천연 상태의 수원지가 희소해지고 민영 기업이 더 많은 자원에 관한 통제력을 얻게 되면서, 생수에 대한 전망은 밝기만 하다.

뉴욕 근교의 더치스 카운티Dutchess County에 있는 집에 세 들어 살고 있는 나는 수도에서 물이 나오지 않던 어느 날 밤 미래를 맛보았다. 집에 늦게 들어온 우리 식구는 위층으로 올라가 이를 닦으려 했지만, 펌프가 전혀 작동하지 않았다. 한참 있다 다섯 시간 떨어진 곳에 사는 배관공을 불렀고, 전기 체계가 아니라 우물 자체가 문제라는 것을 알게 되었다. 우물이 마른 것이다. 갑자기 물에 관해 내가 벌이던 조사가 무서울 만큼 딱 맞아떨어지는 상황이 되었다. 배관공은 돌아가고, 우리는 물이 있는지 알아보기 위해 460피트나 되는 우물 속에 줄을 넣어보았다.

"누구 변환기 없어요?"

나는 리치 포틴 씨가 가지고 있던 마술 같은 도구를 떠올리며 물었다.

그 다음으로 벌인 펌프 테스트—한 남자가 호스, 종이, 몽당연필을 이용하여 한—결과, 물이 재충전되는 비율은 시간당 7.8갤런에 불과한 것으로 나타났다(0.5인치짜리 정원용 호스에서는 정상적인 수압에서 시간당 5백 갤런 이상의 물이 나온다). 이 물은 다 어디로 갔을까? 알 수 없는 노릇이었다. 우리 식구는 물이 새는 화장실을 고치면서 몇 마일 떨어지지 않은 곳에 천연생수회사가 있다는 것을 알았다. 물론 나는 그것이 상수원에 영향을 주는지 알고 싶었지만, 알 방법이 없었다. 카운티에서 만든 지하수 분포도는 제한적이고, 길가의 우물은 깊이가 각기 다른 데다 일부 우물은 이미 다른 곳으로 이전했거나 더 깊이 파둔 상태였다. 우리 집주인도 그렇게 해야 할 것 같았다. 나는 이 지역에서 나오는 지하수 2갤런을 사고, 가벼운 배탈로 고생을 하고, 지하실 제습기에서 모은 물로 간단하게 씻었다. 잠시 동안은 즐거웠다. 조금은 야영하는 기분도 났다. 그러나 이 신기함은 오래가지 않았다. 일주일 후 계약 기간이 끝나면 이 문제는 다른 사람에게 넘어갈 것이었다.

몇 주 동안 물에 대해 내가 제기해온 쟁점은 양이 아니라 질이었다. 우리는 인근 롱 아일랜드로 친구를 만나러 가곤 하는데, 여름내 세 들어 살고 있는 그 집 사람들은 아무도 수돗물을 마시지 않는다. 누구는 우물물의 맛을 좋아하지 않고, 누구는 롱 아일랜드 대수층에서 고질적으로 검출되는 가솔린 첨가제 성분인 MTBE와, 비료와 제초제를 많이 쓰는 인근 포도 농장과 잔디 농원에서 나오는 오염원에 대해 걱정한다. 국제기업책임에서는 생수만이 안전한 물을 얻을 수 있는 유일한 공급원인 것처럼 오도하는 마케팅이 수돗물에 대한 사람들의 신뢰를 떨어뜨렸다고 주장하고 있다. 그러나 이 경우는 환경에 대해 알고 있는 것 자체가 이런 술수를 부린 셈이다. 친구 집 식료품 저장실에는 2.5갤런짜리 딥 파크 한 병과 폴란드 스프링 한 병, 산 펠레그리노 몇 병이 있다. 전부 네슬레 상품이다. 이 회사에 포위된 것 같은 느낌에 나는 친구들에게 혹시 네슬레의 주식을 가지고 있냐고 물었다. 그들은 '아니' 라며 어깨를 으쓱해 보인다. 그저 우연일 뿐이다.

이 병은 며칠 만에 다 비었다. 단기적으로 봤을 때 나는 수돗물을 마시는 것이 두렵지 않지만, 아이들이 수돗물을 마셔야 하는지는 잘 모르겠다. 난처하기도 하고 여러 가지 반인권적 기록을 가지고 있는 회사―네슬레는 아프리카의 엄마들에게 이유식을 팔아 모유수유를 포기하게 만들었다. 아이버리코스트의 코코아 공장에서는 미성년자에게 강제 노동을 시키기도 했고, 오늘날에는 지역 사회의 운명을 직접 결정하기 위해 애쓰고 있는 미국의 시민들을 방해하고 있다―의 손에 우리의 건강을 넘겨야 한다는 사실에 화가 난 나는, 탄소를 뿜어내는 차에 시동을 걸고 네슬레가 아닌 가장 싼 물을 파는 가게까지 물을 사러 간다.

식수를 지키는 것은 단순한 돈 문제가 아니다. 돈을 분배하고 쓰려면 정치적 의지가 필요하다. 롱 아일랜드에서 나 같은 사람이 더 많아져 수돗물을 멀리하게 되면, 상류의 수원지를 보호하고, 물을 오염시키는 사람들과 논쟁을 벌이고, 수질 기준을 강화하고, 오래된 배수관을 교체하는 등 공공 수원지를 관리하는 활동에 대한 정치적 지원이 적어진다. 공공 수도 체계는 멀리한 채 생수에 열광하는 사람들은 세금 인상이나 지역 하수처리 시설 개선을 위한 채권 발행이나 다른 방법을 지지한다고 해서 득 될 것이 없다(네슬레는 생수 이용자를 대상으로 한 설문조사 결과 72퍼센트가 세금을 물 관련 기반 시설을 개선하는 데 쓰는 것을 선호한다고 밝혔지만, 이 설문은 그렇게 하기 위해 세금을 올리거나 수도세를 올리는 것도 지지하는지는 묻지 않았다). 이 예언을 이루는 것도 결국은 우리 자신이다. 공공 상수원에서 나오는 물을 마시는 사람이 적어질수록 물의 질은 나빠지고, 필요한 생수는 더 늘 것이다.

이런 현상은 도시에 사는 사람 중 수돗물을 마시는 인구가 갈수록 적어지고 있는 인도에서 이미 일어나고 있다. 공공요금 납부자들의 경제적 지원이 없는 상태에서 공공 수도 시설은 누구에게든 물을 공급하는 데 어려움을 겪고 있다. 부자들에게는 이것이 문제가 되지 않는다. 그들은 다른 곳에서 물을 찾을 여력이 되기 때문이다. 그러나 제3세계 국가의 가난한 사람들, 그중에서도 보통 여자들과 소녀들은 수도 시설이 제대로 작동했더라면 얻을 수 있었을 수돗물보다 몇 배는 비싼 가격에 파는 물을 사기 위해 몇 시간씩 줄을 서서 기다리는 신세가 되었다. 나이지리아의 라고스Lagos에서는 물 1리터를 사는 데 가난한 사람들이 상수원에 접근이 가능한 사람들보다 4~10배의 돈을 더 낸다. 리마Lima에서는 17배를 더 내고, 카라치Karachi에서는 28~83배까지 차이가 난다. 자카르타Jakarta에서는 60배, 아이티의 포르토프랭스Port-au-Prince에서는 1백 배 차이가 난다. 부자는 생수를 마시고 가난한 사람은 더러운 물을 마시는 이 이분화된 체계가 그렇게 억지스러운 일일까? 브로드웨이 뮤지컬 〈유린타운Urinetown〉에 나오는 것처럼 미래에는 돈을 낼 여력이 있는 사람들만 물을 마시게(그리고 배출하게) 될까? 애석하게도 그렇지 않다. 수도 시설에서는 주민들이 가정에 공급되는 물 중 1~2퍼센트만을 마시거나 요리하는 데 사용한다는 것을 잘 알고 있다. 대부분의 물은 잔디에 물을 주거나, 세차를 하거나, 변기의 물을 내리거나, 샤워나 빨래를 하는 데 사용된다. 한편으로는, 그렇게 적은 양만을 실제로 사용한다면 왜 수백만 달러를 써서 수질을 좋은 기준까지 끌어올리겠는가 하는 생각이 든다.

"만약 우리가 파이프나 하수처리장, 화학약품 같은 것에 수십억 달러(곧 수조 달러가 될 것이다)를 쓰지 않아도 된다 한들, 그 돈을 다른 용도로 더 잘 쓸 수 있을까? 수돗물의 질을 생수 수준까지 끌어올리는 것이 지방자치단체 입장에서 말이 되는—사실 가능하기라도 한—이야기일까?"

아칸소 주의 핫 스프링스에 있는 마운틴 밸리 생수회사의 브렉 스피드 회장이 어느 사설에 쓴 글이다.

이 방면에 대해 설명하기 위해 환경보호국은 2006년 12월 제한적인 경우에 수돗물 대신 생수를 마시게 하는 것이 식수안전 관련 규제들을 만족시킬 수 있는가에 관한 공청회를 열었다.

최근까지 매사추세츠 주의 소도시 웨스트포드Westford(이곳의 인구는 우리 아버지를 포함하여 20,754명이다)에서는 푸른빛의 물이 굽이치는 비버 브룩Beaver Brook에서 퍼 올린, 여과도 염소 소독도 거치지 않은 물을 마셨다. 나는 이곳에서 카누를 타는 것을 좋아한다. 카누를 물에 띄우러 가는 길에 가끔씩 콘크리트 바닥의 차고에 책상 몇 개와 작업장, 여러 대의 트럭이 있는 수자원 본부를 지나가곤 했다. 1년에 한 번씩 시에서는 잠수부를 고용했다. 이들은 소독된 방수복을 입고 진공청소기로 90피트 깊이의 물탱크를 청소했다. 이 수도 체계는 단순하고 운영도 잘 되었다. 최소한 1999년의 수질 검사에서 갑자기 대장균이 무더기로 검출되기 전까지는 말이다. 웨스트포드 시는 연방정부의 수질 보호 기금Clean Water funding 대상 명단의 상위에 올랐다. 1,420만 달러를 들인 이 시에는 이제 가스 타워와 녹색사암층 여과 필터, 자외선 소독 시스템을 갖춘 예술의 경지에 가까운 하수처리장 두 곳이 생겼다.

이것들을 전부 운영하는 데는 매년 2백만 달러가 든다. 이게 정말 필요한 일일까? 이 본부의 관리자에게 들은 이야기로는 대장균은 절대 없고, 누가 병에 걸렸다는 이야기도 듣지 못했다고 한다. 브렉 스피드 씨의 관점에서 보자면, 하수처리 비용이 '너무 비싼' 곳에 사는 사람들은 생수로 눈길을 돌리게 되어 있다. 그는 자신의 브랜드는 5갤런에 6.75달러밖에 하지 않을 정도로 싸다고 말한다. 나는 계산을 해보았다. 이런 식이면 4인 가족에게 식수(요리용이 아닌)를 공급하는 데 한 달에 2백 달러가 조금 넘게 든다(이는 요즘 시세이다. 수요가 올라가면 깨끗한 물은 귀해지고, 물을 얻는 것은 더 비싸진다. 스피드 씨는 아마도 요금을 올릴 것이다).

천연자원보호위원회의 에릭 골드스타인 씨는 수돗물을 버리고 생수를 마시는 것에 대해 이렇게 말한다.

"사회 전반적으로 엄청난 비용이 들 겁니다. 공무원들이나 정부의 의사결정자들이 이 문제를 버려둔다면, 많은 미국인들이 식수에 더 많은 돈을 지불하거나 더욱 질이 나빠질 공공 급수에 의존해야 하는 홉슨Hobson 식의 선택에 놓이게 되겠지요."

누군가는 생수가 각광받는 것이 단순히 계급의식이 건강과 편리에 대한 추구로 옮겨가는 세태를 반영하는 것이라고 생각해버리고 싶기도 할 것이다. 그러나 네슬레를 소도시에서 쫓아내고, 코크 사를 이 지구상에서 전멸시켜버리고 싶은 압력단체들에게는 생수를 마시는 것이 훨씬 정치적인 행동이다. 이는 물이 상품이라는 것과 기업이 그 통제권을 가져도 된다는 것을 확인시킨다.

UN에서는 물을 기본적인 인권으로 규정하고 있다. 하지만 그것이 무슨 의미인가? 물론 우리 모두는 살기 위해 물이 필요하지만 물을 지키고 얻는 것은 공짜로 되는 일이 아니다. 심지어 공공 자금으로 지은 수도관을 통해 물이 공짜로 흘러나왔던 고대 로마에서조차 자신의 집에 수도관을 연결하기 위해서는 개인이 돈을 더 내야 했다. 하수처리를 권리이자 동시에 재화로 여기는 것은 새로운 생각이 아니다. 사실 이 나라에서는 물을 위해 돈을 더 내는 것이 물을 지키고 개선하는 유일한 방법일지도 모르겠다.

하지만 물을 지키는 일을 누가 할 것인가? 민영 기업은 아니라는 것이 블루 플래닛 런 재단의 모드 발로 씨나 캐나다위원회에서 전국적인 수자원 보호 캠페인을 벌이고 있는 사라 에르하르트Sara Ehrhardt 씨의 의견이다. 그들은 〈그리스트Grist〉 지에 다음과 같이 썼다.

"우리가 마시는 물은 기업의 손에 맡기기에는 너무나 소중하고, 시장의 손에 맡겨 평등한 접근과 분배를 보장받기에는 너무도 중요합니다. 물을 인권으로 선포하고 정부 차원의 모든 노력을 기울여 대중의 신뢰를 지켜내는 데 해결책이 있습니다. 공공 수도 체계에 대한 정보와 성공적인 운영 사례를 공유하고, 미래 세대를 위해 공공 식수를 지키고 돌보아야 해결될 수 있습니다."

민영화에 반대하는 단체들이 볼 때 안전한 수돗물을 두고 생수를 마시는 것은 배신이다. 국제기업책임의 연대 캠페인을 담당하고 있는 기기 켈렛Gigi Kellett 씨는 볼빅Volvic과 보스Voss에 대한 집착을 미국이나 개발도상국에서 점차 드러나고 있는—병에 담기든 수도관을 통하든—공공 상수원의 민영화와 관련짓는다. 그녀는 이렇게 말했다.

"우리는 이곳의 사람들을 저기에서 일어나고 있는 물 위기와 연결시키고, 그들을 이 나라의 수질 보호와 연결시켜 기업이 물을 통제하고 있다는 것을 이해시키고 싶습니다. 우리는 어느 공급자에게 물을 얻고 있습니까? 코크, 네슬레, 펩시인가요, 아니면 지역에서 물을 조절하고 있는 민주적인 도시들인가요?"

나는 최근 내가 마신 물을 되짚어보면서 이 주장을 확실히 새기려 애썼다. 미드웨스턴 대학Midwestern College에 갔을 때 나는 체육관에 식수대가 없는 것을 보고 놀랐다. 뉴욕 항에서 한 무리의 대학생들과 배를 탔을 때도 내가 강가의 공공 식수대에서 물을 마시는 동안 그들은 육지로 10분을 걸어가서 가게에서 폴란드 스프링 생수를 샀다. 공항 개보수 과정에서도 피지 생수로 가득 찬 냉장고는 급증하는 반면 식수대는 점차 사라지고 있다. 잘 관리된 식수대 찾기란 고장 나지 않은 공중전화를 찾는 것만큼이나 어려워지고 있다. 뉴욕 주 교외의 유적지에 있는 화장실에는 물에서 산업 오염원이 검출된 바 있다는 안내 표지판이 붙어 있다. 이런 화장실 바로 밖에는 다사니로 가득 찬 자동판매기가 있다.

나는 냉소적으로 '그럼 안 되나?' 하고 생각해보았다. 나라도 병에 담긴 물을 파는 사업에 종사하고 있다면, 물이 나오는 분수대를 숨기거나 공공 수원지를 아주 보잘것없어 보이게 만드는 데 모든 힘을 쏟을 것이다. 플로리다 주 올랜도Orlando에서는 새 풋볼 경기장을 지으면서 식수대를 하나도 설치하지 않았다. 어느 더운 날 오후, 구내 매점에 한 병에 3달러씩 하는 물마저 떨어지고 난 뒤 60명이 심장 발작을 일으켜 치료를 받았다. 이 사건이 연달아 신문을 장식한 후, 이 경기장에는 50개의 식수대가 부랴부랴 설치되었다. 펜실베이니아 주의 리하이 대학교Lehigh University에서는 급식 업체에서 펩시의 탄산음료 판매기에 연결되어 무료로 물을 마실 수 있게 되어 있던 수도꼭지를 없애 학생들로 하여금 생수를 사 먹도록 유도했다. 이곳에서는 수많은 학생들이 항의를 한 뒤에야 수도꼭지에서 다시 물이 나오기 시작했다.

나로서는 민영화와 공공 수원지에 대한 보호가 점차 사라지는 것이 내부적으로 연관관계가 있다는 주장이 쉽게 공감이 간다. 그렇지만 나는 접시를 깨끗하게 비운다고 해서 굶주리고 있는 아프리카 사람들을 돕지는 못하는 것과 마찬가지로, 데스플레인스Des Plaines에서 다사니를 거부한다고 해서 물을 얻지 못하는 인도 사람들을 도울 수 있는 것은 아니라고 확신한다. 나는 다시 켈렛 씨에게 이 연관관계에 대해 설명해달라고 부탁했다. 첫 번째 단계는 국제기업책임의 맛 테스트라고 했다. 그들은 생수가 수돗물보다 더 맛있지 않다는 사실을 알리고자 한다(물맛이 독특한 지역에서는 이 검사를 하지 마시기를). 두 번째 단계는 생수에 의지하는 것이 공공 식수 체계에 대한 신뢰와 투자를 깎아먹는다는 사실을 이해하는 것이다. 인도에 대한 이야기는 이 지점에서 시작된다.

켈렛 씨는 "미국의 대중을 교육시키고 결집시켜야만" 그녀가 속한 곳과 같은 단체들이 "기업의 통제에 도전하고 물에 대한 기본적인 인권을 보호하기 위한 국제적인 노력에 힘을 보탤" 수 있다고 말했다. 이 주장의 논리는 다소 모호하지만, 생수의 생태학적 영향—특히 탄소 발자국—에 대한 대중의 비판은 계속해서 사람들을 끌어당기고 있다. 점점 많은 지방자치단체에서 생수 계약을 파기하고 있고, 필터와 재사용이 가능한 물병을 만드는 이들의 판매고는 기록적이다. 생수업체 중에서 코크, 네슬레, 피지 사에서는 2007년 중대한 자연보호 노력을 발표했지만, 누구도 생수산업을 축소하겠다고는 하지 않았다. 사실 많은 사업이 확대되었다.

나는 탄소와 물 발자국을 줄이기 위한 일부 회사들의 단계적 노력은 존중하지만, 그들이 물을 팔아 이익을 얻는 것 자체를 중단할 때까지는 절대 민영화에 반대하는 단체들을 만족시킬 수 없다는 것을 깨달았다. 물론 깨끗한 물이 무한정 나온다면 누가 그 물을 가질 것인가의 문제나, 삶에 그토록 필수적인 것을 민영 회사가 통제하는 상품으로 만드는 것에 대한 도덕성 같은 것은 그렇게 중요하지 않을 것이다. 그러나 깨끗한 물은 제한적이고, 더욱 그렇게 되어가고 있다.

프라이버그를 처음 방문하기 전에도, 홀리스에서 톰 브레넌 과장과 함께 폴란드 스프링의 수원지에 완충작용을 해주는 숲 속을 처음으로 방문하기 전에도, 나는 막연히 생수는 나를 위한 것이 아니라고 생각해왔다. 생수는 너무 비싸다. 게다가 나는 수돗물을 마시는 데 아무 문제가 없다. 물맛도 좋고, 미국 내 대부분의 장소에서 수돗물은 연방 기준 및 주 기준을 만족—너끈히—한다.

이후 나는 내가 살고 있는 도시와 다른 도시들의 공공 상수원에 대해 더 알게 되면서 천연샘물이 제법 괜찮아 보이기 시작했다. 불행히도 나는 곧 천연샘물을 포장해서 파는 회사들이 가끔씩은 개인용 우물과 지역 생태계뿐 아니라 지역의 민주주의도 위협한다는 사실을 알게 되었다. 간단히 말해, 나는 좋은 물을 만드는 소규모 생수업체들은 고귀한 뿌리를 가지고 있다고 생각했다. 브라이언트 공원에서 만났던 날 마이클 마스카 씨도 그렇게 나를 설득하려고 애썼다. 그러나 나는 그 물들의 가격이나 한참이나 되는 운반 거리를 소화할 수 없었다. 어딘가에 분명 보다 지속가능하고, 보다 지역적인 것이 있을 것이다.

여과된 수돗물은 어떤가? 아쿠아피나와 다사니는 수영을 할 만한 웅덩이나 샘물, 물속 미생물 및 자생 식물, 지역의 물 통제권을 위협하지는 않는다(최소한 미국에서는 그렇다). 그들은 이전부터 있었던 수도관을 통해 시 상수도에서 물을 끌어온다. 투손Tucson에 살고 있는 '지하수 보존주의자' 로버트 글레넌 씨는 여과수만 사 마신다. 그러나 이 물은 펩시와 코크에서 만들고 있고, 나는 엄청나게 많은 것을 가져가면서도 매우 적은 것만을 남기는(쓰레기를 제외하고는) 다국적 기업에 내 돈이 들어가는 것은 볼 수가 없다. 그들은 각 주나 도시 단위에서 생수를 만드는 것이 아니다. 그들이 만드는 엄청난 양의 생수는 여전히 높은 환경적 비용을 남기면서 트럭을 통해 미국 전역으로 배송되고 있다.

위에서 말한 것들 중에는 내가 마실 수 있는 가장 확실한 물이 없다는 사실을 깨달았다. 그 확실한 물은 풍부하고 매우 깨끗하다. 대중이 소유하고 운영하는 기존 기반 시설을 쓰고, 트럭 대신 수도관을 통해 운반되며, 대수층이나 그 물에 의존해서 사는 생물체에 스트레스를 주지도 않는다. 정답은 재생된 물이 아닐까 싶다. 좀 더 직설적으로 말하자면, 변기에서 나온 물로 만든 수돗물 말이다.

물 1킬로그램을 우주 밖으로 보내는 데 5천 달러를 쓰는 미국항공우주국NASA은 이 생각에 착안하여 국제우주정거장International Space Station에 소변(그리고 조리와 빨래에 사용된 물, 땀)을 천연상태의 식수로 바꾸어주는 최신식 재생 시스템을 설치할 계획이라고 한다. 싱가포르는 물에서 이런 비위 상하는 요인을 제거하고 뉴워터를 만들었다. 내가 마스카 씨에게 샘플로 건넸던 바로 그 물이다. 나미비아의 빈트후크Windhoek에 있는 고린갭 물 재활용 처리장Goreangab Reclamation Plant에서는 저수지의 물과 정화 처리한 폐수를 섞어 시의 물 수요 중 10~35퍼센트를 충당하고 있다. 애리조나 주의 페이슨Payson에서는 정화 처리한 하수로 대수층을 '충전' 하여 시 저수지를 채운다. 버지니아의 페어팩스 카운티Fairfax County에 있는 어퍼 오코퀀 하수 관리본부Upper Occoquan Sewage Authority에서는 25년간 저수지에 재생수를 흘려보내왔다. 그렇게 따지면 1백 개가 넘는 하수처리장에서 뉴욕 시의 저수지에 물을 흘려보내고 있으니 나는 이미 수도꼭지에서 나오는 하수를 맛본 셈이다. 뉴욕 시 환경관리국에서 이 사실을 광고하지는 않지만, 비밀이라고 보기도 힘들다.

웨스트 팜 비치West Palm Beach 지역에서 수돗물을 마시는 사람들은 당국의 투명도 면에서 그다지 운이 좋지 않다. 〈팜 비치 포스트Palm Beach Post〉지의 보도에 따르면, 2007년 5월 가뭄으로 인한 위기 상황에서 이 도시의 수도 당국은 약 150만의 고객에게 공지하지 않은 채 정화 처리한 물을 공급했다. 일반적으로 '재처리된 물' 은 2년 정도 풀이 덮인 늪지로 스며들어 지하 저수층에 도달하고, 저수지에 물을 공급하는 인공수로를 통해 끌어올려진 후 파이프를 통해 각 가정에 공급된다. 그러나 그해 5월에는 폐수가 예전 채석장 자리에서 나온 물과 섞여 바로 지하 저수층으로 보내졌다. 이 시의 식수가 연방 정부의 기준을 충분히 만족했기 때문에 담당자들은 고객들에게 알릴 필요가 없다고 결정했다.

상황이 더 악화될 수도 있었다. 잠시 동안 기사들이 정화 처리한 폐수를 상수원에 그대로 방출하려 한 아찔한 순간이 있었다. 플로리다 보건당국에서는 그러한 의견에 펄쩍 뛰면서, 하수처리 시설은 나트륨이나 질산염, 호르몬이나 항우울제, 기타 다양한 '알려지지 않은' 미세 화학 성분들을 제거하라고 설계된 시설이 아니라는 사실을 상기시켰다. 그뿐 아니라 심리적인 문제들도 있었다.

웨스트 팜 비치 주민들은 하수의 특성이 다 제거되었기 때문에—각종 여과 과정과 삼투 과정을 거쳐—재생수를 받아들였다. 풀이 덮인 늪지의 이미지가 큰 도움이 되었다. 이것은 인간이 더럽힌 것을 자연에 있는 어떤 것으로 바꾸어놓는다는 이미지를 심어주었다. 갈색 폐수가 녹색을 거쳐 푸른 물이 되는 것이다. 환경당국의 한 대변인은 이 중간 과정을 없애면 '사람들의 걱정이 표면화될 것'이라고 경고했다.

오수를 수돗물로 정화하는 계획의 가장 중요한 요소는 물론 엄격한 규칙이나 집행이 아닌 대규모 홍보 캠페인이다. 캘리포니아 주 오렌지 카운티의 공무원들은 이 분야 최고 전문가들의 도움을 받아 9년 간 피자 파티와 하수처리장 견학, 하수가 어떻게 정수되고 지하수와 섞여 식수로 공급되는지를 설명하는 공청회 등을 열기로 했다. 4억 8천1백만 달러가 들어가는 이 사업은 2007년 11월에 시작되었다.

샌호세San Jose 지역의 물을 공급하는 샌타클래라 밸리Santa Clara Valley 지역에서도 물 재생을 고려하겠다고 발표하고 바로 다음 날, 공공 재정으로 생수를 사는 것을 중단하겠다고 발표했다.

"우리는 사람들에게 수돗물이 건강하고 안전할 뿐 아니라 환경에도 좋다는 사실을 알리고 싶습니다."

이 지역의 이사회 부위원장은 이렇게 말했다. 남부 플로리다와 텍사스의 지역 사회에서도 재처리된 하수 사용을 심각하게 고려하고 있다.

2007년 가을, 기존의 엄격한 물 보전 방식을 더욱 강화한 바 있는 샌디에이고에서는 지난 15년간 하수를 수돗물로 바꾸는 정책에 대한 제안과 반대를 반복하고 있다. 목청을 높이는 반대론자 중에는 '세상을 바꾸는 할머니들Revolting Grandmas'이라는 풀뿌리 환경운동 단체가 있다. 이 단체는 물의 재처리에 반대하는 캠페인을 통해 사람들이 사용하지 않은 약을 변기에 버리거나 약을 먹은 후 배설물을 배출함으로써 내분비계 교란 물질이 하수에 섞여 들어갈 위험에 대해 언급한다.

물 재처리(이 사업을 장려하기 위해 세금을 지불하는 사람들은 '재정화수'라고 부른다)를 옹호해야 할 바람직한 이유들이 있다. 재처리된 물은 골프 코스나 작물에 공급하는 등 식수가 아닌 다른 용도로 신선한 물을 사용하는 것에 대한 부담을 줄여주고, 재처리를 하지 않았더라면 다른 사람들이 마시는 강물(혹은 물 재활용을 지지하는 샌디에이고의 단체 중 하나인 서프라이더 재단Surfrider Foundation의 경우처럼 이 물에서 파도타기를 하는 사람도 있을 것이다)에 매우 더러운 상태로 버려졌을 최종생산물이 극도의 정화 과정을 거치도록 한다. 하지만 재처리 시설을 짓고 운영하는 데는 매우 많은 비용이 든다. 계획을 세우고 시공을 하는 데만 몇 년이 걸린다. 일부 학자들은 재처리 과정이 모든 약품 성분과 화학 성분을 제거하고 치명적인 O157:H7 균을 무력화시킬 수 있을지 의구심을 갖는다. 미국 국립연구위원회의 1998년 보고서는 재처리된 물을 대체 식수원으로 사용할 수는 있지만, '철저한 건강 및 안전 검사를 마친 뒤 마지막 수단으로만' 사용할 수 있다고 결론짓고 있다. 노스리지Northridge에 있는 캘리포니아 주립대학교 California State University의 암발생생물학 센터Center for Cancer and Developmental Biology 소장 스티븐 오펜하이머Steven Oppenheimer 박사는 재처리된 물을 마시는 것을 목숨을 걸고 러시안 룰렛 게임을 하는 것에 빗댄다.

나는 모든 물을 재활용한다는 것 자체가 오수를 수돗물로 바꾸는 것처럼 불쾌하게 들린다는 사실을 떠올려야 했다. 초기 속씨식물을 적시고 시조새의 갈증을 풀어주던 물방울들은 아직 우리 주위에 떠다닌다. 자연에서는 햇빛과 흙, 미생물과 시간의 흐름이 물을 정화시킨다. 하지만 토양학자 프랭크 페카리치 씨는, 하수가 천천히 흙을 타고 내려가도록 두지 않고 기술자들이 하수를 대수층에 인위적으로 주입하게 되면 이러한 과정이 방해받게 된다고 말한다.

"대자연의 체계를 제3의 처리 과정으로 대체하게 되면, 물이 대수층에 도달하기 전에 반드시 거쳐 가야 하는, 흙이 가지고 있는 어마어마한 박테리아 제거 기제를 건너뛰게 됩니다. 수렁이나 늪, 특히 모래에 재처리한 물을 통과시켜 상당히 깨끗한 물을 얻은 성공 사례가 많습니다. 실질적으로는 생물계 자체가 일을 하도록 놔둔 셈이죠."

그러나 이런 시스템을 고려하고 있는 도시는 많지 않기 때문에 페카리치 씨는 오수를 수돗물로 바꾸겠다는 발상이 사람들에게 병을 일으킬 것이라고 생각하고 있다.

솔직하게 말해서 오수를 수돗물로 바꾸겠다는 시나리오—대규모의 회석 작업이나 하수와 유입수 사이의 적당한 시간차도 없이—에는 나도 놀랐다. 인간의 실수가 개입될 여지가 너무나 많기 때문이다. 지난 10년 사이 식수용이 아닌 재처리수가 우연히 식수에 섞여 들어간 도시가 최소한 네 군데는 된다. 최근에는 캘리포니아 주의 출라비스타Chula Vista의 수도 분배 시설에서 2년 동안 오피스 지구에 재처리된 오수를 공급해온 사실이 밝혀졌다. 기술적 실수나 예산 삭감이 있을 수도 있고(막이 파열된다는 말은 듣기만 해도 몸서리가 쳐진다), 시설 소유자가 다른 길을 모색하면서 돈을 벌 궁리를 할 수도 있다. 선택의 여지가 없다는 것을 인정한다면, 오수를 수돗물로 바꾸는 것은 포기해야 할 것 같아 보인다.

하지만 그렇지는 않다. 물 전문가들은 그저 적당한 때에 적당한 장소에 없을 뿐, 이 지구상에는 모든 사람이 쓰기에 충분할 정도로 신선한 물이 많다고 믿는다. 그렇다면 우리는 무엇을 해야 할까? 저수용 댐을 건설하거나 물을 원하는 곳으로 이동하기 위한 기반을 구축하는 것 같은, 소위 말하는 '센' 방법도 있다. 바닷물의 염분을 제거하거나 오염된 물을 거대한 역삼투압 기계에 통과시킬 수도 있다(두 과정 모두 비싸고 에너지 집약적이다. 또한 역삼투압 방식은 정화시키는 물의 양보다 더 많은 양의 물을 오염시킨다).

효율성(홍수 때 물을 모아두는 대신 흘려보낼 방법을 모색하는 것 등)이나, 수원지와 물을 쓰려는 곳을 잘 연결하는 데 초점을 맞춘 '약한' 방법도 있다. 예를 들어 새 집을 지을 때 '이중 배관'을 하여 1차 하수(싱크대나 세탁기에서 나오는 하수, 샤워한 물)를 모아서 잔디에 물을 주거나 세차를 하는 등 식수가 아닌 다른 용도로 사용할 수 있다. 새는 물을 막는 것도 좋다. 수도관으로 흘러드는 물의 14퍼센트는 구멍과 갈라진 틈 사이로 새어 나간다. 오염을 일으키는 주범들을 통제하고 주요 상수원 근처의 개발을 억제하려는 국회의원들과 관련 단체를 지지함으로써 상수원을 보호할 수도 있다(이런 단체들의 명단은 부록을 참고하시기 바란다). 도심지대에 다시 나무를 심어 녹색 지붕을 만들고(이 정원은 빗물이 파이프를 통해 빠르게 내려가는 것을 막아 증발할 때까지 빗물을 붙잡아주는 역할을 한다), 빗물 정원에 빗물을 모으고, 하천을 따라 습지를 재생할 수도 있으리라(습지는 제초제와 질산염을 걸러주며, 일부 식물들은 특히 중금속 제거에 탁월하다).

가정에서는 오래된 방법을 이용해볼 수 있다. 모든 미국인이 1년에 1분씩만 샤워기 물을 잠그면, 우리는 1,610억 갤런의 물을 절약하게 된다. 만약 저수지가 꽉 차 있다면, 그때는 왜 물을 아껴야 하는가? 여기에는 두 가지 이유가 있다. 우선, 물을 처리하고 운반하는 데는 에너지가 든다. 환경보호국에 따르면, 수도꼭지를 5분 동안 틀어놓을 때 60와트짜리 백열등을 14시간 동안 켜놓는 것과 같은 양의 에너지가 든다고 한다. 두 번째로 일단 물이 파이프를 타고 흘러나가면—도시를 기준으로 봤을 때—이 물은 다시 흙을 거쳐 정화되어 대수층으로 돌아오지 않는다. 대신 가정이나 사업체, 빗물 배수관에서 흘러오는 다른 하수와 섞여—훨씬 더 더러워진 채로—하수처리장으로 운반된다. 이 시설에 더 많은 물이 유입될수록, 그 물이 바다나 하류의 다른 지역 사회에 식수를 제공하는 강으로 들어가기 전에 정화하기 위해서는 더 많은 에너지와 화학약품이 들어간다.

정화조를 갖춘 가정에서는 물을 많이 사용하게 되면 물탱크가 넘쳐 제 기능을 하지 못한다. 이것이 이를 닦을 동안 수도꼭지를 잠그고, 절약형 변기와 샤워기 꼭지를 설치하고, '선택적'으로(변기 물이 누런색이더라도 잠시 놔두는 등) 변기 물을 내려야 하는 또 하나의 이유이다. 물을 아끼는 것은 가뭄 여부에 상관없이 상류에 사는 다른 생물이 살 수 있는 여지를 더 남겨주고, 새로운 수원지를 찾거나 하수처리장을 건설해야 할 필요가 없어지도록 도와준다. 당장은 이런 것들이 필요하지 않을지도 모르지만, 좋은 습관이 형성될 때까지는 시간이 걸리게 마련이고, 우리가 미래에 더 많은 물이 필요하게 될 것은 거의 확실하다.

고기를 적게 먹는 것도 물 보호 차원에서 나쁜 생각은 아니다. 캘리포니아에서 만들어지는 햄버거 하나를 먹는 데 들어가는 물은 총 616갤런이다. 면 티셔츠를 하나 만드는 데는 528.3갤런의 물이 들고, 커피 한 잔에는 52.8갤런이 필요하다. 미국인들은 경제협력개발기구OECD의 다른 어느 나라보다 1인당 물을 많이 쓰는데, 하루에 약 1백 갤런을 쓴다. 영국인은 31갤런, 에티오피아인은 고작 3갤런을 쓰면서 살아가고 있다.

지도자들이 물을 많이 쓰는 농업이나 산업 분야에 지표수와 지하수를 보다 현명하게 분배할 수도 있다. 서부의 건조한 지역에서 물 집약적인 쌀을 재배하는 게 말이 될까? 더 많은 산업에서 재처리수를 쓸 수 있을까? 예를 들어 프리토레이Frito-Ray 사에서는 최근 애리조나 주의 카사 그란데Casa Grande에 있는 칩 공장에서 나오는 폐수의 90퍼센트를 재활용할 수 있게 공장을 개편했다. 많은 수도 시설은 물을 대량으로 사용하는 사람들에게 할인을 제공하고 있다. 세금을 올리려면 필연적으로 이들과 대화가 필요하다.

상수원의 물을 보호하고 기반 시설을 개선하기 위해 더 많은 돈을 내는 것이 불가능하지는 않다. 미국의 각 지역에서 제공하는 수돗물은 놀랄 만큼 저렴하다. 전국적으로 1천 갤런당 2.5달러 정도이다. 소비자들이 맛이 좋은 생수에 수천 배나 많은 돈을 지불하는 것은 정말 좋은 물을 위해서는 기꺼이 희생을 감수할 수 있다는 것을 뜻한다. 수도세를 올리는 것이 하나의 답이다. 생수에 세금을 매기는 것도 또 하나의 방안이고, 깨끗한 물을 팔아 이익을 얻거나 깨끗한 물의 수질을 손상시키고 있는 기업들이 재정을 대는 수질 보호 신탁 기금도 하나의 방법이다(내 시선을 끌었던 어느 환경보호론자는 이렇게 말했다. "이미 돈은 있습니다. 우리는 그저 그 돈을 우리의 물 기반 시설을 고치는 데 쓰는 대신 다른 나라의 물 기반 시설을 날려버리는 데 쓰고 있을 뿐이죠.").

아메리칸 리버스American Rivers와 미국 전역의 다른 하천보호 단체들이 시민 1천 명을 대상으로 식수에 대한 태도를 묻는 설문을 벌였을 때, 대다수의 응답자는 공무원들이 소비자들로 하여금 생수를 사 먹는 것으로 문제에 적응하도록 하는 것이 아니라, 오염된 물을 정화하기 위한 행동을 취하기를 원하고 있었다. 이 단체들이 이런 질문까지 해야 한다는 사실에 가슴이 저릿하다.

이제 우리는 무엇을 마셔야 할까? 환경보호국은 미국이 전 세계에서 가장 안전한 상수원을 가지고 있다고 말한다.

"저라면 이 나라 어디에서든 망설임 없이 수돗물을 마시겠습니다."

환경보호국의 지하수 및 식수 관리부 부장인 신시아 도허티 씨의 말이다. 미국 수자원조사연구소National Water Research Institute의 로널드 린스키Ronald B. Linsky 박사는 미국 수도협회에서 펴낸 〈세금 대란 피하기: 수도세를 위한 선례 남기기Avoiding Rate Shock: Making the Case for Water Rates〉라는 보고서에서 미국 어느 도시에서든 물 한 잔을 마시면 "안전하고 질 좋은 식수에 대해 아주 높이 신뢰하게 될 것"이라고 말한다. 천연자원 보호위원회는 위험 범주에 속해 있는 사람이 아니라면 대부분의 도시에서 수돗물을 마셔도 아무 문제가 없다고 말한다.

이런 말들은, 물은 그 지역에서 나와서 에너지 효율적인 방법으로 공공 소유의 배수관을 통해 운반되어야 하고, 하수를 거의 남기지 않으며, 하루에 여덟 잔을 마셔도 1년에 약 49센트 정도면 될 정도로 값이 싸야 한다는 나의 개인적인 편견을 강화한다. 그 정도 물을 생수로 사려면 1천4백 달러가 든다.

하지만 이 문제는 그렇게 간단하지 않다. 그렇게 간단했다면 미국인의 20퍼센트가 생수만 골라 마시지는 않을 것이다. 2006년 미국의 약 5만 3천 개에 이르는 지역 수도 체계 중 89.3퍼센트가 환경보호국에서 정한 기준의 90가지 이상을 따랐다. 하지만 아직도 2억 9천8백만 명의 사람들은 보건 기준이나 보고 기준, 혹은 두 가지를 다 만족하지 못하는 물을 마시고 있다(이 가운데 대다수는 인디언 지역에서 살고 있고, 많은 사람들이 규제를 지키기에 가장 문제가 많은 작은 수도 시설에서 공급되는 물을 마신다). 게다가 환경보호국이나 수도 시설 측은 가정에 공급되는 배수관에 대해서는 아무 언급이 없다. 또 위험 범주에 해당되는 사람들 문제도 있다.

'알 권리'를 주장하는 보고서들은 노약자, 임산부, 면역 결핍자(가령 HIV 양성반응자 혹은 화학치료를 받고 있는 사람)들에게 수질이 좋은 곳이라 하더라도 수돗물을 마실 때는 의사와 상담하라고 조언한다. 일부 학자들은 위험 인구의 범위를 아기들뿐 아니라 아동 및 청소년, 수유 중인 여성, 55세 이상인 사람을 모두 포함하는 것으로 넓게 보고 있다.

"연례 보고서를 보신 뒤에, 개인적 상황에 따라 어떤 조치를 취해야 할지 결정하시기 바랍니다."

도허티 씨의 말이다.

가장 크게 걱정되는 것이 무엇인가? 그것은 누구에게 물어보느냐에 따라 다르다. 망치에게는 모든 것이 못으로 보이는 법이다. 납을 연구하는 학자들은 납 성분을 걱정한다. 화학약품과 암 사이의 연관성을 연구하는 학자들은 소독 부산물을 걱정할 것이다. 미생물학자들은 미세한 벌레들이 걱정이다.

역학자疫學者들의 연구를 보면 수인성 미생물로 인해 매년 최소한 7백만 명의 미국인이 위장질환을 겪고 그중 1천 명이 죽는다고 한다.

"사람들은 저마다 같은 환경에 다른 방식으로 반응합니다. 아무 위험이 없다고 말할 수 있는 명확한 경계선 같은 건 없습니다."

오랫동안 환경보호국에서 일했던 직원이자 하버드 보건대학Harvard School of Public Health의 수질 및 보건 프로그램 교환 교수이기도 한 로니 레빈Ronnie D. Levin 씨는 이렇게 말한다. 그녀는 7백만 명은 너무 많다고 했다.

"비용 효과 분석을 실시한 결과, 물에 들어가는 소독제의 양을 늘리지 않고도 지금보다 소독을 더 잘 할 수 있다고 생각합니다."

레빈 씨는 염소와 다른 소독제는 '무엇 하나 좋을 것이 없는' 소독 부산물을 만들기 때문에 이것들을 쓰는 것을 조심스럽게 여긴다. 그렇다면 그녀의 해결책은? 지표수에 의존하고 있는 시설에서 유기 오염원을 제거하기 위해 여과를 먼저 하고 나서 소독하도록 요구하는 것이다.

나는 레빈 씨에게 이 시설들이 개선될 때까지 생수를 마시는 것은 어떻겠느냐고 물었다.

그녀는 그것도 불확실한 부분이 있다고 했다.

"결국 안도감의 문제죠. 생수는 모니터링이나 규제가 그렇게 잘 되고 있지 않습니다."

우리는 공장의 조사 결과를 모르기 때문에 "결국 무엇을 얻게 될지는 예측할 수 없다"는 것이다.

그렇다면 이 사람은 어떤 물을 마실까?

"있는 대로 맞춰서 살아야죠."

다시 말해 수돗물을 마신다는 말이다.

물을 거르는지?

"제대로 하고 있죠."

나는 이 말을 그렇다는 뜻으로 받아들였다.

나는 지금껏 충분히 많은 학자들과 환경 전문가와 이야기를 나누면서 우리 집 조리대 위에 있는 브리타가 나에게 실질적이기보다는 심리적인 이익을 가져다준다고 믿게 되었고, 어떤 이유에서건 수돗물에 의심을 품고 있는 사람이라면 즉석식 여과 필터—수도꼭지나 싱크대 밑에 설치하는—에 투자해야 한다고 생각하게 되었다(레빈 씨는 자연여과 필터에 대해 "물에 걸러낼 것이 아무것도 없으면, 상관없지요"라고 말했다). 그러나 모든 사람이 병에 걸릴 위험이 높은 것은 아니고, 누구나 즉석식 여과 필터를 사서 유지할 여력이 있는 것도 아닌 데다(정기적으로 교체해주지 않으면 오히려 필터에서 생긴 오염원이 물에 들어갈 수도 있다), 그 돈이면 다른 예방적 방법에 더 잘 쓰일 수도 있다.

공평성에 관련된 문제를 해결하기 위해(싱크대에 설치하는 필터는 사고 설치하는 데 2백 달러까지도 들 수 있다) 역학자 로버트 모리스 씨는 즉석식 여과기기를 사서 설치하고 유지하는 과정을 수도 시설에서 지원할 것을 제안한다. 그는 《푸른 죽음》에서, 이런 식으로 하면 수도 시설이 "우발적, 우연적, 혹은 고의적인 오염이 발생한다 해도 그 영향이 적다"는 신뢰를 얻을 수 있다고 말한다. 그럼, 그 비용은 어떻게 하나?

"시설 연간 운영 비용의 3분의 1 정도가 들 겁니다. 하지만 이것은 한 번입니다. 든 만큼의 비용 효과도 거두게 되고, 필터는 재활용합니다. 많이 사면 규모의 경제가 작용합니다. 그렇기는 하지만, 사실 궁극적으로는 소비자들이 그 돈을 내게 된다는 것이 맞는 말입니다."

이 모든 경고들이 논점을 교묘히 피해가고 있다. 내가 물을 믿어야 할지를 어떻게 알 수 있는가? 환경보호국에서는 '연간 수질 보고서를 읽어보라'고 말한다. 하지만 수도 당국에서 쓴 이 서류들이 잘못되었을 수도 있고, 일부는 본질적으로 선전에 불과하다(또다시 나오는 이야기이지만, 이것들은 파이프 상태에 대해서는 아무 언급이 없다). 이 보고서는 연간 평균과 시설 내 여러 곳의 주 오염원들에 관해 보고하고 있고, 수치가 높은 경우를 가릴 수도 있다. 규제 대상이 아닌 오염원(과염소산염, 라돈, MTBE 등)은 목록에 들어가지 않고, 조사 기간도 고객에게 자료가 도착하기 훨씬 전에 끝난다. 보고서에서는 처리가 끝난 물에 와포자충이 없다고 할 수도 있지만, 이 기생충은 추적하기가 여간 힘들지 않다.

천연자원보호위원회는 2001년 19개 도시의 수질 보고서를 연구한 결과 5개 보고서에 미달 혹은 낙제 판정을 내렸다. 시 상수원의 오염원이 건강에 미치는 영향에 대한 결과를 묻어두거나 감추거나 삭제한 보고서, 혹은 오해를 불러일으킬 만한 언급을 싣거나 시의 상수도 오염원으로 알려진 곳에 대해 밝혀야 한다는 규정 등 알 권리에 관한 의

무조항을 위반한 것들이었다. 그렇다면 수돗물을 열심히 마시는 사람이 해야 할 일은 무엇일까? 보고서를 잘 읽어보고, 오염원이 건강에 미치는 영향을 숙지하고, 질문이 있으면 수도 시설에 전화를 하고, 직접 물을 검사해보라(이런 과정을 도와줄 곳은 부록을 참고하기 바란다).

이곳 뉴욕 시에서 아쇼칸과 다른 근교 저수지의 물을 마시고 있는 남편과 나는 분명 위험 범주에 들어 있지 않지만, 여덟 살짜리 루시에게 와포자충에 대한 면역력이 있을까? 적외선 처리는 아직 시행하지 않고 있다. 소독 부산물에 대해서는 조금 걱정이 되지만, 그것이 필터에 1년에 1백 달러를 더 들일 정도로 걱정스러운 일일까?

이 질문을 해결하기 위해 나는 직접 검사를 해보았다. 네 개의 각기 다른 통에 여과되지 않은 물을 담고, 이것들을 얼음에 담아 미시간 주의 입실랜티Ypsilanti에 있는 공인 실험실에 보냈다. 2주 후 결과를 받아보고 나서 나는 안심했다. 납 성분도 없고, 대장균과 질산염도 없고, 트리할로메탄도 전반적으로 연방 정부 기준 미만이란다(최소한 11월에는 말이다. 여름에 더울 때는 수치가 더 높아질 수도 있다.) 그러나 망간은 연방 정부 기준보다 40퍼센트가 높게 나왔다(그렇지만 브라이언트 공원에서 마셨던 게롤슈타이너보다 5.7배 낮다). 우리 집의 브리타 정수기는 광물 성분을 제거하지는 않지만, 전문가들에 따르면 이 정도 수치는 아이나 성인에게 건강상의 위협을 끼치지는 않는다고 한다. 수질 검사에 관한 한 나의 정신적 스승인 시 환경관리국의 스티븐 스킨들러 씨는 2007년 한 해 동안 시의 망간 함량은 주 기준인 0.3ppm을 절대 넘지 않았다고 했다(연방 기준은 0.05ppm이지만, 이것은 '2차적 수치'로 시설에서 이 수치를 만족하는지 검사할 의무는 없다. 이 오염원은 물이 어떻게 보이는가에만 영향을 미친다. 마침내 우리 집 브리타 정수기 밑바닥에 있던 붉으죽죽한 이물질의 신비가 풀린 것 같다). 문제가 망간뿐이라면 만족이다. 나는 다른 많은 미국인들과 마찬가지로 걱정 없이 수돗물을 마실 수 있겠다.

조사를 마치면서 나는 최소한 한 가지는 확실히 알았다. 모든 수돗물이 완벽한 것은 아니라는 것이다. 그렇지만 이것은 우리가 알고 있는 사실이고, 협상해서 개선할 여지가 있는 부분이다. 생수회사는 대중에게 대답하는 것이 아니라 주주들에게 대답한다. 앨런 스니토와 데버러 코프먼은 《목마름》에서 이렇게 쓰고 있다.

"시민들이 가장 기본적인 자원인 물조차 더 이상 관리할 수 없다면, 무엇인들 관리할 수 있겠는가?"

생수는 분명 있어야 할 자리가 있다. 응급 상황에서도 쓰일 수 있고, 정화수조차 마실 수 없는 환자들에게는 필수적이다. 그러나 많은 경우 생수가 수돗물보다 더 나을 것은 별로 없고, 환경적, 사회적 비용만 많이 들고, 오염을 일으키는 사람들을 막고 하수처리 기반 시설을 개선하고 하수처리 기준을 강화하는 등 수역을 보호하려는 사람들의 맥만 빼 놓는다.

물론 인간의 거의 모든 활동―자전거를 타고 출근하는 것, 신문을 재활용하는 것, 수돗물을 마시는 것을 포함한―은 환경에 영향을 미친다. 그러나 그 영향을 이해하는 것이야말로 그 영향을 줄이기 위한 첫걸음이다. 생수가 미치는 영향이 다른 용도로 물을 사용하는 것―소를 키우거나 자동차를 만드는 것 등―에 비하면 하찮게 보이는 것도 사실이다. 그러나 천연생수회사의 트럭이 지나가는 도로 근처에 사는 사람들이나, 상업적으로 채수되고 있는 대수층에 연결된 우물의 물을 마시는 사람들에게 그 이야기를 한번 해보라. 내가 루시에게 보다 큰일에 비하면 네가 가지고 있는 문제들은 별 것 아니라고 말하려고 할 때면 아이가 늘 소리쳤던 것처럼 "나한테는 그렇지 않다고요!"라고 할 것이다.

언젠가 생수를 사고 싶어진다 하더라도, 나는 뭔가 알고 있는 상태로 생수를 살 것이다. 생수병의 라벨에 있는 이미지가 생태학적인 사실을 반영하고 있지는 않다는 것과 그 인지세의 일부는 변호사비와 홍보비에 쏟아 부어질 것이라는 것, 이익이 아마도 수원지 근처에 사는 사람들에게 돌아가지는 않을 것이라는 것, 병을 만들고 운반하는 과정에 상당히 많은 탄소가 소비된다는 것을 알고 그 물을 사 마실 것이다. 그리고 나서는 최대한 즐거워하면서 물을 마시도록 노력할 것이다. 먹는 것의 즐거움에 대한 웬들 버리Wendell Berry의 말을 인용하자면 '무지에 기대지 않는' 즐거움 말이다.

나는 하워드 디어본 씨가 폴란드 스프링 사가 자기 집 앞의 연못을 망치고 있다고 주장하던 메인 주의 프라이버그에서 물에 대한 조사를 시작했다. 정말 폴란드 스프링에서 이 연못을 망치고 있는가? 그럴 수도 있다. 인 성분을 용해시킬 물이 적어지면서 식물의 성장이 급증한 것 같아 보이기 때문이다. 물을 퍼내는 것이 다른 생태계에도 영향을 미치는가? 확실하지는 않다. 하지만 '남는' 물을 쓰겠다는 주장은 억지다. 연간 1억 8천만 갤런 정도 되는 폴란드 스프링의 물은 탱크트럭에 나뉘어 담기기 전에는 하류의 생태계까지 닿았다. 이 트럭들이 귀찮고 잠재적으로 위험한가? 그렇다. 이 도시가 이 사업으로 어떤 이익이라도 보고 있는가? 만약 퓨어 마운틴 생수회사의 수입 덕에 세금이 낮게 유지되는 것이라면 조금은 그렇다고 할 수 있다. 그러나 그 외에는 그렇지 않다. 폴란드 스프링이 이 지역에 생수 공장을 짓지 않는 한은 그렇지 않고, 공장을 짓는다 하더라도 이익이 될지는 의심스럽다.

또한 더욱 중요한 질문이 있다. 외부 기업이 와서 지역 주민의 바람에 맞서는 것이—법에 관한 것은 잠시 접어두더라도—옳은 일인가? 시민들은 점차 아니라고 생각하고 있다. 미국 전역의 소도시에서는 인터넷으로 연결되고 반세계화 운동가들의 격려를 받는 각 지역 단체들이 이런 침해들—동물을 가둬놓고 사육하는 아이오와의 기업에서부터 펜실베이니아 교외의 매립지, 어디에나 있는 교외의 월마트에 이르기까지—에 맞서 싸우고 있다. 프라이버그의 활동가들도 원했건 그렇지 않았건 간에 단체를 조직하고 스스로 배우면서 이런 움직임에 동참했다.

소비자들이 좋지 않은 수도 시설에 등을 돌리고, 좋은 물이 귀해지고, 민간 기업들이 더 많은 시추공을 파면서 물을 둘러싼 싸움은 더욱 심해질 것이다. 프라이버그의 일은 2000년 벡텔Bechtel 계열사에서 수도 체계를 민영화한 뒤 대규모 거리 집회가 일어났던 볼리비아의 코차밤바Cochabamba와 그 양상이 같아 보이지는 않는다. 마을마다 지하수 분배를 두고 코카콜라와 계속 싸우고 있는 인도의 케랄라Kerala 같지도 않고, 물 부족을 겪는 중에도 캘리포니아에 기반을 둔 회사에서 연간 1억 8천2백만 갤런—이 지역에서 쓰는 물의 3분의 1에 해당한다—의 물을 퍼내서 생수로 만들고 있는 플로리다 주의 그로블랜드Groveland와도 다르다. 그러나 누가 물을 소유하고 있는지를 묻고, 개인적인 이익을 추구하는 기업이 엄청난 이익을 위해 물을 채수해다 파는 것을 막는다는 점에서, 프라이버그는 이 소중한 자원을 관리하기 위한 전 세계적 격분을 담아내는 소세계이다.

대법원에서 물탱크 적재소에 관한 결정을 도시계획위원회로 반려한 뒤 두 달이 지난 어느 늦여름 아침, 나는 나무에 둘러싸인 가파른 강둑을 지나 카약을 타고 사코 강을 미끄러져 내렸다. 날이 흐려서 카누를 타는 사람 몇 명만이 범람원의 숲을 가로지르는 굽이진 강을 따라 워커스 브리지까지 몇 마일째 노를 젓고 있었다. 꽤 오랫동안 조용했다. 물은 내가 기억하는 어린 시절의 야영 여행 때 그대로 진gin처럼 투명했다. 1백 년 된 은빛 단풍나무들—그중 몇몇에는 그넷줄이 매달려 있었다—은 낮은 제방 위에 굽어 있었다. 물굽이 바깥쪽에는 조류가 만든 넓은 모래밭이 있어서 배를 대고 수영하기 좋았다. 물의 흐름을 타고 가는 동안, 나는 물살이 만들어낸 강바닥의 물결무늬에 눈을 고정했다. 이쪽은 금빛이고 저쪽은 보랏빛이 도는 검은색이었다. 나는 왜 이 물이 깨끗한지, 왜 폴란드 스프링이 이 물을 그렇게 탐내는지 알고 있다. 나는 봄에 이 강물이 넘치면서 흙을 비옥하게 하고, 진기한 식물들을 길러내고, 농장에 물을 대고, 프라이버그의 혼을 지켜왔다는 것을 알고 있다.

수천 년 전 와바나키Wabanaki 인디언들도 이 강을 따라 노를 저었다. 루시가 자라면 아이들을 데리고 수영을 하러 사코 강에 와서 이 깨끗한 물과 모래 바닥을 보며 기뻐할 수 있을까? 장담할 수 없다. 워즈 브룩 대수층에 뚫어놓은 한두 개의 시추공이 무엇을 할 수 있는지를 묻기는 쉽다. 그러나 단순히 퓨어 마운틴 생수회사에서 퍼내는 물만이 문제가 아니다. 시에서도 우물을 가지고 있고, 디어본 정밀배관공사 공장의 뒤에도 우물이 있고(아직은 사용하고 있지 않지만), WE 주식회사도 우물을 가지고 있다. 물탱크 트럭으로 쏟아져 들어가는 물은 대수층을 지나 습지로 스며들지 않는 물과 도로, 농장, 정화조, 공장에서 사코 강으로 흘러드는 오염원을 희석시키지 못하는 물을 대표한다.

폴란드 스프링이 프라이버그에 생수 공장을 짓는 데 성공하면, 이 회사는 그 공장에 퓨어 마운틴에서 퍼내는 물보다 더 많은 물을 대기 위한 또 다른 수원지가 필요할 것이다. 이 도시는 샘을 가진 지주가 가득한 곳이다. 그 다음에 무슨 일이 일어날지 누가 알겠는가? 상류에서는 무슨 일이 일어날까? 뉴햄프셔 주의 수도공사는 최근 주거 개발에 필요한 물을 공급하기 위해 프라이버그와 주 경계를 맞대고 있는 바로 맞은편의 사코 강 범람원에 새 우물을 뚫겠다는 계획을 발표했다. 이 계획은 그간 프라이버그의 소송을 주시해왔던 지역 공무원들이 이 회사가 개발에 필요한 물의 5배를 퍼 올리려는 계획을 가지고 있다는 것을 밝혀내면서 잠음 끝에 중단되었다.

사코 강에서 뱃놀이를 한 지 몇 달이 지나고 프라이버그의 도시계획위원회에서 물탱크 적재소를 거부한 지도 며칠이 지난 어느 날, 나는 이 노력을 조직화하느라 애쓰면서 이제는 단체의 소송비를 모으느라 고군분투 중인 스콧 갬웰 씨와 통화했다. 그는 폴란드 스프링이 마을에 머물더라도 워즈 브룩 대수층에서 지금처럼 75퍼센트가 아니라 '남는' 물의 5퍼센트 정도만 퍼내는 것은 괜찮을 것이라고 말했다.

"그 정도 양에 회사가 성이 찰 거라고 보세요?"

내가 물었다.

"당장은 아니겠죠. 하지만 2030년에는 그럴 겁니다."

물을 사고판다는 생각이 사기극이나 농담쯤으로 여겨지던 때도 있었다지만, 이제는 우리나라에서도 회사나 학교에서 열리는 체육대회나 소풍 등 각종 행사는 물론, 공원 등 야외에서 사람들은 이미 식수대 대신 생수병을 찾기 시작했다. 서울시에서 '아리수'라는 브랜드를 내세워 수돗물의 이미지를 마실 수 있는 물로 끌어올리려고 노력하는 것만 보아도, 사람들이 이제는 정말 수돗물에 등을 돌린 것이 아닌가 하는 생각이 든다. 그렇기 때문에 이 책에서 풀어놓는 이야기가 우리도 궁금해 할 것들이고, 우리와도 전혀 관련 없는 이야기는 아니라는 생각을 하면서 글을 옮겼다. 실제로 이 책에 언급된 네슬레 생수회사는 풀무원 샘물과의 합작을 통해 국내에 진출해 있고, 코카콜라는 우리나라에서도 다사니에 해당하는 '순수'라는 이름의 생수를 판매하고 있다. 에비앙이나 페리에 등의 브랜드도 이제는 우리에게 낯설지 않다. 이 책을 읽는 분들이 프라이버그라는 마을이 어디 있는지 모르고 폴란드 스프링이라는 브랜드명을 들어본 적이 없더라도, 이 책에서 본질적으로 제기하고 있는 문제의식 자체에 공감할 수 있다면 이 작은 도시의 경험이 우리와 전혀 무관한 것이 아니라는 저자의 말에 고개를 끄덕일 수 있을 것이라고 생각한다.

수돗물보다 몇 배나 비싼 가격을 지불하면서도 생수를 사 먹으려는 사람도, 자기 집 뒤뜰의 우물에서 물이 나오지 않고 연못이 오염되는 것을 걱정하고 막으려고 애쓰는 사람도 결국 보다 깨끗하고 안전한 물을 마시고 싶어 한다는 면에서는 크게 다르지 않을 것이다. 저자의 취재 여정과 고민이 담긴 글을 한 장 한 장 따라가는 동안, 그녀가 제시하고 싶었던 화두는 어떻게 하는 것이 깨끗하고 안전한 물에 대한 사람들의 갈증을 더 많이, 더 지속적으로 만족시킬 수 있을지에 대한 고민이라는 생각이 들었다.

아직 경험도 많지 않은 사람을 믿고 번역을 맡겨주신 사문난적 출판사에 감사드린다. 덕분에 좋은 책을 만나서 스스로도 공부하는 마음으로 글을 쫓아갔던 것 같다. 헤맬 때마다 주변에서 많이 도와주신 좋은 선배님들과 소중한 친구들, 무엇과도 바꿀 수 없을 가족과 하나

님의 도움 덕에 느릿느릿하나마 내놓을 만한 번역을 마칠 수 있었다. 환경 전문 작가의 글을 옮기기에는 '전문지식' 이 아무래도 부족하지 않나 하는 생각에 두렵기도 했지만, 그렇기 때문에 더 많이 공부하고, 그런 지식이 없는 분들도 쉽게 읽을 수 있도록 번역하려고 더욱 애쓰게 되었다. 원문이 워낙 쉽고 친절하게 쓰여 있어서, 읽는 사람에 대한 작가의 그런 배려를 잘 전달만 해도 번역하는 입장에서 뿌듯할 듯싶다. 원문을 읽는 동안 내가 그랬듯, 한글로 이 책을 읽는 분들도 저자와 함께 동행 취재를 다니는 기분을 느끼셨으면 좋겠다. 또한 이 책이 우리도 모르는 사이에 점차 우리 주변에 가깝게 다가와 있는 플라스틱 생수병들에 대해 한 번 더 생각해볼 수 있는 계기가 된다면 좋겠다.

2009년 2월
이가람

도움이
될
웹사이트

이 책에서 다루고 있는 주제에 관한 더 많은 정보나 당신이 살고 있는 지역의 수질에 대해 더 알고 싶다면 아래 웹사이트들을 참고하시기를.

미국

미국 환경보호국 EPA에서 제공하는 수돗물에 관한 일반적인 정보:
www.epa.gov/safewater
http://www.epa.gov/OGWDW/faq/faq.html

환경실무그룹 Environmental Working Group의 웹페이지 중 수돗물에 들어 있는 오염원 관련 정보: http://www.ewg.org/tapwater/findings.php

천연자원보호위원회 NRDC의 웹페이지 중 수돗물에 들어 있는 오염원 관련 정보:
http://www.nrdc.org/water/drinking/fdrinkingwater.pdf

미국 환경보호국 EPA의 웹페이지 중 우물물에 들어 있는 오염원 검사 관련 정보:
http://www.epa.gov/safewater/privatewells/index2.html

수돗물의 수질 및 기준 만족에 관한 천연자원보호위원회의 보고서:
http://nrdc.org/water/drinking/uscities/pdf/chap02.pdf

미국 지질조사소 U.S. Geological Survey의 웹페이지 중 식수에 들어 있는 '신종 오염원' 관련 정보: http://toxics.usgs.gov/regional/emc/index.html

미국 소비자연맹Consumer Federation of America의 웹페이지 중 위험군에 속한 사람들이 주의해야 할 오염원 관련 정보 : http://www.consumerfed.org/pdfs/vulnpop.pdf

질병통제예방센터Centers for Disease Control and Prevention의 웹페이지 중 위험군에 속한 사람들의 와포자충증 예방법 관련 정보 : http://www.cdc.gov/ncidod/dpd/parasites/cryptosporidiosis/factsht_crypto_prevent_ci.htm

누구나 마실 수 있는 안전한 식수 운동Campaign for Safe and Affordable Drinking Water에서 제공하는 〈'알 권리' 회복을 위한 보고서〉 :
http://www.safe-drinking-water.org/pdf/makesense.pdf

미국 보건복지부 HHS 웹페이지 중 물에 들어 있을 수 있는 오염원이 건강에 미치는 영향 관련 정보 : www.atsdr.cdc.gov/toxpro2.html

미국에서 인정한 수질 검사 실험기관 검색을 원한다면 :
http://www.epa.gov/safewater/labs/index.html
혹은 '식수 안전 전용 핫라인' (1-800-426-4791)으로 전화 문의.
언제 어떤 검사를 해야 할지에 대한 보다 자세한 정보는
http://www.epa.gov/safewater/faq/pdfs/fs_homewatertesting.pdf 참조.

식수 안전에 관한 사회적 책임을 위한 의사들의 모임Physicians for Social Responsibility의 보고서 : http://www.psr.org/site/PageServer?pagename=Safe_Drinking_Water_main

수돗물 필터 관련 정보 :
식품 및 물 감시단 Food and Water Watch : http://foodandwaterwatch.org/water/know-your-water/home-water-filters/tap-water/filtration-guide
그리스트 Grist 지 : http://www.grist.org/advice/possessions/2004/05/04/mcrandle-bottled/index.html
소비자 보고서 Consumer Reports, 2007년 5월 중 정수 필터 유형별 입문서 :
http://www.consumerreports.org/cro/home-garden/kitchen/water-filters/water-filters-5-07/types/0507_filter_types.htm (제품 추천 및 순위 정보는 회원들에게만 제공)

생수의 다양한 유형에 관한 미국 식품의약국 FDA의 정의 :
http://www.cfsan.fda.gov/~acrobat/botwatr.pdf

비상시 정수하는 방법: http://www.wikihow.com/Purify-Water

수돗물에 불소를 넣어야 하는가?

찬성: http://www.cdc.gov/fluoridation

반대: http://www.fluoridealert.org

물과 사유화에 관한 보다 많은 정보를 얻고 싶다면:

민주주의를 위한 연대 Alliance for Democracy: http://www.thealliancefordemocracy.org/water

블루 플래닛 프로젝트 Blue Planet Project: www.blueplanetproject.net

국제기업책임 Corporate Accountability International: www.stopcorporateabuse.org

메인의 물을 지키는 사람들 Defending Water in Maine: www.defendingwaterinmaine.org

식품 및 물 감시단 Food and Water Watch: http://foodandwaterwatch.org/water

H2O for ME: http://www.h2oforme.com

매클라우드 수자원위원회 McCloud Watershed Council: http://mccloudwatershedcouncil.org

수자원 보존을 위한 미시간 시민연대 Michigan Citizens for Water Conservation:
http://www.savemiwater.org

개발, 환경, 안전 연구 태평양연구소 Pacific Institute for Studies in Development, Environment,
and Security: http://www.pacinst.org

폴라리스 연구소 Polaris Institute: www.polarisinstitute.org

지하수를 지키는 사람들의 모임 Save Our Groundwater: www.saveourgroundwater.org

시에라 클럽 물 민영화 대책본부 Sierra Club's Water Privatization Taskforce:
http://www.sierraclub.org/committees/cac/water/

스위트워터 연합 Sweetwater Alliance: http://www.waterissweet.org

수자원이익배당신탁 Water Dividend Trust: http://www.waterdividendtrust.com

워터 웨이브 Water Waves: http://waterwaves.org/Site/Welcome.html

공공수로를 보호하기 위해 노력 중인 단체들:

아메리칸 리버스 American Rivers: www.americanrivers.org

아메리칸 화이트워터 American Whitewater: www.americanwhitewater.org

깨끗한 물 만들기 운동 Clean Water Action: www.cleanwateraction.org

깨끗한 물 네트워크 Clean Water Network: http://www.cleanwaternetwork.org

클리어워터 허드슨 리버 슬루프 Clearwater Hudson River Sloop: www.clearwater.org

국제환경보존협회 Conservation International: www.conservation.org

지구정의 Earth Justice: www.earthjustice.org/our_work/issues/water

지구정책연구소 Earth Policy Institute: www.earth-policy.org

환경보호기구 Environmental Defense: www.environmentaldefense.org

신선한 물을 위한 모임 The Freshwater Society: www.freshwater.org

환경보전유권자연맹 League of Conservation Voters: www.lcv.org

자연관리위원회 The Nature Conservancy: www.nature.org/initiatives/freshwater

리버 네트워크 The River Network: www.rivernetwork.org

트라우트 언리미티드 Trout Unlimited: www.tu.org

워터키퍼 얼라이언스 Waterkeeper Alliance: www.waterkeeper.org

세계야생생물기금 World Wildlife Fund: www.panda.org

기타 관련 기관:

미국 수도협회 American Waterworks Association: www.awwa.org

미국 대도시수자원공사연합회 Association of Metropolitan Water Agencies: www.amwa.net

국제생수협회 International Bottled Water Association: www.bottledwater.org

수자원환경연맹 Water Environment Federation: http://wef.org/Home

한국

환경부에서 운영하는 물사랑 홈페이지: http://www.ilovewater.or.kr

한국수자원공사: http://www.kwater.or.kr

물 포털 사이트: http://www.water.or.kr

사단법인 한국물환경학회: http://www.kswq.org

사단법인 소비자시민모임 웹페이지 중, 물 관련 정보:

http://www.cacpk.org/report_list.php?cate_idx=3&subcate_idx=302

대구 상수도사업본부 웹페이지 중 수돗물에 대한 궁금증 관련 정보:

http://www.dgwater.go.kr/living/living0107.html

수질 관련 정보:

한국수자원공사(K-Water)에서 제공하는 수질기준 관련 정보:

http://www.kwater.or.kr/KowacoUser/html/images/knowledge/library/info/pdf.html

수질검사를 신청하려면:

http://arisu.seoul.go.kr/sudohome/user/arisurepl/index.php (서울)

http://water.busan.go.kr/purity/app.do (부산)

서울시 상수도사업본부에서 제공하는 실시간 아리수 수질 정보:

http://arisu.seoul.go.kr/waternow/RealDataFullScale.php

대구 상수도사업본부 웹페이지 중 수돗물의 오염원이 인체에 미치는 영향 관련 정보:

http://www.dgwater.go.kr/info/info0402.html

물 관련 시민단체:

수돗물불소화반대국민연대: http://www.no-fluoride.net

사단법인 수돗물시민회의: http://www.safewater.or.kr

인천광역시 하천살리기추진단: http://www.icriver.or.kr/main.php

물 관련 미디어:

환경타임즈: http://www.envtimes.co.kr

환경일보: http://hkbs.co.kr/default.asp

워터저널: http://www.waterjournal.co.kr/news/main.php

물 사유화에 관한 보다 많은 정보를 얻고 싶다면:

참여연대 참여사회연구소 웹페이지 중 물 사유화 관련 일지 및 국내외 현황 자료:

http://blog.peoplepower21.org/Research/30226

Adams, Glen. "Bill sets new rules for water extraction." *Kennebec Journal*, June 22, 2007.

Alexander, Jeff. "Bottler aims to take more from rivers." *Muskegon Chronicle*, December 3, 2005.

"Analysis of the February, 1999 Natural Resources Defense Council Report on Bottled Water." Drinking Water Research Foundation, 1999.
http://www.dwrf.info/nrdc_bottled_water.htm#EXECUTIVE%20SUMMARY.

Andronaco, Meg. "Bottled water is healthy for people and the environment." *Tallahassee Democrat*, March 8, 2007.

Arnold, Emily, and Janet Larsen. "Bottled water: Pouring resources down the drain." *Earth Policy Institute*, February 2, 2006.
http://www.earth-policy.org/Updates/2006/Update51.htm.

Baerren, Eric. "Proposal says a lot about water quality." *Mt. Pleasant MI Morning Sun*, November 24, 2006.

Barlow, Maude. Blue Covenant: *The Global Water Crisis and the Coming Battle for the Right to Water*. New York: New Press, 2008.

Barlow, Maude, and Tony Clarke. *Blue Gold: The Fight to Stop the Corporate Theft of the World's Water*. New York: New Press, 2003.

Barnes, Diane, and Jack Barnes. *Pictorial History of Fryeburg: Upper Saco River Valley: Fryeburg, Lovell, Brownfield, Denmark, and Hiram*. Portsmouth, NH: Arcadia Publishing, 2002.

Barnett, Cynthia. *Mirage: Florida and the Vanishing Water of the Eastern U.S.* Ann Arbor: University of Michigan Press, 2007.

Barrett, Joe. "How ethanol is making the farm belt thirsty." *Wall Street Journal,* September 5, 2007.

Beckhardt, Jon. "Considering Chloramine." *San Francisco Bay Guardian,* June 13, 2007.

Blanding, Michael. "The Bottled Water Lie." *AlterNet,* October 26, 2006. www.alternet.org/story/43480.

Branch, Shelly. "Waiters reveal tricks of the trade to raise the bottled water pressure." *Wall Street Journal,* March 8, 2002.

Carkhuff, David. "Real money from Fryeburg water made by reseller to Poland Spring." *Conway Daily Sun,* December 21, 2004.

_____. "Report: Fryeburg aquifer already stretched too thin." *Conway Daily Sun,* September 8, 2005.

_____. "Rare turtle muddies waters of Poland Spring filling station." *Conway Daily Sun,* November 9, 2005.

Chapelle, Frank. *Wellsprings: A Natural History of Bottled Spring Waters.* Piscataway, NJ: Rutgers University Press, 2005.

Christen, Kris. "Removing emerging contaminants from drinking water." *Environmental Science and Technology,* November 21, 2007.

Clairmonte, Frederick, and John Cavanagh. *Merchants of Drink: Transitional Control of World Beverages.* Washington, DC: Institute for Policy Studies, 1994.

Clarke, Tony. *Inside the Bottle: An Exposé of the Bottled Water Industry.* Ottawa, ON: Polaris Institute, 2007.

Clayworth, Jason. "Ethanol stirs fear of water shortage." *Des Moines Register,* July 19, 2007.

"Clean Water is a right: but it also needs to have a price." *Economist,* November 9, 2006.

"Clear choices for clean drinking water." *Consumer Reports,* January 2003.

Cone, Marla. "Public health agency linked to chemical industry." *Los Angeles*

Times, March 4, 2007.

Cromwell, John E., Joel B. Smith, and Robert S. Raucher. "Implications of Climate Change for Urban Water Utilities." Washington, DC: Association of Metropolitan Water Agencies, December 2007.

Deutsch, Claudia H. "For Fiji Water, a Big List of Green Goals." *New York Times*, November 7, 2007.

_____. "Two growing markets that start at your tap." *New York Times,* November 10, 2007.

De Villiers, Marc. *Water: The Fate of Our Most Precious Resource.* Boston: Mariner Books, 2001.

Fahrenthold, David A. "Bottlers, states and the public slug it out in water war." *Washington Post,* June 12, 2006.

Ferrier, Catherine. "Bottled water: Understanding a social phenomenon." World *Wildlife Fund*, April 2001.
http://www.panda.org/livingwaters/pubs/bottled_water.pdf

Fishman, Charles. "Message in a bottle." *Fast Company,* July 2007.

Galusha, Diane. *Liquid Assets: A History of New York City's Water System.* Fleischmanns, NY: Harbor Hill Books, 2002.

Gentile, Beth-Ann F. "Grandwater in Maine: A time for action." Fryeburg, ME:H2O for ME, September 2006.

Gertner, Jon. "The future is drying up." *New York Times Magazine*, October 21, 2007.

Gitlitz, Jennifer, and Pat Franklin. "Water, Water Everywhere: The Growth of Non-Carbonated Beverages in the United States." Container Recycling Institute, February 2007.
http://container-recycling.org/assets/pdfs/reports/2007-waterwater.pdf

Glausiusz, Josie. "Toxic salad: What are fecal bacteria doing on our leafy greens?" *Discover*, April 2007.

Gleik, Peter H., et al. *The World's Water 2006-2007: The Biennial Report on Freshwater Resources.* Washington, DC: Island Press, 2006.

Glennon, Robert. *Water Follies: Groundwater Pumping and the Fate of America's Fresh Waters.* Washington, DC: Island Press, 2004.

——————. "Water Scarcity, Marketing, and Privatization." *Texas Law Review* 3, no 7 (June 2005).

Grossman, Elizabeth. "Chemicals May Play Role in Rise in Obesity." *Washington Post,* March 12, 2007.

Gunther, Marc. "Bottled Water: No longer cool" *Fortune,* April 2007.

Harkness, Seth. "Few laws guard water." *Portland Press Herald*, December 19, 2005.

——————. "Legal fight erodes appeal of Poland Spring's plan for bottling plant." *Portland Press Herald*, November 26, 2007.

Howard, Brian C. "Despite the hype, bottled water is neither cleaner nor greener than tap water." *E/The Environmental Magazine*, September-October 2003.

"It's only water, right" *Consumer Reports*, August 2000.

Jamison, Michael. "Testing reveals drugs' residue." *Missoulian*, June 28, 2007.

Khamsi, Roxanne. "Plastics chemical harms eggs in unborn mice." *New Scientist*, January 12, 2007.

Koeppel, Gerard T. *Water for Gotham: A history.* Princeton, NJ: Princeton University Press, 2001.

Kummer, Corby. "Carried away." *New York Times Magazine*, August 30, 1998.

Langeveld, M. Dirk. "Decision a setback for water-facility plan." *Lewiston (ME) Sun Journal*, November 15, 2007.

Lavelle, Marianne. "Water woes." *U.S. News & World Report*, June 4, 2007.

Levin, Ronnie, Paul R. Epstein, Tim E. Ford, Winston Harrington, Erik Olson, and Eric G. Reichard. "U.S. drinking water challenges in the 21st century." *Environmental Health Perspectives* 110, no.S1 (February 2002.)

Martin, Andrew. "In eco-friendly factory, low-guilt potato chips." *New York Times*, November 15, 2007.

Martin, Glen. "Bottled water war heats up election: Pitched battle to control board as former timber town weighs Nestlé's McCloud River plan." *San Francisco*

Chronicle, November 5, 2006.

Marx, Robin, and Eric A. Goldstein. "a Guide to New York City's Reservoirs and Their Watersheds." New York: Natural Resources Defense Council, 1993.

Mascha, Michael. *Fine Waters: A Connoisseur's Guide to the World's Most Distinctive Bottled Waters.* Philadelphia: Quirk Books, 2006.

Meeker-Lowry, Susan. "Earth Notes: Be careful with 'our' water." *Bridgton (ME) News*, August 25, 2005.

Midkiff, Ken. *Not a Drop to Drink: America's Water Crisis (And What You Can Do).* Novato, CA: New World Library, 2007.

Miller, Kevin. "H2O takes new tack against big bottlers." *Bangor (ME) Daily News*, March 2, 2007.

_____. "Pipe Dreams." New York Times, October 3, 2007.

Moskin, Julia. "Must be something in the water." *New York Times*, February 15, 2006.

"A National Assessment of Tap Water Quality." Environmental Working Group, December 20, 2005.

www.ewg.org/tapwater.

Normandeau Associates. "Baseline Characterization of Natual Resources of Wards Brook and Lovewell Pond in Support of Assessment of Potential Groundwater Withdrawal Impacts." Bedford, NH: November 2007.

Olsen, Erik D. "Bottled Water: Pure Drink or Pure Hype" Wachington, DC: Natural Resources Defense Council, February 1999.

http://www.nrdc.org/water/drinking/bw/bwinx.asp.

Pearce, Fred. *When the Rivers Run Dry: Water—the Defining Crisis of the Twenty-first Century.* Boston: Beacon Press, 2006.

Pecarich, Frank. "Irrigating your vegetables with treated sewage water? Still not a good idea if you are concerned about E. coli." *California Progress Report*, January 5, 2007.

http://www.californiaprogressreport.com/2007/01/irrigating_your.html.

Pibel, Doug. "Communities take power." *Yes! magazine*, Fall 2007.

Postel, Sandra. Last Oasis: *Facing Water Scarcity.* New York: Norton, 1997.

Reisner, Marc. Cadillac Desert: *The American West and Its Disappearing Water.* New York: Penquin 1993.

Shaw, Bob. "New 3M chemical find prompts state to offer bottled water to six homes." *Pioneer Press,* June 27, 2007.

Sheehan, Viola. *The Saco River: A History and Canoeing Guide.* Saco, ME: The Saco River Corridor Association, 1976.

Shiva, Vandana. *Water Wars: Privatization, Pollution and Profit.* Cambridge, MA: South End Press, 2002.

Singer, Stacey. "WPB water supply got boost from treated sewage." *Palm Beach Post,* June 17, 2007.

Snitow, Alan, Deborah Kaufman, and Michael Fox. *Thirst: Fighting the Corporate Theft of Our Water.* San Francisco: Jossey-Bass, 2007.

Speed, Breck. "Is tap 'just as good' as bottled water?" Press release, August 23, 2007.

Spencer, Theo. "Something to gush about." *Gourmet,* February 2000.

Spicak, Jefferey. "The big muddy: Plenty of drops to drink." *Kansas City Star,* June 28, 2006.

"Trouble Downstream: Upgrading Conservation Compliance." Environmental Working Group, September 4, 2007.
http://www.ewg.org/reports/compliance.

Turkel, Tux. "Water deal too sweet?" *Portland Press Herald,* April 1, 2007.
_____. "Consumption of bottled water soars." *Portland Press Herald,* August 12, 2007.

Wilfong, Jim. "Who owns Maine's water: Nestlé or the people?" *On the Commons.* www.OnTheCommons.org/node/1118.

Wright, Virginia. "Troubled waters" *Down East magazine,* May 2006.
_____. "Water power." *Bates magazine,* Fall 2006.

Yardley, William. "Gaping reminders in cities of aging, crumbling pipes." *New York Times,* February 8, 2007.